非洲经济史译丛
舒运国 主编

[英]理查德·格雷
[英]大卫·伯明翰 主编
刘伟才 译

20世纪前中部与东部非洲的贸易

Pre-Colonial African Trade

Essays on Trade in Central and Eastern Africa before 1900

上海社会科学院出版社
SHANGHAI ACADEMY OF SOCIAL SCIENCES PRESS

本书为国家社会科学基金重大项目"多卷本《非洲经济史》"（项目编号：14ZDB063）、国家社会科学基金项目"19世纪英国人非洲行居记录研究"（项目编号：18BSS041）的阶段性成果，并受上海市高原学科世界史建设项目、上海师范大学非洲研究中心资助。

"非洲经济史译丛"总序

非洲经济史作为一门学科,诞生于20世纪60年代非洲大陆独立后。经过半个多世纪的努力,非洲经济史研究获得长足进展:

第一,批判了"欧洲中心论",从而恢复非洲经济史的原来真实面貌。

著名的非洲经济史学者加雷斯·奥斯丁(Gareth Austin)指出:"欧洲中心论存在于各个层面。非洲经济史是一个极好的例子。"① 长期以来,欧洲中心论盛行,关于前殖民时期的非洲经济,欧洲学者一直流行一种消极的观点,认为"传统非洲社会"是"非经济社会"(non-economic Africa),这是一种孤立的社会,是一种静止不变的实体,即便它以龟的速度发展,那也几乎可以忽略不计。② 于是,西方学者认为,非洲大陆在西方殖民主义入侵之前,不存在什么经济活动。按照这个逻辑,非洲自身就没有什么经济史可言。非洲国家独立后,非洲经济史学者发掘史料,努力恢复非洲大陆的经济活动历史的原来面

---

① Gareth Austin, "Reciprocal Comparison and History: Tackling Conceptual Eurocentrism in the Study of Africa's Economic Past", *African Studies Review*, Vol.50, No.3, Dec. 2007.
② David William Cohen, "Agenda for African Economic History", *The Journal of Economic History*, Vol.31, No.1, Mar. 1971.

貌。研究成果表明,非洲并不是一个停滞的社会,按照罗伯特·莱夫尼特(Robert A. Levined)的观点:"非洲具有务实的开拓者,具有移民、安置和再安置的持久历史。……如果用这个观点分析非洲,那么我们可以认为,非洲社会在变化和动荡中逐步适应与进步。"[1] 批判欧洲中心论,使非洲经济史真正成为一门学科,为非洲经济史的研究提供了理论保证。

第二,非洲经济史研究逐渐形成了跨学科的综合研究方法。

有学者指出,"与其他经济史相比,非洲经济史包含了更多的交叉学科。"[2] 由于非洲经济史缺乏文字资料,运用传统的研究方法难以获得进展。在这种形势下,各种相关学科的专家,包括历史学、经济学、考古学、语言学、人类学、生物学、统计学等,带着各自的研究理论和方法进入非洲经济史研究领域。多学科的协作和综合研究,给非洲经济史研究带来了巨大的活力,不但有效克服了历史资料稀缺的难题,而且不断拓宽了研究视野。

第三,经过多年努力,对于非洲经济史的研究呈现出多层次、多时段、全方位的良好态势。

研究领域既有非洲大陆的整体研究(出版了数种版本的《非洲经济史》),又有次区域(东非、西非、南部非洲、北非等地区的经济史)和国别(如尼日利亚、南非、埃及等国家经济史)层面的研究;既有对于古代非洲经济(传统经济)史的研究,又有对于近代殖民时期(殖民地经济)和现当代非洲经

---

[1] David William Cohen, "Agenda for African Economic History", *The Journal of Economic History*, Vol.31, No.1, Mar. 1971.
[2] Tiyambe Zelera, *A Modern Economic History of Africa*, *Vol. 1: The Nineteenth Century*, CODESRIA, 1993, p. 1.

济（民族经济）的研究；既有对于宏观经济发展战略的研究，又有对于微观经济部门的研究。研究呈现了百花齐放、欣欣向荣的景象。非洲本土著名非洲经济史学家泽勒拉（T. Zelera）曾经作了如下总结："非洲经济史研究成熟了。人们只要比较一下，在 20 世纪 70 年代初的研究中，只是提出了一些设想和缺乏活力的观点，而在 20 世纪 80 年代，研究已经提出了具有自信和综合性的观点了。在 20 多年时间里，非洲经济史研究成为巨大的国际事业，它不会再被一个国家或者一种方法论的传统所左右。"①

与国外学术界相比，中国的非洲经济史研究要落后得多：

第一，中国对于非洲经济史的研究，至今仍然与非洲史研究融为一体，没有成为一门独立的研究学科。

中国在 1949 年至 1976 年之间，由于受到国内外条件的限制，中非关系主要局限于政治领域，因此中国学者对于非洲史基本上没有什么研究，当然就更加谈不上对于非洲经济史的研究了。1978 年，中国开始了改革开放，了解外部世界尤其是外部世界的经济发展，成为中国经济发展的一个重要内容。在这种形势下，中非关系的重点也从比较单一的政治关系转向包含政治、经济和文化等各种领域的全面关系，其中，中非经济关系尤为重要。形势的变化推动中国学术界对非洲的研究不断升温，而史学更是一马当先。1980 年中国成立了中国非洲史研究会，有志于非洲史研究的学者真正开始了对于非洲史包括非洲

---

① Tiyambe Zelera, *A Modern Economic History of Africa*, Vol. 1: *The Nineteenth Century*, CODESRIA, 1993, p. 1.

经济史的研究。必须指出的是，非洲经济史是非洲历史学科的一个分支，而非洲历史则是非洲经济史研究的基础。十分明显，对于非洲历史研究薄弱的现状，决定了中国学者尚无法把非洲经济史作为一门单独的研究学科，因此中国学者对于非洲经济史的研究始终与非洲史研究融合在一起，在研究非洲史的同时，对于非洲经济史的某些问题进行探索。

第二，中国的非洲经济史研究尚处于起步阶段。

中国对于非洲经济史的研究由于起步晚，缺乏研究所必需的学术积累和原始资料积累。众所周知，学术和资料积累需要一定的时间。因此中国学者当前很难在非洲经济史研究中有突破性的成果。客观地说，中国当下的非洲经济史研究尚处在起步阶段，这表现在：其一，非洲经济史的研究受到非洲史研究广度和深度的制约，尚没有形成自己的特色；其二，中国学者当前主要引进和介绍国际学术界的研究理论、方法和成果，尚不具备独立、深入研究非洲经济史的条件和能力；其三，中国至今没有独立和专门的非洲经济史研究机构或者组织，也没有专业的非洲经济史刊物。

第三，与国际学术界的交流稀少。

在非洲史研究领域，中国学者与国际学术界的交流一直比较稀少。在相当长一段时间里，这是由于缺少经费和缺少语言交流能力。因此，中国学术界对于国际学术界的研究动态和研究成果不甚了解。近几年，这种情况正在得到很大的改变。

客观地讲，中国对于非洲经济史研究的现状，远远无法适应当前中非经济关系快速发展的要求。众所周知,进入 21 世纪,尤其是建立中非合作论坛以来,中非经贸关系迅速发展,仅仅以中非贸易额为例,2000 年才首次突破百亿美元大关,2011 年就已经达到 1 600 亿美元;现在中国已经成为非洲大陆最大的贸易伙伴、最大的投资国和十分重要的劳务市场。中非经贸关系的快速发展,使得越来越多的中国政府相关部门、企业、公司和商人参与了中非经贸活动,他们走出国门,进入非洲,或者开厂生产,或者进行贸易,或者从事劳务输出。从事涉非经济活动的中国相关人员,迫切需要了解非洲的经济发展历史与现状。笔者多次访问非洲,常常听到他们此类的呼声。可是中国的学术界由于历史等原因,研究显得滞后,无法提供他们所需要的研究成果。为此,中国学术界必须面对现实,努力工作,尽早向国人提供关于非洲的各方面研究成果和材料。

上海师范大学非洲研究中心是中国高校中成立时间较早的研究非洲的专门机构,经教育部批准,又成为专门针对非洲的"国别和区域研究基地"。中心的研究重心是非洲历史、非洲经济和中非关系。中心认为,要改变当前研究水平跟不上形势发展的现状,我们必须做好两方面的工作:其一,选择一些重要课题,组织力量进行研究,并且拿出有水平的成果;其二,选择国际学术界具有重要影响的研究成果,介绍给国内读者。为此,2014 年中心申报"多卷本《非洲经济史》",获批立项为国家社会科学基金重大项目;为了配合"多卷本《非洲经济史》"项目的推进,中心决定翻译、出版"非洲经济史译丛"。

推出"非洲经济史译丛",我们希望达到两个目的:第一,译丛将精心挑选国外非洲经济史研究的精品，使国人了解该领域更加广阔的知识，以此弥补国内学术界研究的不足。第二，力图使译丛成为非洲经济史领域中外学者的交流平台或者桥梁，希望通过译丛促进中国学者对于国际学术界研究动态的了解，从而有利于中国非洲经济史学科的发展。

  我们的想法能否收到预期效果？希望得到国内学术界和读者的关心与支持，更加希望得到同行的批评与帮助。

舒运国

2018 年 7 月 22 日

译者说明

《20世纪前中部与东部非洲的贸易》以贸易为入口，对20世纪前中部非洲和东部非洲居民的经济生活及他们与外部世界的经济关系进行了论述，比较全面地呈现了这一地区在殖民统治确立之前的经济情况，也呈现了这一地区在殖民统治确立之前经济生活和对外经济关系的特殊性以及相关研究的特殊性。

从各章涉及的主要内容来看，本书所指"中部与东部非洲"大致是指从刚果河口到非洲之角一线以南的地区。从"20世纪前"这一时间限定来看，国内外学界对这片地区经济史的研究总体来说仍然是比较薄弱的。除了长期关注不够、前期研究基础严重不足等原因外，造成这种薄弱的一个重要原因是资料不足。资料不足具体表现为：相应非洲地区本土文字资料几乎为空白，外部文字资料在客观性和内部一致性方面多有需甄别之处，口述资料在提供线索的同时也可能造成误导，考古研究成果在量和质两方面仍有明显欠缺，语言学、人类学等领域研究成果的利用也可能会遭遇历史年代确切性和一致性等方面的问题。

由于上述问题的存在，再加上本书原文是由多人合作，而国内的相关关注也不多，为便于阅读并避免造成疑惑和误解，乃在此进行一些说明。

一、使用特定前缀表达特定内涵的专有名词

本书原文在涉及以大湖地区为代表的一些地区时，会较多地出现使用特定前缀表达特定内涵的专有名词，这些前缀主要包括 U、Va、Wa、Ba、Bo、Bu、Mo、Mon、Chi、Ki 等。

比较典型的是放在某些族群名前的 U、Wa、Ba、Bo、Bu，其中 Wa 与 Ba、Bo 与 Bu 常可通用。一般来说，以 U 为前缀者指"××人的土地"，它可以是一个相对具体而有限定的地名，也可宽泛地指某一片地区；以 Wa、Ba、Bo、Bu 为前缀者指"××人"，Wa、Ba 一般倾向于指单数或泛指，Bo、Bu 则一般倾向于指复数，还可指相应人群所在的地区，亦可指相应人群的政治实体。

U 前缀的一般音译作"乌××"，比如乌干达、乌尼奥罗，有时根据上下文也可译作"××人地区""××人的地界"之类。之所以有此不同，是因为有些族群的地界是比较固定的，有些族群的地界则并不明确且多有变动，比较固定的可直接以"乌"开头译，视其为一个明确的地名，不固定的则译作"××人地区"或者"××人的地界"。

Wa、Ba 前缀的一般应译作"××人"。国内也有一些"瓦××人""巴××人"的译法，这种译法严格来说是不对的，但经过流传后也被一些人所接受。

Bu 前缀的应根据上下文进行判断，如果是强调政治意涵，可意译为"××王国"，比如"干达王国""尼奥罗王国"；如强调地域意涵，也可音译为"布××"，比如"布干达""布尼奥罗"。

此外，还有四点需要说明：第一，有的词以相关字母或字母组合开头，但并不是我们这里所指的"使用特定前缀表达特定内涵的专有名词"。第二，一些词在具体的使用中有通用的情况，有的是为方便而通用，有的是由讹用转为通用，比如一些指人或族群的词被用来指这些人或族群所在的地区。第三，要考虑一些被当作资料的文字记录和部分研究者本身并未对相关前缀的词进行严格区分的情况，不同的记录者和研究者对某些政治实体和地域的认识和理解可能也有所不同，因此有时也存在混用或者误用某些词的情况。第四，也有一些场合存在直接用全音译而不对前缀进行区分的情况，有的虽然严格来说不正确，但经流传后也被一些人接受。

二、统治者称谓的多重内涵

本书原文所涉及的部分地区存在相对有组织并且相对强大的酋邦和王国，一些酋邦或者王国的酋长或国王会有特定的称谓，如干达王国的"卡巴卡"（Kabaka）、隆达人的"姆瓦塔·亚姆沃"（Mwata Yamvo）和"卡曾伯"（Kazembe）、莫塔帕王国的"莫诺莫塔帕"（Monomotapa）、罗兹韦的"曼博"（Mambo）等。

这些称谓虽然意思明确，但在具体使用过程中的情况却比较复杂。它们除了泛指酋长或国王外，还可能特指某位酋长或国王。而在特指的情况下，又有两种情况：有些个人以名显或者有名字被记录下来，则信息指向就比较明确，如干达王国有一位叫穆特萨（Mtesa）的卡巴卡；一些个人不以名显或者文字记录中没有记载其名，则信息指向就比较模糊，如卡曾伯，早期的葡萄牙人和 19 世纪的大卫·利文斯顿等欧洲人在记录中多次提及卡曾伯，但大都没有明确的名字或没有突出明确的名字，不同的人在不同的时间见到了不同的统治者，但在记录中用的都是"卡曾伯"。

一些统治者称谓除了指称谓本身和享有这些称谓的人外，还会指这个称谓所关联的政治实体。比如莫诺莫塔帕在有些地方可指"莫塔帕王国""卡曾伯"，在很多情况下可指"卡曾伯国家"。

三、一词多指

本书原文存在较多一词多指的现象，除第二点所说的一些统治者称谓的一词多指的情况外，比较有代表性的是用一个词来指某一群人以及这一群人所在的地区和这一群人在相应地区的国家或者酋邦。之所以出现这种情况，有的可能是因为早期接触时的沟通不畅，有的可能是因为记录者误记、讹记或者为了方便笼统一记。

比较知名的如 Lunda、Congo 之类，它们既可用来指隆达人、刚果人，也可用来指隆达国家、刚果国家，有时也用来指隆达人、刚果人所在的地区或者隆达国家、刚果国家覆盖的地区——而这些地区并不是固定不变的。

还有一些比较小的群体或者酋邦，被记录下来的只有群体标记名或者某个酋长的名号，于是这个群体标记名或者某个特定酋长的名号就被一词多用，既指这群人，也指这个地区或者这个邦国。尽管最初这些词的指向应该是比较明确的，但由于非洲方面本身没有记录可以进行对照厘清，外界又觉得不需要明确或者厘清，于是就大而化之、笼而统之，用一词表多意，这也需要联系上下文来进行辨析。

四、部分词语在拼写、表意等方面的不一致、模糊或者混乱

本书原文使用了比较多的 20 世纪前欧洲探险家、传教士、旅行者的记录。由于相关非洲地区没有本土文字，也就没有标准书写和标准发音可供参照，外来者可能会因国别背景和个人经验感受的不同而对一些相同或相关联的对象有不同的记录，因此要考虑一些词在实际记录和流转过程中的通用、混用或者讹用等情况。

比如"卡曾伯"，有 Kazembe 和 Cazembe 两种书写；比如"莫诺莫塔帕"，有的地方是 Monomotapa，有的地方是 Monomutapa；比如"尼扬姆维齐人"（Nyamwezi），早期的记录中有可能因听音不准而讹记的 Meeahmaizees；比如"尼伊卡人"（Nyika），早期的记录中有（Wa）nika 的记法。

还有一些词，其所针对的对象本身就不清楚，所记又各异，有时会造成混淆，需要联系上下文进行辨析。比如 Maravi 和 Malavi，二词均可译作"马拉维"，前者常倾向于指"马拉维王国"，后者则常指地、人，它们有不同，但又有密切重合之处；比如"伦杰人"（Lenje），在不同人的记载中有（A）renje、（Va）renje 的记法，在指伦杰人的地区时，除了有 Ulenje、Urenje 外，也出现过 Uranje，这些不同时代不同人的记法大致指向同一个基本对象，但这一基本对象本身存在变动，因此也不能就说它们所指完全同一。

五、其他问题

除了上述列出的几类外,还有其他一些问题,如不同作者在表述和观点方面的差异、文本格式的部分不一致等。

除在此说明外,译者还通过译注的方式在文中相应地方对一些问题进行了针对性的解释,而原书不同作者之间的差异或者不一致则请读者在尽可能参考原文的情况下进行对照比较。

出现以上问题的根本原因主要还是在于相关非洲地区没有自己的文字,非洲人提供的口述资料本身存在诸多问题,其他研究仍不充分,这些造成了外界记录的不完整和研究的一些困难。有人可能认为这些问题似有可笑之处,但其反映的恰恰就是20世纪前中部与东部非洲贸易的独特性和相关研究的客观现实,而这种独特性和研究的客观现实恰恰是我们应该去正视并严肃对待的。

尽管原书存在上面所说的一些问题,但它对于认识20世纪前中部与东部非洲的经济史及其特性有非常重要的意义。

本书原文包含的脚注,译者根据情况照录了部分。

本书原文包含的索引,译者根据情况选取大部进行了对照翻译。

由于原书本身的一些问题和译者水平的局限,如有不足不当之处,欢迎交流、批评和指正。

刘伟才

2020年9月

目 录

001 "非洲经济史译丛"总序
001 译者说明

001 第 一 章 前殖民时代中部与东部非洲贸易活动的经济与政治影响
030 第 二 章 中南部非洲的早期贸易与原料产品
047 第 三 章 尼扬姆维齐人的贸易
082 第 四 章 康巴人与北姆里马海岸地区
110 第 五 章 大湖地区北部
131 第 六 章 埃塞俄比亚南部
149 第 七 章 17、18世纪的卢安果贸易
173 第 八 章 安哥拉及其内陆地区的早期非洲人贸易
186 第 九 章 19世纪柯克韦人的贸易与征服
215 第 十 章 卡曾伯与坦噶尼喀—尼亚萨走廊（1800—1890年）
249 第十一章 18世纪赞比亚与宗博的贸易
262 第十二章 贸易与罗兹韦曼博
286 第十三章 德拉果阿湾与东南部非洲的贸易

309 译名对照表

第一章

前殖民时代中部与东部非洲贸易
活动的经济与政治影响

理查德·格雷(Richard Gray)、大卫·伯明翰(David Birmingham)

非洲近代的经济发展常被看作两个极端的对立,一边是自给自足、内向型和维持性的村庄经济,一边是活跃、世界性、异质的工业经济。这种鲜明的二元共存现象在20世纪的非洲特别引人注目,以至于模糊和扭曲了我们对在此之前时代的情况的理解。在前殖民时代,基本的经济类型并没有鲜明的对立,变迁常常是渐进的,而变迁的动力也更多地来自本土和内部。在前殖民时代,人们可以发现一系列的革新,这些革新构建起一种经济组织的模式,这种模式既不是单纯的维持性经济,也不是成熟的市场经济。

在所有这些早期发展中最重要的是贸易的增长。在开始的阶段,贸易的表现并不明显,但仍旧是渗透性的存在。作为一种维持性的经济,它会有一些基本的需求,其中两项是铁和盐,但它们在班图语人群居住的地区相对较少。质优且易开采的铁矿和相应的冶炼知识结合存在的例子并不常见；至于盐，尽管大部分族群都能找到矿物盐和海盐的替代品，但对高质量盐仍有持续而广泛的需求。从铁器时代早期开始，很多族群所需的铁制工具和武器以及调料盐等经常只能间接地从遥远的外部世界获取，这所谓的"外部世界"，往往在社会和政治方面与非洲族群有很大的不同。除了这些必需品外，强效的箭毒也有时求之于很远的地方；有时还会从海岸地区乃至海外输入一些奢侈品，包括贝壳珠、红赭料等。

我们试图认识这种长期而广泛存在的交易活动，并力求以此为基础明确东部和中部非洲贸易的类别和发展阶段。但是，我们往往很难根据地理范围或者距离和商品来划分贸易发展的不同阶段。范西纳（Jan Vansina）提出，可以区分村庄贸易和区域贸易，[①] 但这从一开始就会造成混淆。显然，"特定人群内部的当地村间贸易"中流通的不一定只有当地产品。即便是公元初的铁器时代早期居民社会里，也已经有一些村庄所用的商品是来自与数百英里外地方的交易，而其中所涉及的商品也总会有非当地产的。而且，所谓的当地贸易其实也很难与区域贸易区分开来。按照范西纳的定义，区域贸易是指"同一国家内不同文化人群之间或者相邻不同文化人群之间的跨越相对较长距离"的贸易。在范西纳看来，这种贸易与政治结构相联系，其市场往往由国家组织，其所涉及的贸易商品包括食物、当地

[①] J. Vansina, "Long-Distance Trade-Routes in Central Africa", *Journal of African History*, III, 3, 1962, 375–390.

的手工制品、得自长途贸易的产品——比如欧洲产品、盐或者铜等。① 但食物的贸易显然既会发生在村庄贸易层面，也会发生在区域贸易层面，而无国家的社会也绝不是不会参与盐、铜或异域奢侈进口品的贸易；并且，政治权威组织的市场有时可能意味着一种更为强大的商业动力，但有没有国家主导的市场并不是划分不同类型贸易的决定性标准。显然，贸易商品并不足以作为划分贸易类型的标准，而根据区域范围、距离或者参与者来进行划分也存在一定的问题，因为村庄贸易和区域贸易还是会涉及一些之外的因素，比如范西纳所说的长途商队贸易的因素。我们不能以地理为标尺，而是要考虑从经济的角度进行分析。如果综合考虑交易的实施和影响、贸易的地位以及经济活动的层次，那么前殖民时代贸易发展的两个主要阶段就能明晰地呈现出来，而我们也能明了：关键的差异不是在于空间，而是在于与贸易直接相关的经济活动。

第一个阶段是维持性导向的贸易（subsistence-oriented trade），它与维持性农业生产密切相关，受制于当地亲族体系。在这一阶段，商品的交换不会对维持性经济本身构成实质性影响，也不会激发维持性农业基本需求之外的其他更广泛的活动，创新刺激和经济专业化也持续地受到压制。梅亚苏（C. Meillassoux）指出，在维持性经济体系里，经济和社会变迁受到阻碍，而对外贸易则会推动经济和社会变迁。铁制工具的生产和交换受到限

---

① J. Vansina, "Long-Distance Trade-Routes in Central Africa", *Journal of African History*, III, 3, 1962, 375–376.

制乃至禁止。少量的异域奢侈品被小心翼翼地吸收进来，作为重要财产，它们仅仅会在少量长者之间流通，只有维持性的食物才会被再分配给地位较低的生产者。与重要财产相关联的物品——包括进口商品，被赋予一种习俗性的社会价值，这种价值常常不能用其他产品来衡量。因此，在维持性经济体系里，没有什么东西可以获得一种普遍的、货币性的价值，而交换的意义则往往与参与方的社会地位密切相关。①

第二个阶段的贸易与维持性导向的贸易形成鲜明对比，这一阶段的贸易超越维持性经济和亲族体系，以市场为导向，能在商业机会的基础上促成影响深远的经济革新。与维持性导向的贸易不同，市场导向的贸易能创造新形式的财富，很多商品（比如象牙、奴隶、牛或者蜂蜡）都会由此获得经济价值，而在维持性经济的框架下，这些产品可能不会这么有吸引力。在有组织的市场上会发生一系列的商品交易——当然，即便实际的、物质性的市场不存在，也仍然会有市场导向的贸易（即对市场供需作出响应）。在这一阶段，几乎总是会出现——发明或者引入——货币，并且人们对本土发明或者外部引入的货币的接受度会不断增加，因为这可以使贸易者在一个共同认可的价值框架下提供商品。这样，就会出现新的资本积累途径，产生新的对进口产品的消费需求，形成新的经济专业化分工。矿工、猎人或者手工业者的出口产品生产开始具备前所未有的重

---

① C. Meillassoux, "Essai d'interprétation du phénomène économique dans les sociétiés traditionelles d'auto-subsistance", *Cahiers d'Études Africaines*, 4, 1960, 38 – 67.

要性，而一些个人和某些情况下的一些群体则开始承担职业商人的角色。

但是，前殖民时代非洲经济中的市场导向的专业性贸易活动并不是按照市场原则来进行组织的。大部分非洲人的生活仍然主要依靠维持性农业，粮食的生产只有极少部分是对市场需求作出响应。即便是在直接受到市场导向贸易影响的社群里，一些变化也只是在特定的范围内产生，其他的部分所呈现的仍是维持性经济的特征，这种状况一直持续，直到铁路和汽车出现，解决了热带非洲产品大宗出口的运输问题。但是，这些受到市场导向贸易影响而产生的特定范围内的变化也并没有得到多少关注和研究，其历史意义并未得到充分的认识。在这种市场影响有限的情况下，需求和价格的变动并没有通过推动改变资源分配来影响生产，在人类学家和经济学家看来，这种仅对维持性经济的边缘局部产生影响的市场导向活动显然不同于"西方经济"。[1] 然而，历史的分析需要找到一个联接性的环节，经济生活各个部分可能就是在这个环节上对市场机会作出反应。

埃纳里（Enarea）和卡法（Kaffa）两王国[2]曾有饲养麝猫的农场，还有一些地方则有专业的猎象者，历史学家会把这些看作生产与市场导向贸易关联的明显例子。这种关联只是经济变迁的一个方面，而经济变迁本身的范围和影响力是有限的。但是，我们还是要区分前殖民时代非洲的市场导向贸易导致的

---

[1] P. Bohannan and G. Dalton, *Markets in Africa*, Anchor Books, Doubleday, New York, 1965, 10 – 12.
[2] 均位于今埃塞俄比亚。——译注

革新和其他形式的经济专业化转型。一个畜牧群体和一个农耕群体在一个共同体内共生是一种很普遍的现象，比如安科尔王国（Ankole）的希玛人（BaHima）和伊鲁人（BaIru）；类似地，狩猎采集者也能和农耕人群形成密切的联系。这些情况也可以被看作专业化的分工，但它不会带来影响广泛而深远的商业变革。这些共生关系本身不会催生出市场导向的贸易，共生各方之间发生的产品交换是内部性的孤立活动，它们不会很活跃，尽管出现了专业化分工，但贸易本身仍未与维持性生产脱钩。

现在我们论述了两种抽象的状态，它们处在自给自足的维持性经济和全面的市场化经济这两端的中间。在这两端的中间，我们可以发现与贸易相关的经济活动发展的两个阶段，一个限于作维持性需求的补充，一个则能对市场需求作出反应。在无法量化的情况下进行明晰的阶段划分实际上是很难的。实际上，在中部和东部非洲，有的人是从事维持性的生产，有的则依赖市场交易，而以维持性导向为主的贸易常常与萌芽化的市场化交易相伴随。就此，我们可以举一些例子。米拉克尔（M. P. Miracle）记录过通加人（Tonga）的贸易活动，① 呈现了一个非洲人族群贸易活动的广大范围和重要意义——而就是这样的贸易活动，另一些专家却可能当它不存在。米拉克尔描述了一个贸易网络，在这个贸易网络中，有13种商品被用来与邻近的10个其他的人群进行交换，交换实施所涉及的距离最远达300

---

① M. P. Miracle, "Plateau Tonga Entrepreneurs in Historical Inter-Regional Trade", *Rhodes-Livingstone Journal*, XXVI, Dec. 1959, 34–50.

英里，通加人在多种商品——包括铁锄、鱼、赭石、竹子、杆棒、贝壳以及珠子、布匹和枪支等舶来品——的交换过程中成功地扮演着中介的角色。在通加人地区的马扎布卡（Mazabuka）有盐矿，这可能是通加人得以成为贸易网络中重要角色的前提。而且，在通加人的区域是没有铁矿的，那这就意味着他们要从外部世界输入铁制品。米拉克尔进一步指出，通加人的这种贸易活动绝不仅仅是为了维持性的生产和生活，它还有助于提高生活的标准，同时也能通过商品种类和数量的增加而积累更多的财富。然而，如果去分析通加人贸易活动的经济后果和社会影响，那么我们会发现它仍然是以维持生活为导向的。贸易所带来的财富并没有变成某个人孜孜以求的东西，所谓的利润，很快就通过在亲族体系中再分配而被消解，并没有转化成能够使某些人获取他人效忠或组织某些人提供从属性服务的动力和机制。伊丽莎白·科尔森（Elizabeth Colson）指出，通加人社会中的富人往往并不长久，她认为，"只求自给自足的理想"决定了他们的贸易行为。[①] 贸易所获利益的最重要的经济功能似乎是作为应对匮乏的一种额外保障，尽管更多的情况下这种保障来自狩猎和采集，而不是从外部世界输入粮食。贸易活动具有季节性，往往是在收获后的旱季；贸易活动往往不涉及专业化的组织，没有固定常设的市场，也没有固定通行的货币——尽管铁锄似乎通常被用于交换，但也并不一定就是如此，并且铁锄的交换价值也总是处于波动状态。因此，尽管前殖民时代

---

① P. Bohannan and G. Dalton, *Markets in Africa*, Northwestern University Press, 1962, 604, 609.

通加人的贸易涉及较远的距离和较多的商品,但其最终归依仍然是维持性的经济生活,它并没有支撑起一个行政精英阶层,也没有催生职业商人或者掌握生产出口商品专门技术的群体,或许有一些贸易中间商存在,但他们的影响并不突出。从目前掌握的资料来看,通加人并没有构建出以市场为导向的经济体系,没有推动根本性的经济变化。

较早时期洛兹人(Lozi)的贸易活动也是如此。马克斯·格拉克曼(Max Gluckman)记录了洛兹人的经济组织模式,它往往是围绕不同的土地展开的,因为不同的土地会产生不同的商品和食品。① 在这个体系里,会有大规模的合作与交换,而便利的河流运输条件又有助于这些合作与交换活动的展开。剩余产品的生产和分配进一步推进了当地的分工与专业化,其中托特拉(Totela)、卡旺瓜(Kwangwa)和老姆邦达(Old Mbunda)的铁匠群体的存在最为突出。但是,繁荣的交换所呈现的模式仍然比较单一,其所对应的也仍只是相对有限的经济领域,比如有一些亲戚之间的相互赠礼,有一些与陌生人进行的易货贸易,还有一些则涉及贡赐。这些活动既是重要的经济活动,也是重要的社会活动。国王及其重臣们的驻地被用来充当清算所或者集散中心:在中部的洪积平原地区,洛兹人把他们的剩余产品进贡给国王、王室成员和重臣,同时向他们祈求自己想要的东西;而平原地区外的各附属族群则会把他们的"特产"带过来,交换他们缺少的东西。这种涉及整个区域的

---

① M. Gluckman, *Economy of the Central Barotse Plain*, Rhodes-Livingstone Papers 7, Livingstone, 1941.

复杂交换活动的存在要求有人进行管理，于是就会出现一群主要从事相关行政管理的人。参与这个交换体系的人都不同程度地获得了好处，很多人的生活水平得到提升，少部分人还能形成有影响的专业化群体。但是，这些活动的动性并不强，它们仍然是与维持性经济挂钩，缺少基于市场机遇的驱动力。

随着大量海外商品的进入，洛兹人相对封闭的易货贸易体系最终被打开了缺口，这可以说是一个决定性的转折。这一变化具体呈现为两种情形：在传统的交换体系中处于中心地位的国王继续拥有优势，他可以自行开设商店出售进口商品和搜集用于出口的商品，以此利用新的商业机遇；越来越多的进口商品使财富储存更加容易，也使资本积累的可能性进一步提高。贸易和生产用于出口的商品的活动发展起来，并且越来越重要，而新的交换媒介的引入又进一步带来了便利。布匹成为主要的交换媒介，珠子、子弹、火药、贝壳等也被采用，这些交换媒介的引入不仅推动了分工，还使贸易可以扩展到更广大的范围，跃出原初的区域。旧有的较为固定而平淡的渠道开始有了更加活跃的商品流动，整个交换体系被带动起来，洛兹人的中央权威也得到了进一步的加强，因为整个贸易体系的中心是在洛兹的统治者控制之下，而且这个新的贸易体系还能绕开或者不用过分地依赖传统的亲属纽带，使得洛兹统治者的权力更少约束。但最关键的是，洛兹人的贸易已经发生质的转变，商品交换在这里越来越明显地与维持性经济脱离，开始具有越来越多的市场导向特质，并最终成为一种发展中的市场经济。不过，洛兹人仍旧离工业化的市场经济很远，但在前工业社会这个范畴中，洛兹人已算是比较突出的了，因为他们的经济确实发生了质的变化。

洛兹人的这种经济转变发生得比较快，与海外世界的长距离贸易联系直接造成了这种效果。那么，新兴有力的贸易体系的形成是不是一定要有与海外世界的长途贸易联系呢？长途贸易商队应该被看作前殖民时代贸易发展第二个阶段最突出的特征性存在吗？它们真的就值得被当作一个独立的对象来进行研究吗？在一个较大的区域里，证据尽管仍不充分，但也确实表明长途贸易联系扮演了重要乃至决定性的角色。中世纪时期，阿拉伯人的贸易活动主要是表现为贸易双方的直接接触，发生接触的地点主要是在索法拉（Sofala）和对应的赞比西河内陆地区，考古学家已在相关地区发现了东部非洲曾存在发达贸易活动的证据。在因贡贝伊莱德（Ingombellede）遗址发现了成包的未使用的锄头、专业冶炼而成的金属和大量的贸易商品积存，这里与依靠采盐业的伊乌纳（Ivuna）形成鲜明的对比；伊乌纳的情况与通加人开采盐矿的马扎布卡的情况更相似。由于在商业上很知名并且很重要，后来这一地区的商业族群如尧人（Yao）、比萨人（Bisa）、康巴人（Kamba）和尼扬姆维齐人（Nyamwezi）都非常注意利用与海外开展贸易而催生的商业机遇。而对于大湖地区的贸易来说，就像洛兹的情况一样，其发生变革的决定性因素似乎也是海外商品的引入以及当地人对海外市场需求的响应。类似地，在中西部非洲，比如隆达人（Lunda）地区，所谓前殖民时代贸易的第二个阶段的起始也是以 15 世纪后海外市场的打开为标志。

然而，上述记录和分析并没有囊括全部的内容，从刚果王国（Kongo）获得的证据和在加丹加（Katanga）的基萨莱湖（Lake Kisale）进行的发掘研究成果似乎又指向了一个不同的方向。当葡萄牙人到达刚果河河口时，刚果王国已经有了一个比较发达的商业体系，它以王国首都为中心，有以贝壳或者棕榈布为基础的复杂而成熟的标准化货币体系，其中贝壳来自罗安达（Luanda），棕榈布则出自卢安果（Loango）等地。盐和铁在这一地区也是主要的贸易商品，而且这里已经能够在专业分工的条件下生产铜制品、陶器、篮子、网、酒椰棕榈（raffia palm）纤维制作的质地优良的布匹，这种专业化的分工生产进一步推动了贸易。可以说，这一地区已经有了比较完善的机制化的市场。① 这里的商业已经从单纯的维持性生产向前进了一步，即便是海外市场开辟之后，这里的贸易经济生活似乎也没有受到特别明显的冲击。要利用大西洋贸易的需求和机会，就必须跨越更长的距离，而这会削弱统治者对商业利益的控制，并且还会破坏当地的生产和整个的商业机构。实际上，刚果王国的统治者和各地的管理者已经搭建起一个很完整的贸易网络，有的人从罗安达获取用作货币的贝壳，有的人从本贝（Bembe）获取铜，有的人则从索约（Soyo）等地获取酒椰棕榈布，如此等等。因此，从大西洋方向过来的长途贸易商人似乎并没有带来新的东西，他们能做的事刚果王国的人们已经在做了。17 世

---

① See, for example, the account in G. Balandier, *Daily Life in the Kingdom of the Kongo*, London, 1968, Ch.4. See also P. Martin's description of Loango, below, Ch. 7, 141-143.

纪中期，在通往斯坦利湖（Stanley Pool）和开赛（Kasai）盆地的贸易路线上，占主导地位的也仍然是非洲人的产品而非海外商品。因此，我们似乎有充分的理由说，在头两个世纪中，大西洋贸易不过是一种已经存在的贸易和经济专业化体系的额外刺激因素，它并没有对已有的机制造成明显的冲击。

在基萨莱湖的桑加（Sanga）发掘获得的证据倒并不是很充分，但可以肯定的是，这里在一段时期内曾是一片完全孤立的地区，它与海外市场没有任何的直接联系，却已经有了一套高度发达的依靠商业贸易的经济专业化体系。考古发现表明，桑加地区的冶金业发展水平较高，陶器则呈现三种类型，这无疑也表明了经济专业化的高度发达，而十字铜锭遗物则表明了贸易体系的繁荣。不过，令人感到遗憾的是，桑加考古发现的年代信息并不清楚：在29座墓葬中，仅有2座出土了代表8世纪或者9世纪情况的基萨莱文化陶器（Kisalian ware），无法确定年代的姆隆戈文化陶器（Mulongo ware）则在每一座墓葬中都有发现；与十字铜锭相伴的遗物只有红条纹陶器（Red Slip ware），这些红条纹陶器也无法确定年代，但可能略晚于基萨莱文化陶器。① 如果与红条纹陶器一道发现的珠子的相关信息可靠的话，这些陶器的年代应该是在18世纪后，这时加丹加地区已经与海外市场有了相对比较紧密的联系，但基萨莱文化陶器和姆隆戈文化陶器的存在则至少能表明有当地货币的存在，也就是说，标准化的价值单位在海外市场产生影响之前就已经在

---

① J. Nenquin, *Excavations at Sanga, 1957*, Tervuren, 1963.

这一地区发挥作用了。而货币的存在又进一步表明，这一地区的商业已经不再仅仅是以维持性经济生活为导向。

把洛兹人地区的例子和刚果的例子所包含的证据放在一起来看，就会发现海外贸易或者长途贸易商人所带来的刺激发挥了关键的作用。在这两个例子中，相关地区的自然条件显然是可以激发以市场为导向的贸易的，特别是矿产资源，而在刚果的例子中还要看到它所处的森林—海岸—稀树草原连接带的地理位置特性。在这两个例子中，农业、狩猎和渔捞能够比较好地支撑密度较大的人口，而以市场为导向的贸易也在很大程度上有赖于农业体系的稳固，因为只有这样才能保证一定规模的人口可以在一定时间内脱离土地去做一些经商求富的事。因此，长途贸易以及与海外市场联系的商队贸易并不是独立地在发挥作用。商队把海外商品带进来，把非洲的商品带出去，这一过程的重复会推动以维持性经济生活为导向的贸易发生转变，但它仍不是一个充要条件。某种货币体系的引入可能更为关键，也更能引发质变。在对前殖民时代贸易进行的研究中，与这种转变的本质和结果相关的问题得到了很多的关注，海外市场的因素也得到了很多的考察，其中最引人注目的是研究商队与本土贸易体系的遭遇与互动。本书会论及一些成功的本土商人群体，比如康巴人、尼扬姆维齐人、柯克韦人（Cokwe）和通加人等，我们会发现，长途贸易的发展有赖于这些人对本土商业机会的开发和利用，有赖于这些人的活力，这些人的活动在推动前殖民时代贸易发生发展的进程中发挥了关键的作用。

在上面的内容中，我们主要谈了贸易本身，包括它的内容和阶段，但我们仍然需要弄清楚贸易带来的经济变化，我们需要考虑一些与非洲前殖民时代相关的特征性的东西。实际上，贸易最重要的结果之一是创造、维持并扩展了沟通的路线，这些路线的发展既影响了非洲，也影响了外部世界。如前所述，为了补充维持性生产的不足，非洲的一些人会跨越长路去做生意，而布里安·费根（Brian Fagan）也提出，早期的技术进步有一部分就是得益于这些路线的展开，造成技术扩散的并不只有人口迁徙或者政治征服。[1] 有人可能会说，一些比较高级的技术——比如金属拉丝和制棉布——可能并不会随着贸易的扩展而扩展，因为这些技术和相应的生产涉及专业化的分工，并且与较发达的商业相连。而像美洲食用作物的传播却是另一种情况，这些作物随着贸易扩展到非常广泛的地方。此外，范西纳则指出，赤道森林两边的人群具有很多的相似性，这可能部分地是因为商业接触，技术、作物、文化等的传播和交互，这些可能都是受到了贸易的推动。[2]

能带来重大经济影响的贸易往往是以市场为导向的贸易。以市场为导向的贸易所带来的最大变化之一就是创造了对布匹、环镯装饰品、珠子和其他进口商品的广泛需求。这些需求本身就能推动维持性经济发生变化，可以说是前殖民时期贸易的最重要的遗产。还有其他一些指向较为单一而明确的影响。比如在与外部世界的贸易中，一些原本在非洲人看来无甚价值的东西会被外部世界的商人赋予很高的价格，一些从外部世界进口

---

[1] See below, Ch.2.
[2] Vansina (1962), 388.

的商品则表现出较为明显的耐用性，这些现象会推动非洲人进行此前可能并不突出的财富储存活动。在热带非洲，土地很少被当作可以投入市场的商品，因为其所有权不能转化为某种资本积累的形式，而妻妾、贸易商品、牲畜倒是可以履行这种功能。由于贸易的原因，投资机会扩大了，统治者提升他们经济力量和影响力的机会也大大增加。尽管我们不应该完全相信17世纪圣方济各会传教士的某些记录，但弗朗西斯科·德·罗马（Francesco de Roma）关于刚果的记录应该还是可供参考，他讲到刚果贵族们的奢侈和傲慢：穿着华贵夸张的服饰、坐在由仆人抬着的吊床里旅行、控制所有的牛、盘算着如何处理自己的各种财产——包括如何耕地、如何出售收获的产品、如何抓捕逃逸的奴隶等，这些贵族们已经不能再过无忧无虑的生活了，也不能再像平民那样笑呵呵。① 在前殖民时代的热带非洲，生产投资的机会并不多，财富的增长往往体现为即时消费品的增加，这些增加的即时消费品常常会在亲属或者臣民间进行分配，有时会用来投入建造房屋。不可否认的是，这种模式会严重限制商业利润的作用，一些生产扩展的路径也会被忽视。而在市场为导向的贸易之下，新的财富形式会以其超越之前的流动性和专业技能特性为优势，带来非常重要的影响。把一些商业中心遗址和大型矿业遗址的考古研究成果与一些记录进行综合，我们可以发现非洲人在技术和技能发展方面

---

① F. Bontinck, *La Fondation de la mission des Capucins au Royaume du Congo* (*1648*), par Jean-François de Rome, Louvain, 1964, 98, 99, 105, 108, 115 – 117. See also W. Rodney, *A History of the Upper Guinea Coast 1545 – 1800*, Oxford, 1969.

的潜力。在非洲,有技术劳动力的储备,对其进行人力资源投资意义重大。东部和中部非洲在前殖民时期经济落后的主要原因就在于这些勤奋且具有专业性的劳动力因为奴隶贸易的暴力冲击而被打散,没有被整合起来。到了殖民统治建立之后,这种局面并没有得到很好的改变,相应的机会也没有得到很好的利用。

非洲的商人可以被看作一个有技能的群体,他们能够驾驭和管理复杂的贸易活动,其中有少数人在殖民时代成功地适应并留存下来。不过,我们对前殖民时代非洲的职业商人群体的角色和组织仍了解不多。我们知道最多的是庞贝罗(pombeiros)或者姆桑巴兹(mussambazes)。但是最近关于这方面的研究开始更多地关注具有企业家精神的群体,他们在经商、经济机会的超前利用等方面闯出了名头,他们的力量和影响有赖于对商业机会的把握,还要能调动一定数量的人和资源进行长途跋涉,并能应对沿途的风险。这些人的成就告诉我们,前殖民时代的非洲人在外部世界的力量面前绝不是匍匐在地的消极被动者。

不过,我们现在掌握的资料仍不足以让我们完全弄清这些商业群体的细节。当一些研究者关注像康巴人、尼扬姆维齐人、尧人、比萨人、柯克韦人和通加人这样的群体时,他们会发现,政治领袖在这些人群中的作用似乎比较薄弱,特别是在商业扩展的早期阶段。一些研究认为,通常情况下,以市场为导向的长途贸易的发展需要有成规模的复杂政治体系来进行组织和辅助。在西非的一些王国,比如马里(Mali)和阿散蒂(Ashanti),国家有时要为商人提供安全和保护，要帮助提供交通工具、维持道路和渡口、建立安全的市场并派设处理纠纷的官员，甚至可能还会安排专业化的劳动力并进行分工，以保证可供交易的商品的生产。这些由国家提供的设施和便利的成本会通过过路费、交易税或者向统治者交纳的贡礼等形式进行分摊。然而，在东部和中部非洲，国家和有组织的贸易活动之间似乎并没有很密切的联系。一些商人在远离故土的地方也能得到安全的保障，但这不是靠政治权威。有的时候这种保障是基于信仰或者巫术，有时一些商人会雇佣对相关区域不具威胁的人——比如康巴人使用妇女商人，有时则是商队本身掌握着优势的武装力量，沿途的人不敢对他们下手——比如东非的阿拉伯商人就是如此，他们依赖火器保证自己的安全。更为重要的是，一些商人能与沿路或者目的区域的社群达成相互依赖的关系。就像早期在非洲沿海地区的欧洲商人，他们带来的白兰地和纺织品深受非洲人欢迎，非洲人总是盼望着欧洲商人来；包括奴隶贩子，他们也一度非常欢迎欧洲人，因为只有欧洲商人来，他们的奴隶才能"变现"。在东部和中部非洲，一些商人的活动也创造了当地人对某些产品或者服务的持续需求，因此当地人一般不会对相应的商人不利。

　　这些早期的商人群体最开始也只是季节性地行商。他们主要是采取以物易物的方式，目的只是获取对自身的维持性经济生活形成补充的东西，然后慢慢地开始有意识地利用自身所掌握的资源。最突出的是，一些人开始获得一些被认为比从事农业活动的人更高级的称号，比如猎人、铁匠、渔民或者织工。

随后，一些人开始利用某种地利开展贸易，这些地利包括位于交通路线上或者位于通往资源财富产区的路线上。又或者，有一些人具备适应某种生态条件的特质。一些人群开始慢慢地得到认可，外部世界的人会主动地跟他们打交道，大家一起合作，因为没有哪一个群体能单靠自己的力量满足所有的需求。随着离自己熟悉的地方越来越远，适应性强的亲族关系显得更加重要，这种重要性要远强于正式的政治等级，在一些情况下，它还能通过语言上的亲缘或者久远的共同起源来推进合作共利。随着贸易区域的扩大，军事力量的效果常常不如外交手段。比如，柯克韦人就能以狩猎者兼商人的身份进入隆达人的区域，在那里他们不会遇到多少阻碍，因为他们会把一半的象牙交给当地的酋长，这种做法大受酋长欢迎，因为他可以获得一项新的收入，他不会去让自己的人给柯克韦人找麻烦。对商人来说，他们所需要的保护和其他便利并不需要通过政治保护伞来取得。运输方式的单一使商人可以自组队伍，而不需要依赖统治者去征发劳工。一些业务可以通过与自己同族的人合作来展开，大家共筹共建，组成像柯克韦人或者比萨人那样的合伙制企业，这种形式扩展比较快，效果也好，并且不需要政治权威的干预。道路的维护是一个问题，这个问题还未得到很好的研究，但在南部非洲和东部非洲的稀树草原地区，道路问题似乎并不突出。渡口也很重要，这方面的研究很引人注意，因为姆瓦塔·亚姆沃（Mwata Yamvo）① 的隆达政府的职责之一就是保证港口的

---

① "姆瓦塔·亚姆沃"是对隆达统治者的称呼。——译注

物资供应和人员配备。① 马拉维②人（Maravi）则非常擅长用竹子搭建临时的桥梁，以穿过暴涨的水流。③ 还有一些商人，比如尼扬姆维齐人或者柯克韦人，他们会雇佣当地会水的人，或者选定不用费大力气就过河的路线。

虽说大规模专业化贸易活动所需的支持性服务并不需要由政治权威来负责，但我们还是要承认，国家的成长常常是与以市场为导向的贸易的增长有关。姆邦杜人（Mbundu）的恩东戈王国（Kingdom of Ndongo）虽然不能说是因为贸易而产生，但至少其力量是以贸易为基础的，早期文献对此有相关的记录。恩东戈王国控制了宽扎（Kwanza）河谷地区的贸易体系。它所控制的关键商品是来自基萨马（Kisama）的岩盐，这些成块的岩盐会被运往内陆。另一个依赖商业成长和壮大的国家是隆达，它的规模更大，地位也更加重要，它在 18 世纪时成为向外部世界供应奴隶的最大的非洲国家之一。穆塔帕国家（Mutapa）和罗兹韦国家（Rozwi）的力量似乎也是得自贸易，它们控制了赞比西河以南地区的黄金贸易。在葡萄牙征服之前，在赞比西河下游北岸的地区还有另一支贸易力量，那就是马拉维国家，它沿河向阿拉伯化的商人输送象牙。④ 这些贸易发展比较突出的地方都出现了复杂的政治体系，这与中部非洲一些地方有

---

① A. Berbeken and M. Walraet, *La Première Traversée du Katanga*, Brussels, 1953.
② 马拉维王国是 15 世纪末出现的一个王国，其影响范围包含今马拉维（Malawi）以及赞比亚部分地区和莫桑比克部分地区。——译注
③ A. C. P. Gamitto, *King Kazembe*, Lisbon, 1960, I, 50.
④ E. A. Alphers, "The Mutapa and Malawi Political Systems", in T. O. Ranger（ed.）, *Aspects of Central African History*, London, 1968.

同样重要的贸易活动却没有突出的政治国家的情形形成鲜明的对比。尼扬姆维齐人成功地将影响扩展到从印度洋到铜带（Copper Belt）的广大地区，但他们开始时并没有对某个中央政治体系表示归属。到了贸易网络形成之后，像米兰博（Mirambo）这样的政治首领才开始建立范围广泛的政治霸权。尧人、比萨人、康巴人都是非常出色的商人，但他们从来就没有形成中央集权的国家；不过，康巴人的衰落原因之一倒也确实是中央权威的缺失。此外还有柯克韦人的例子，他们摧毁了隆达帝国，接管了相关地区贸易的控制权，但并没有改变之前的政治架构。

政治与贸易之间的复杂关系还有待于进一步的研究来厘清。为什么一些商人在特定的政治框架下活动而另一些商人没有这么做，在这里我们只能给出一些需要进一步验证的推论。首先，最重要的因素可能是商品的性质。一些稀有或者比较稀有的矿产品可能需要有组织并且有控制，以确保贸易能有序推进。采矿是一项要在矿区开展的活动，也是一项有利可图的活动，金矿、铜矿、盐矿所在的地区可以发展成为经济和政治权力的中心。此外，对于以矿业为基础的经济来说，保护矿区与主要交通和贸易路线不受外部力量损害或者内部力量扰乱也非常有必要。保护的基本途径是要有一支武装力量，而除了保护外，这支武装力量还可以实施扩张。此外还有其他一些保护的方式，比如特克人（Teke），他们散布谣言称自己是食人者，会吃掉那些与他们敌对的外国人，这种谣言恐吓使特克人能够维持在明多利（Mindouli）铜贸易中的中间人地位。在中西部非洲，比较早出现并且比较有影响的武装力量来自恩东戈王国，它用这支武装力量来保护盐贸易不受葡萄牙人染指。在数十年的时间里，葡萄牙人一直无法在宽扎河南岸立足，因为那里有多支武装控制了供盐的路线。类似地，早期的卢巴国家（Luba）也有比较突出的军事能力，因为他们必须保护能产生高额利润的加丹加的铜贸易。为了维护经济重镇和有效保卫领土或势力范围，矿业生产的中心可能还需要提供并维护比单纯的贸易中心更复杂的市场便利设施和安全保障措施。在西非，为了向金矿区提供相关便利和保障，集权性非常突出的商业国家发展了起来。然而，这种集中化生产会面临一个问题，那就是组织劳工。早期的阿坎人（Akan）国家通过购买奴隶来解决这个问题，这些奴隶有的是来自苏丹地区，有的是从葡萄牙人手中获得。在中部非洲，有时候当地的统治者会通过特许的方式让外部的商人进来采矿，这样的话，劳工问题就由相关商人自己解决。在伊乌纳盐矿区和本贝铜矿区，情况似乎就是这样。现在还不清楚穆塔帕国家的金矿开采是如何安排的。这里的金矿其实比较分散，要控制也比较难，但这里的政治权威似乎也比较集权化，至少对葡萄牙人来说是如此。外部世界的人能不能进入南部高原的主要产金区，决定权就在罗兹韦的国王。

如果说矿产开发常常与国家形成相关联，那象牙贸易则是另一种情况。猎象不像采矿那样局限在一定的点，它不需要像采矿群体那样的长期防卫保护体系。而且，就像收集蜂蜡和采集野生橡胶那样，如果集中投入生产的话，一个地方的象牙资源很快就会耗尽，那么在一个地方建立政治组织就是得不偿失。

在这种情况下，灵活的、流动的机制才是合理的，区域性的固定权威没有必要。因此，动植物资源的搜集者总是会走向更广阔的区域，他们有时会给某个地方已有的人群和机构存在带来毁灭性的影响，但他们没有意愿和能力去确立自己的国家。然而，必须指出的是，当狩猎和采集资源以市场化为导向并达到一定规模时，相关商人或商人群体也需要发展出相关技能和专业化的机制，这些机制可能也会具备国家的一些形式和功能。

在研究政治组织问题时，对不同商品要具体问题具体分析，比如铁和象牙、盐和蜂蜡、铜和橡胶，它们的影响就不可一概而论。此外，还有一个关键的变量，那就是奴隶。在东部和南部非洲，某些情况下，奴隶是最重要的商品之一，奴隶贸易似乎非常有助于推动国家的形成或发展。有时，获取奴隶用的是直接的军事手段，比如卡桑热（Kasanje）地区早年的情况就是这样。那里的人为了掠奴而发展起了一支军队，这支军队除了掠奴外还会扩张，从而控制新的市场和奴隶供应源。然而，掠奴经常只是在奴隶贸易国家发展的早期阶段才比较突出。到了一定阶段后，可能进贡会成为奴隶供应的一个重要来源。非洲的一些统治者还可以通过课税的途径获取奴隶，这显示了非洲与西欧国家的一个很大不同。在欧洲，权力和财富的关键是对土地的掌握。在非洲，对生产和繁荣至关重要的是人。因为土地很少出现短缺，所以非洲人也就没有去重视土地所有权。一个酋长指挥他的臣民从事生产劳动，其中涉及的内容其实很复杂，但有必要理解这一复杂体系，因为这是理解中部非洲贡赋体系和积累奴隶用于出口的模式的关键。酋长和臣民之间的关系会表现为多种形式,有时是父亲与儿子的关系,有时是家主与门客的关系,有时是地主与佃农的关系,有时是主人与奴仆的关系,有时是军阀与俘虏的关系。在一些情况下,酋长会出让臣民的劳务,换取物质回报。如果他发现他可以用自己的臣民从外部世界的商人手中换取枪支、布匹、酒、烟草,并且这些东西远胜于让自己的臣民待在家里干活所取得的收益,那么他很可能就会深陷奴隶贸易而难以自拔。避免这种局面的方法通常只能是断绝获取外部商品的念想,因为正是这些商品吸引着一些人去从事奴隶贸易。从奴隶贸易中获取可观物质财富的机会推动非洲一些地方的统治者们去扩大自己的地盘,增加自己可控制的人口的数量。这种扩张通常是通过战争,因为战争本身就可以提供俘虏,这是一种即时的奴隶来源;然后是被征服土地上的人,这些人中有一部分会被当作税赋。此外,统治者还有另一项优势,那就是他可以成为他所控制的土地上的仲裁者,可以处罚不顺从的人或者他认为不顺从的人,然后将其卖作奴隶。这种用司法途径获取的奴隶也是一个重要来源,而为了获取奴隶,一些司法管理者可能会受到一些压力,从而出现枉法。

从奴隶贸易中获得收益为中部非洲国家的扩张提供了一个重要的刺激,同时也为相关的统治者巩固权威、控制臣属提供了重要手段。在一个庇护体系里,统治者会将财产、官职以及进口商品层层分配下发,换取臣属们的忠诚、贡赋和服务。在非洲的国家中,贡赋的付出与收取是一个双向流动的过程,这使像中世纪的欧洲和前哥伦布时代的美洲那样的财富积累难以实现。在非洲的条件下,一个"封臣"向他的"领主"进贡后获得的回报并不是"封建"的保护，而是另一些实物。最基本的，这种实物回报可能表现为在酋长村庄里举行的一场歌舞宴饮。如果层次高一点的话，回报的实物就可能包括进口的布匹和酒类。

我们已经说过，非洲最重要的财富是人，无论是就非洲人自己而言还是对外部世界来说。我们也认为，通过一个政治等级框架的贡赋和税收系统，非洲的统治者可以将"人"这种财富转化为一种可贸易的商品，以此换取其他的物质产品——有时是来自外部世界的物质产品。那么我们可以问一个问题：贡赋机制是否可能被用于——或者是否被用于——汇集其他可供出口的商品？答案似乎是"是"。贡赋机制确实在有些情况下会被用于汇集贸易商品，但直到外部世界的贸易商品被输入之后，这种贡赋机制才开始对交换构成刺激。尽管一个国家可能拥有汇集商品用于贸易的手段，但它可能并没有处理生产和再分配的专业能力。比如隆达国家，它没有能够开发象牙资源的猎人力量，所以不得不依赖外来的柯克韦人。然而，一旦这些外来的猎人进入，他们就得把一半的收获通过贡赋体系交出，因为惯例是大象倒地处的酋长有权要求获得每头大象的两根象牙中的一根。野生橡胶也有类似的情况，巴斯兰热（Bashilange）的酋长可以搜集到足量的橡胶，却无法组织搬运工跨越逾 800 英里的路程将橡胶运往海岸，所以他们不得不依赖英班加拉人（Imbangala）和比埃（Bihe）的商人来运输。① 奴隶从资源供给上来说是最充足的，从获利

---

① Pogge's account of the Bashilange in *Mittherlungen der Afrikanischen Gesellschaft in Deutschland*, IV.

上来说也是最引人注目的，因此它成为最常见的通过贡赋体系流动的商品，也是对国家的发展最具影响的商品，但围绕奴隶的相关体系同样也可以转化用于其他商品的贸易。

非洲一些地方的贸易体系会在一个国家的框架下发展，而另一些则可能不是这样，如何认识这种现象？除了从商品性质出发来进行分析外，还需要考虑另一个因素，那就是时代的不同。在研究隆达国家的历史编年问题的过程中，最大困难之一是确定它在哪一个阶段发展成权威被承认的中央集权化国家。尽管从卢巴来的早期的政治刺激在16世纪上半叶就已在隆达发挥作用，对外贸易活动也在这一时期开始出现，但似乎过了一百年后隆达才发展出一套中央集权化结构。当时，姆瓦塔·亚姆沃已是首领，他可以任命专职官员去掌管各属地。在相当长的一段时期里，隆达人的贸易活动更多地是与柯克韦人相联系，而不是与卡曾伯王国（Kazembe）相联系。姆瓦塔·亚姆沃的权力集中和隆达的政治扩张主要发生在18世纪，当时隆达可以控制本德（Pende）、亚卡（Yaka）、卢阿普拉（Luapula）以及其他一些地方的人群。这可能是隆达国家发展的最关键时期。如果没有殖民征服，再给尼扬姆维齐人150年时间，他们也许也能在中东部非洲建立一个像中西部非洲的隆达那样的"帝国"。

也要考虑一些贸易活动有时会对繁荣发展的国家造成消极影响的情况。最为突出的例子是刚果王国，15世纪时它是中部非洲最发达的国家之一，但后来却在海外贸易的影响下分崩离析了。我们前面已经提到，在葡萄牙人到来之前，刚果王国就已经有了比较发达的贸易活动；然而，在与葡萄牙人的贸易开始之后不久，刚果王国就出现了政治紧张的迹象。可以这么说，这主要是因为刚果王国不适应对外贸易的影响，不能抵御海外商人的压力。刚果王国处在非洲的"偏远"地方，一直未受外部世界贸易的冲击，它不像西非和东非那样比较早就与外部世界有贸易联系。西非地区的社群特别突出，他们手段高明，能控制从苏丹地区来的商人，也能用同样的手段限制海岸地区的欧洲人，而刚果王国没有这方面的能力。此外，刚果王国缺少能有效抵抗外来经济入侵的机制，可能也缺少合适的商业机构来应对海外贸易的密集需求。而像贝宁，则是另一种情况，它已经具备了能较好地汇集剩余产品的能力，并且有必要的市场、行会、税收安排以及运输能力，能够满足对外出口的需求。刚果王国却并非如此，因此外国商人就会去建立自己的体系，这种体系与刚果王国旧有的商业结构有很大的差异。葡萄牙人进来后，实行治外法权，并在传教士的帮助下建立了平行的司法和行政体制，从而很快就削弱了刚果国王的权威。刚果王国和葡萄牙人的体系的和平并存一直持续到约1540年，然后就被打乱了。过了20年，贾加人（Jaja）颠覆了刚果王国，葡萄牙人被逐出。在应对欧洲商人的需求时，刚果王国出现了衰落，这就带来了一个疑问：为什么早期与欧洲人的接触会带来破坏性的影响？对于庞大而复杂的帝国来说，灵活性不足可能会是一个弱点，它们有时并不能快速地适应新的经济形势。就像安哥拉奴隶贸易的发展那样，如果给以一定的时间，非洲的商人也能建立有效的机构来应对新的需求，但这个过程不会很快。隆达国家也是一个在面对快速经济变化时没有灵活性的例子，它无法承受奴隶贸易被废除的冲击，同时又只能眼睁睁地看着柯克韦人抓住了象牙贸易的新机遇。

在前殖民时代，非洲的一些国家在政治发展上没有从新的商业财富和权力中得益，而经济上的失败则更加明显，市场导向的贸易未能给它们带来持续的经济增长。我们已经提出，维持性经济之所以未能发生大规模的变革，很大程度上是因为交通运输的困难。热带非洲本土的技能和知识能够创造一些向市场经济靠近的进步，但它无法开展外部世界所需的大规模的农矿资源开发活动，非洲商人如要获利，常常必须竭泽而渔式地消耗资源，象牙、野生橡胶、浅层储藏的矿产、奴隶，都是这种情况。这种资源开发模式本身就会造成紧张，而随着19世纪火器变得更便宜以及输入更多，这种紧张进一步加剧，于是，就像尧人、康巴人、尼扬姆维齐人的情况那样，袭击和冲突使商业受到越来越多的破坏和扭曲；而在中西部非洲，柯克韦人采用了火器，同时也要求取奴隶，其中必然包含了暴力冲突，但这种暴力冲突也不过是长期的大西洋奴隶贸易的一种产物。在另一边，恩戈尼人（Ngoni）① 的武装流动也给大片地区造成了扰乱，本书所述的通加人、罗兹韦人的贸易活动就受到了影响。尽管从事武装活动的群体最终也会发展起自己的贸易体系或者重建之前的贸易体系，但这些活动对商业的影响却是灾难性的。

---

① 19世纪初在今南非东北部一带发生大规模的族群混战和人口流动，后又波及南部非洲多国，其中有一支恩戈尼人在失败后一路武装北上，进抵大湖地区南部，在19世纪中叶时对涉及今赞比亚、坦桑尼亚、马拉维的广大地区造成冲击。——译注

不过，从长期来看，非洲本土商人所面临的威胁还不仅仅是暴力的蔓延，更严重的是来自外部的竞争。一些地区发展最显著的特征是当地的商人通过利用本土优势和对前沿地区的机遇作出快速反应，从而成功地遏制或者击败了外来商人的冲击。埃塞俄比亚南部的阿夫卡拉人（Afkala）利用薄利多销的手段打击了长期存在并有良好组织的贾巴提商人（Jabarti）；尼扬姆维齐人把从当地贸易中获得的利润作为资本来投资商队，他们在很长的一段时间里都能与海岸的商业力量平分秋色；大湖地区的诸王国将政治力量与商业力量结合在一起，成功地压制住了桑给巴尔商人，使他们一直只能扮演一个外来者的角色。但从整个中东部非洲的层面来说，与外部商业力量的竞争并不总是成功的，至少从经济结果来看是如此。在罗兹韦的产金区，外部商人的威胁持续了数百年，最终昌加米尔（Changemire）的统治者通过彻底驱逐葡萄牙人解决了问题。然而，这一处置带来了昌加米尔统治者的垄断，这种垄断极大地损害了经济增长，也影响了以市场为导向的商业的发展。就国家与贸易体系的关系而言，时间可能是一个关键的因素，它决定着当地力量对市场挑战的应对是成功还是失败。马拉维湖和坦噶尼喀湖之间的走廊提供了一个鲜明的例子。尽管在这里形成本土的专业分工和交易体系的潜力很大，但这里却没有出现突出的商人，因为当这里的商业机会出现时，大规模的尼扬姆维齐人和来自海岸的商业群体就出现了。影响更深远的是，殖民统治也很快降临，整个中东部非洲的商人都不得不面临具有压倒性优势的对手的竞争。在西非，商人们本身还并不强大，然后忽然一下子暴露在工业化市场经济的全方位压力之下，后者所包含的贸易条件和政治控制结构都对西非商人不利。20世纪时，刺激发展的外部因素实际上都被忽视，早期的由非洲人主导的经济安排被压制，陷入了弱小而无效率的困境。但是，即便有这么多的困难，西非的商业力量也并没有完全窒息，一些传统仍然持续下来，现代的运输商、店主、经济作物种植者实际上正是前殖民时代商人的继承者。

第二章

中南部非洲的早期贸易与原料产品

布里安·M. 费根（Brian M. Fagan）

范西纳在若干年前发表了一篇讨论非洲的长途贸易的文章，他在文章中提出：区域性贸易网络在非洲内陆地区早已存在，而这一网络在后来的象牙贸易和奴隶贸易发展过程中发挥了重要作用。[1] 然而，较晚时期的贸易扩展仍是根源于较早时期的演化，在公元第一个千年期间，非洲村庄间的原初产品贸易就已经在发展。关于中部非洲和中南部非洲早期贸易发展的考古证据在数量上是有限的，在质量上也难以令人满意。但是，本文仍希望进行一种尝试，以把这些证据纳入一个理论性的框架。

非洲在铁器时代开始之初出现了一些根本性的经济变化，这导致了大片地区的人口分布、居住模式、贸易活动和社会组织方面的变化。变化最突出的地区是中南部非洲。在这里，从食物搜集向食物生产的转换与金属冶炼技术的引入同步发生。

---

[1] J. Vansina, "Long-distance Trade-routes in Central Africa", *Journal of African History*, III, 1962, 375–390.

石器时代晚期的狩猎-采集者生活在只能容纳数个家庭的小型营地之中，仅限于对营地周边相对有限范围内的自然资源进行开发利用。① 狩猎-采集者维持性经济的关键因素是与动物和可食性植物资源相关联的水资源的分布，一个营地活动所能覆盖的范围大小根据地区的不同而不同。贸易和社会互动的程度也有差异，它会随着人口密度与自然资源之间的相对变化而变化，也会因不同营地活动范围大小的不同而不同。在现代的一些布须曼人群（Bushmen）中，营地与营地之间的互访和贸易接触也是随着食物可获得性的不同而发生变化的。

在班图语人群和欧洲人到来之前，南部非洲的狩猎-采集者大部分都是依靠原初自然资源自给自足。尽管有如赭石之类物品的交换，但人们生活所需的大部分资料仍是从当地获取，区域性贸易的量非常小。② 岩画描绘了这一地区的经济活动，而考古证据则表明石器时代晚期的营地是非常封闭而孤立的。木制品、骨制品和石制品的存在表明了物质文化的类型本质，如盛水都可以用羚羊胃部和其他动物身体部位制作的容器来完成，而这些都是狩猎者比较容易获得的东西。

然而，随着新的食物生产经济的发生和发展，贸易变得越来越重要，因为一个更加复杂的经济和物质文化体系的发展需要从当地之外的其他来源获取支撑。诸如兽皮、谷物、茅屋杆等之类常常是村庄间贸易的重要流通物，而对于铁器时代的农

---

① R. B. Lee, "The Subsistence Ecology of the !Kung Bushmen", unpublished Ph. D. thesis, University of California, Berkeley, 1965.
② J. Desmond Clark, *The Prehistory of Southern Africa*, London, 1959, 219.

民来说，最重要的是三种基础性的原初产品：铁、铜和盐，这三种产品是较复杂的区域性贸易网络的基础。这种区域性贸易网络以对某些原料的相对稳定的需求为基础，但这种区域性贸易网络的架构却常常并没有那么正式。

铁

铁矿和铁制工具对铁器时代的农业经济至关重要。不管是哪一种规模的耕种，都会用到锄头和斧头。铸造锄头和斧头的铁来源于含铁地层、含铁沼泽和其他矿藏中的铁矿。铁矿在很多地方都具有充足的储藏，但在铁矿储藏丰富的地方并不一定能找到人们对其进行利用的考古证据。在赞比亚南部的马齐里遗址（Machili site）发现了少量的含铁物质遗存，这些含铁物质来自外部，其年代为公元 96 ± 212 年。[1] 遗址本身位于沙地，含铁物质从外部输入，在这里冶炼。后来，人们又在很多地方发现了铁制品贸易的历史证据，在这些地方能找到铁冶炼者活动的痕迹。

铁器时代早期，铁制工具局限于一些尺寸较小的箭头、矛头、刮削刀，斧头和锄头还比较少。[2] 这些工具在卡洛莫山丘（Kalomo mounds）遗址中发现较多，在这里还发现了铁环和铁

---

[1] J. Desmond Clark and B. M. Fagan, "Charcoals, Sands, and Channel-decorated Pottery from Northern Rhodesia", *Amer. Anthrop.*, LXVII, 1965, 354–371.

[2] B. M. Fagan, "Pre-European Iron-working in Central Africa, with Special Reference to Northern Rhodesia", *Journal African History*, II, 1961, 199–210.

条弯制的镯子。① 可惜的是，在发现很多铁制工具的遗址出现之前，一些早期发现遗址的保存状况比较差，在这些遗址中，找到了一些与卡洛莫遗址的发现物相似的铁制工具。这些早期发现的遗址包括丹布瓦（Dambwa）遗址、巴托卡（Batoka）附近的贡杜（Gundu）遗址以及赞比亚中部的一些遗址。②

铁器时代早期的简单铁制工具不需要很大规模的冶炼活动，因此对铁矿石的需求也相对较小。到了后期，当炼铁制铁日益广泛、铁制品成为政治和商业力量的一项重要内容时，对铁矿石的需求开始上升。铁矿石和铁制品的贸易逐渐成为中南部非洲冶金标准化发展的一项重要推动因素，但不同地方的炼铁制铁的技术水平仍然不尽相同。

14、15世纪，赞比西河谷的因贡贝伊莱德的居民已拥有用于仪式的铁制品，这种铁制品的工艺水平远超铁器时代早期农民的铁制工具的工艺水平。在这里的墓葬遗址中发现了铁铃、长刀铁锄和拉丝工具。在墓葬遗址发现的铁锄没有磨损，而村庄遗址里的铁锄则有大量使用的痕迹。因贡贝伊莱德遗址的铁矿渣遗存非常少——其实直到现在，这里都没有多少金属冶炼的活动。遗址本身给人的印象是这里的居民会自己制造铁制品，但大部分铁制品与铁器时代早期的类似。而他们的仪式用铁制品的工艺却非常复杂，似乎是通过贸易从外部世界获得的。在

---

① B. M. Fagan, *Iron Age Cultures in Zambia*, I, London, 1967, 88–91.
② B. M. Fagan and T. N. Huffman, "Excavations at Gundu and Ndonde, near Batoka", *Archaeological Zambiana*, III, 1967, 34; D. W. Phillipson, "The Early Iron Age in Zambia: Regional Variants and some Tentative Conclusions", *Journal of African History*, IX, 1968, 2, 191–212.

此后的年代里，铁制品的贸易似乎越来越占据重要的地位，这可能对当地居民的制铁能力有一定的促进，但即便如此，当地居民所制造的铁制品也似乎仍只为当地所用。不过，真实情况到底如何，还需要寻找更多的证据。

盐

盐是铁器时代居民所需的一种重要商品，它在公元第一、第二个千年间被广泛投入贸易。能获得质量相对较好盐块的盐储存地并不多，这种储存地往往是铁器时代贸易活动集聚点。虽然也可以通过烧煮某些水生的草或者芦苇来获取含盐的液体，[1] 但大部分的盐还是来自像坦桑尼亚的乌芬扎（Uvinza）[2] 和伊乌纳、[3] 加丹加的基布里（Kiburi）和姆瓦夏（Mwashya）[4] 以及赞比亚中部的巴桑加（Bsanga）盐场这样的地方。[5] 关于盐贸易的考古证据并不多，因为对已知产盐地的调查研究仍非常薄弱。

---

[1] Ernest Gray, "Notes on the Salt-making Industry of the Nyanja People near Lake Shirwa", *S. Afr. J. Sci.*, XLI, 1945, 459; Mrs. Beverley Brock, personal communication.
[2] V. L. Cameron, *Across Africa*, New York, 1877, 228.
[3] B. M. Fagan and J. E. Yellen, "Ivuna: Ancient Salt-walking in Southern Tanzania", *Azania*, III, 1968, 1–43.
[4] J. Vansina (1962), 386.
[5] The Basanga salt-workings were described by the Rev. Arthur Baldwin in his diaries, and were examined briefly by the writer, Mr. T. N. Huffman and Mr. Robin Fielder in 1967.

伊乌纳的盐碱洼地在鲁夸湖（Lake Rukwa）东南约 9 英里外的地方，研究者在 1966 年对其进行了发掘调查。[①] 在洼地四周的土丘上发现了一些与采盐活动相关的陶器，根据放射性碳测试的结果，这些陶器涉及的时间跨度为 1215±110 年至 1410±110。[②] 采盐者居住在可俯瞰盐湖的土丘上的村庄里，他们种植高粱，养牛和其他小牲畜，他们会把人死后的遗体埋在土丘上距茅屋不远的地方。从年代较晚的地层发现的陶器带有不同的文化特征，可能是因为来此采盐的人的群体归属有所不同，而相应的陶器也似乎确实可以与今天仍在这一区域居住的不同人群挂钩。陶器类型的混合可能意味着不同的人会在不同的时间来采盐，也可能是盐贸易的控制权经历过易手。伊乌纳的考古发现表明人们会定期来这个地方，而这些人们分属于多个文化群体。制盐过程中的一个关键器皿是煮盐锅，这种煮盐锅在伊乌纳一直使用到近代，而由这些煮盐锅似乎可以帮助对盐贸易的情况进行一个估计。随着在坦桑尼亚南部的考古调查逐渐推进，研究者发现伊乌纳的煮盐锅所代表的文化似乎覆盖一个很广大的区域，因为伊乌纳的盐可向东销至图库尤（Tukuyu），而距伊乌纳最近的另一个产盐地也是在约 150 英里外的地方。已有研究者对煮盐锅所使用的黏土以及其他器物的成分进行了细致的元素分析，发现它们与马拉维北部的基斯（Kisii）陶锅贸易网络有联系，而基斯的陶锅贸易网络可覆盖到马拉维湖东

[①] B. M. Fagan and J. E. Yellen（1968）.
[②] B. M. Fagan, "Radiocarbon Dates for Sub-Saharan Africa, V", *J. Afr. Hist.*, VIII, 1967, 520.

岸所在的区域。当制盐与特定形式的陶锅联系起来时，研究者就可以进一步对伊乌纳盐场的其他考古发现物进行相应的分析。

盐块通过对盐水进行煮沸和蒸发来获取，这一过程可能要在一个标准尺寸的容器中完成，这样才能制出一种可当作稳定交换媒介的产品——就像铜锭那样。这种标准化的交换媒介是以伊乌纳为中心的区域性贸易网络的基础，盐块被用来交换铁器和谷物等产品，在以物易物的过程中不断转手，从一个村庄到另一个村庄进行流通。盐贸易活动的大部分内容是村庄间的以物易物，但也有人直接去伊乌纳采盐，这种活动在19世纪时仍然存在，在加丹加和马拉维也有这种情况。伊乌纳盐贸易的结果是使一定范围内的人群发生了直接和间接的接触，由此形成了一个区域性贸易的网络。

在伊乌纳进行的考古发掘表明，在较早的时期存在一种与后来时期不同类型的陶器，但采盐制盐的方法却似乎一直未有本质改变。我们可以期望能在其他地方的铁器时代早期的盐场进行考古，如果其地层信息更为完整的话，我们就可以获得更多的证据。但是，伊乌纳将仍是一个具有典型性和指示性的地方。

铜

铜是铁器时代居民青睐重视的另一种物品，特别是在装饰和贸易方面。与盐的情况相比，铜贸易的考古证据更加充分，也更加有力，因为考古研究者能获得较多的铜制品以及铜冶炼活动副产品的遗存。

中南部非洲铁器时代早期遗址的遗物中有一些铜制品碎片。在丹布瓦之类的早期居住点遗址的遗存中发现了一些铜环或者铜镯的碎片，从当时的情况来看，这种铜制品需要从至少 200 英里之外的有铜矿露头的地方输入。到 7 世纪时，卡洛莫遗址所在地方的居民已经拥有铜条镯子（copper-strip bangles），铜条镯子在年代上要早于铜丝绕缠纤维形式的制品（the wire type with a fibre core），后者到 11 世纪时才成为主流。在所有遗址中，铜的数量都不算多，这表明铜更多地是用来装饰而非实用，从已有的证据来看，铜在铁器时代早期仍未在商业贸易中获得重要地位。

非洲铜贸易的早期历史仍旧有很多不明朗的地方，尽管在加丹加地区的桑加、赞比亚南部的因贡贝伊莱德发现了不少铜制品。根据放射性碳测试的数据，桑加遗址的年代在 7 世纪末至 9 世纪之间，而因贡贝伊莱德的墓葬遗址的年代则在 14 或者 15 世纪。

桑加的墓葬遗址邻近基萨莱湖，研究者对墓葬主人的信息掌握不多，只能对 56 座墓葬中的发现物进行一些描述，大部分墓葬都会有保存情况不一的锅，然后是一些铁器、铜装饰品和铜锭，比较引人注目的是一些项链，再就是少量的玻璃珠和东海岸地区的海生贝壳。雅各斯·南奎因（Jacques Nenquin）将墓葬分为三类，但他的分类无法与地层关系调和。三类中最主要的是基萨莱文化墓葬群，共包括 27 座墓葬，年代在 7 世纪至

9世纪之间。在这类墓葬的两座墓中发现了铜锭——尽管铜锭的存在被当作整个墓葬群的一个重要文化特征；此外，还有一些组合的铜链制品。

第二类是姆隆戈文化墓葬群，包含6座墓葬，它与基萨莱文化墓葬群之间的地层关系并不清楚，但姆隆戈文化墓葬群的一些陶器与基萨莱文化墓葬群的有部分共性联系，也与另一个已明确在年代上晚于基萨莱文化墓葬群的红纹陶器文化墓葬群里的陶器相似。在姆隆戈文化墓葬群的所有墓葬中都发现了十字铜锭，但红纹陶器文化墓葬群中的铜锭更多，其中的4座墓葬中发现了360多件铜锭。

尽管三个墓葬群中陶器的地层和编年关系仍不清楚，但铜锭数量的增加却是一个显著特征，这可能表明在公元第一个千年的末期，铜已不再仅仅是一种装饰物，其作为贸易金属的地位正在不断上升。

桑加墓葬中的大部分铜制品从形式上来说是装饰用的，包括铜镯、工艺复杂的铜链以及一些像铜针之类的小物件。十字形铜锭有两种形式，一种是所谓的"汉达型"（Handa type），还有一种较小的形式，它们大部分都发现在年代较晚的墓葬中。南奎因的记录表明汉达型铜锭与铜丝联系在一起；同时，这也是中南部非洲广泛流行的铜锭类型。

桑加位于一块铜矿露头资源丰富区域的中心地带，而这里的盐储存也不少。对这一含矿区域的考古仍处于起步阶段，但它对我们认识中南部非洲的铁器时代具有非常重要的意义。在这里发现的考古遗物为研究8世纪前加丹加地区复杂的制铜工艺提供了丰富的证据，种种工艺不仅在居民装饰品上有显示，在大量的铜锭上也有体现。

桑加居民已认识并能利用铜的双重性。一方面，铜制品是重要的装饰品，这在工艺复杂的铜链和铜镯上得到体现；另一方面，标准制型的铜锭又是被普遍接受的储存财富。铜锭没有装饰价值，却被认为是财富的象征，并且也被看作标准化的货币或者等价交换物。双重性认识的影响范围广泛，铜贸易也因此而扩大，铜锭作为等价交换物也日益正式化；但在主要的商业贸易中心之外，传统和非正式的以物易物仍然存在，因为一些贸易活动所涉及的量仍然有限，等价交换物并非必需。

根据范西纳的观点，[①] 桑加可能已经被纳入了直接长途贸易的体系，但考古证据对此并不支持，因为考古遗物中来自海岸地区的进口物非常少，仅限于少量来自东海岸的贝壳和一些玻璃珠，当然这也可能反映的是跨越长途的换手传递贸易末期的情况，当时可能还没有正式的商队往来。但铜锭的更大规模的使用可能也说明确实存在较大规模的贸易，而长途贸易路线也正在发展之中。

铜贸易的证据来自赞比西河谷中部的因贡贝伊莱德，那里远离有铜矿露头的地区。在年代为14或15世纪的一些墓葬中，发现了一些十字形铜锭，其类型与南方罗得西亚和北方加丹加发现的相同。有三具尸骸与保存完整的成套拉丝设备在一起，这些设备在形态上与文达人地区（Venda）发现的遗物非常相

[①] J. Vansina, *Kingdoms of the Savanna*, Madison, 1966, 35.

似。除了拉丝设备外，遗物中还有锤头、钳子、长钉和用来拉丝的原料铜块。长方形的铜丝制品在三座墓葬的尸骸头部，是用特定长度的铜丝弯曲绞结而成，可能是用于贸易。有一座墓葬里面还有一束保存良好的铜丝，应该就是在当地拉制的，可能最终是要转制成装饰品。铜丝的直径与用于制作丝缠棕榈纤维镯的铜丝相近。此外还有很多铜镯、铜珠子、铜刀片以及铜丝残片，基本包括了当时所有的铜制品类型。

因贡贝伊莱德位于一片洪积平原，那里没有铜矿露头，因此所有的铜制品都是进口的。制品的类型表明其装饰功能非常重要，当地的居民输入铜锭和铜丝，然后转制成铜镯等自用。至于他们有没有把铜制品再行出口则很难说，但作为区域内盐贸易的一个重要出口，这里的居民固然更倾向制作铜装饰品供给当地市场，但将铜变成标准化货币投入赞比西河流域的贸易也不是不可能。

铜的商业价值在因贡贝伊莱德体现得非常明显。十字形铜锭有差不多的重量，铜丝的长度也差不多，它们在长途贸易中应均有相应比较恒定的价值。除了单纯的装饰目的外，能满足区域性和当地贸易所需也是铁器时代贸易者要考虑的问题。而我们从因贡贝伊莱德遗址也确实可以识别出两种不同的贸易模式，一种是基于当地对盐、铜装饰品和其他一般商品的需求的贸易，另一种则是不断增长的关注象牙、铜和其他原料的长途贸易。后一种贸易的开展需要标准化的商业价值单位——比如像铜条这样的虽然粗糙但价值比较恒定的物品，只有有了这样的东西，长途贸易才能有效运行。

从现有的考古记录仍很难识别总结出特征性的东西，但考古学家还是能够了解到比较多的关于铜锭和其他铜制品流通的信息，并且可以推定它们通常是在重要的商业活动中心——比如桑加和因贡贝伊莱德——进行交换。我们希望有一天能够知道相关贸易系统的更多信息，它们在一系列货币单位的帮助下一度繁荣，这些货币单位既能当作财富储存，也能当作交换媒介。

长途贸易

在公元第一个千年期间，尽管中南部非洲在矿产和其他多种原材料资源方面能够自给，但与外部世界的贸易仍然存在并扩展，因为这种对外贸易能带来一些引人注目的异域商品，比如玻璃珠和海贝壳之类，而这涉及的就是另一种形式的贸易。

关于东非海岸和中南部非洲内陆在铁器时代的接触的证据有限，主要是在赞比亚南部的农业村庄发现的一些异域进口商品遗存①和在马拉维发现的一些零散遗物②。在赞比亚发现的年代最早的进口品是东海岸的贝壳，发现地是巴托卡高原的两处铁器时代早期遗址的底部地层，那里没有铜矿露头，也没有其他的经济吸引。在卡伦杜（Kalundu）丘地遗址底部地层发现的

---

① B. M. Fagan, *Southern Africa during the Iron Age*, London, 1966, 93.
② K. R. Robinson, "A preliminary Report on the Recent Archaeology of Ngonde, Northern Malawi", *Journal of African History*, VII, 1965, 169–188.

一枚贝壳的年代被测定为公元455±95年，而另外两枚来自靠近巴托卡地区的贡杜丘地的贝壳的年代则为公元440±85年。与这些发现相联系的居住遗存地层属于赞比亚铁器文化传统的初始时期。

由于发现的玻璃珠和海产贝壳的数量有限，我们还不能说这类商品在铁器时代早期的贸易中已经正式化。年代上属于这一时期的铜制品和铁制品要么是实用性的，要么是装饰性的，标准化尺寸锭形物的存在并不突出，异域商品的存在也不足以说明当时当地人群的贸易是以之为目的。铜装饰品很少，这可能表明铁器时代早期的贸易本质上仍是非正式的，这种贸易关注的重点几乎全是当地的原初产品。这种情况与之后几个世纪的情况形成对比，在后一个时期里，铜似乎已经在长途贸易中有了一个相对比较正式的地位。

在铁器时代早期，进入遥远内陆的异域商品走的通道是赞比西河谷，像遥远的巴托卡高原地区发现的那些，最有可能就是从赞比西河中游地区过去的。在因贡贝伊莱德的发现填补了关于长途贸易和当地贸易发展的很多信息空白。因贡贝伊莱德在卡里巴水库（Kariba Dam）下段约32英里的地方，在赞比西洪积平原上，这里有丰富的象牙和盐资源，但没有矿产。因贡贝伊莱德的铁器时代居民从事混合性的农业经济，他们种植谷物和高粱，饲养牛、羊、鸡和狗，也会从事狩猎和采集以进行补充。前已提及在这一遗址中心的墓葬发现了黄金制品，而该类墓葬正是与大量的进口物品相关联。

中心墓葬发现的进口物品包括海产贝壳和玻璃珠，这是铁器时代广泛流通的两种东西。有三种贝壳被发现与尸骸相关联，这表明了贝壳在贸易中的使用范围。有两座墓葬中有芋螺贝壳（Conus shells），其尖端底部被切除，剩下的部分才被投入贸易，这是这种贝壳的常见使用方式。有充分的证据表明芋螺贝壳在铁器时代被广泛用于贸易交换。[①] 玛瑙贝（Cowrie shells）在因贡贝伊莱德遗址也很常见，它们与一些不太重要的墓葬相关联。所有的玛瑙贝都被开口加工至底部，然后装饰在头发或者衣服上。第三种贝壳是白玉螺贝壳（Polinices mammilla），它发现于遗址的南部边缘地区的墓葬中。这种产自东海岸的贝壳在铁器时代被投入贸易，但它并不像玛瑙贝和芋螺贝壳那样流行。

玻璃珠是因贡贝伊莱德最常见的进口物品，这种情况也见于内陆的很多其他遗址。近年来有很多关于珠子的研究，[②] 主要是把它们作为编年证据，但珠子的主要价值似乎应该是用来证明贸易网络的范围，而不仅仅是用来辅助编年。因贡贝伊莱德中心墓葬的珠子以长串绕于尸骸颈部或手腕的形式存在。大部分的条状珠子（cane beads）是出自印度，有红、深蓝、青绿和黄等多种颜色。此外，还有一些绿色的珠子、一条西瓜绿的珠串、三枚光玉髓珠以及一系列绿色和白色的扁平形珠，其中扁平形珠在形式上与在同一遗址发现的一些淡水贝壳相似。这一时期用于贸易的玻璃珠在形状种类和颜色种类上都比较有限，

[①] Joan R. Harding, "Conus Shell Ornaments (Vibangwa) in Africa", *Journal of Royal Anthropological Institute*, XCI, 1961, 52 – 66.

[②] J. F. Schofield, "Southern African Beads and Their Relation to the Beads of Inyanga", in R. Summers, *Inyanga*, Cambridge, 1958, 180 – 229.

而其所涉及的年代则跨度很大。而除了在大津巴布韦（Great Zimbabwe）和马庞古布韦（Mapungubwe）发现的玻璃珠数量较大外，其他地方的都相对较少。珠子以大串的形式输进内陆地区。在进入内陆后，珠子主要是作为重要人物的装饰品，另有少部分进入区域贸易流通。

与海岸之间开展贸易主要是输出原初产品，包括黄金、象牙、铜和铁。黄金在铁器时代的极早时期就已经在开采，但用黄金制作物品的范围仍非常有限，主要是多种形状的珠子、金箔和金丝镯。在因贡贝伊莱德发现了一块金箔板、大量珠子和一些手镯。在像马庞古布韦这样的地方，并没有发现金矿渣或者其他炼金副产品的遗存。因为在因贡贝伊莱德没有金矿露头，所以所有的黄金制品应该都是来自外部，它们可能是以金砂的形式输入，也可能就是以制成品的形式输入。当然，我们并不能确定因贡贝伊莱德地区的酋长们到底输入了多少黄金，但酋长们似乎总会把一部分黄金用于自身的装饰。显然，黄金一直都不是一种日常生活所需的重要金属，它的存在总是与长途贸易相关联——或许可能如铜一样，它是一种价值恒定的等价交换物。

关于象牙，一些学者认为它是东海岸贸易的大宗，但从考古记录来看却并不能得出这样的结论，因为考古发掘获得的象牙遗存并不多。在因贡贝伊莱德遗址中，多有象牙碎片散落，而这一地区的大象资源也确实比较丰富，这里的居民可能了解象牙的经济价值。在巴托卡高原的村庄遗址中有时也能找到一些象牙碎片遗存，但我们并不能确定它们是被用于装饰还是被用于贸易。

在因贡贝伊莱德发现的四种原初产品中,有三种是从格文比河谷(Gwembe valley)之外的地方输入的。对那些希望利用赞比西贸易网并从下游地区获取商品的人来说,黄金、铜和象牙颇具吸引力。河两岸的高原地区可以获得一些矿物,其中在鲁斯图(Lusitu)的盐就进入了商业流通。大卫·利文斯顿(David Livingstone)在19世纪中期记录过这一地区盐贸易的情况,发达的区域性贸易网使高原和格文比河谷之间持续地发生接触。在因贡贝伊莱德被占据使用的时期,类似的贸易往来也是如此,它以当地对原初产品的需求为基础,人们带着矿产踏上各条道路,同时将异域产品引入内陆。

海岸贸易的大宗可以通过考古和文献资料来进行推定。无疑,大部分的商业活动仍然是采取以物易物的形式,而也正是这种贸易不断推动着贸易路线正式化的进程。葡萄牙人将这些由人踩出来的通往内陆的金矿区和象牙产区的路线纳入自己的控制,金属锭和其他可能具有货币功能的产品在考古记录中的分量也随之逐步上升。

因贡贝伊莱德遗址呈现了区域性贸易路线在铁器时代贸易发展中的关键性。相隔数百英里的不同群体间的接触始终存在,而对冶金技术劳动者和农民的需求也是如此,这最终导致一个覆盖广大区域的以物易物贸易网络的形成。出于政治、社会和经济方面的考虑,一个复杂的商业关系网逐渐搭建起来。东海岸贸易的主导者们把内陆当地的贸易网络当作自己的跳板,推动了对原初产品的需求,而这就导致了经济和政治两方面的变迁，在内陆地区开始逐渐地出现一些采矿冶炼和商业活动中心，比如桑加和因贡贝伊莱德这样的地方。

在属于铁器时代早期的遗址和位于远离铜矿、金矿露头的居住点，研究者在一些年代较早的考古遗存中发现了散落的异域商品，这是过去两千年的贸易发展进程的见证。随着冶金技术、金属制品和农业技术的传播，一些酋邦建立起来——而如果没有商品和人在整个中南部非洲广大范围内无数村庄构成的非正式贸易网络中流动，这些是不可能实现的。但这种以当地产品为主的贸易与关注原初产品和异域奢侈品的长途贸易有很大不同，后者需要像桑加或者因贡贝伊莱德这样的中心为依托。就未来的研究而言，一个重要的问题是模拟和评估复杂商业活动中心产生的影响和冲击，这种中心的位置由多种不同因素决定，比如是否靠近矿露头区或者常用的贸易路线。还需要回答的问题包括：在手工业和农业技术水平较低的情况下，相应地方的人获得了多少益处？当地贸易和长途贸易之间的区别到底有哪些？贸易活动是推动社会和政治变迁、导致人口流动和冲突的一项重要因素，这是考古学家和历史学家都不能忽视的。

第三章

尼扬姆维齐人的贸易

安德鲁·罗伯茨(Andrew Roberts)

尼扬姆维齐人是坦桑尼亚内陆居民中最重要的贸易人群,他们在整个19世纪都很活跃。然而,本文并不会单论尼扬姆维齐人,因为实际上他们并不是一个构成单一而稳定的族群,更谈不上是一个统一的政治共同体。[①] 在目前的条件下,既无法把尼扬姆维齐人的实体当作一个酋邦,也不能把它看作一个有历史纽带联系的酋邦联合,同时也难以根据尼扬姆维齐人贸易活动的区域来进行界定。但是,相关的研究很少,因此总要进行一些工作,即便是一些小范围的分析,也应有助于理解尼扬姆维齐人及其贸易活动。在一些具体问题无法确切界定的情况下,我们有必要先对坦桑尼亚西部贸易活动的范围和性质作一

[①] See R. G. Abrahams, *The Peoples of Greater Unyamwezi, Tanzania*, London, 1967; *The Political Organization of Unyamwezi*, Cambridge, 1967; and the literature cited therein. "Nyamwezi" simply means "of the moon" and hence "of the west", since the new moon is first in the west. For a short account of Nyamwezi history see my "The Nyamwezi" in Andrew Roberts (ed.), *Tanzania before 1900*, Nairobi, 1968.

粗略的描述，这可能至少有助于我们理解尼扬姆维齐人为什么能获得商业方面的重要地位。在坦桑尼亚西部，区域性的贸易网络已有较好的发展，不同地方的网络共同构成了长途贸易的基础。区域性的贸易网络与长途贸易也发生相互的作用，前者的积累为后者的开展提供资本，后者则为前者在生产和交换方面的提升提供刺激。19世纪尼扬姆维齐人的贸易的扩展导致了经济方面的一些变迁，本文将对这一过程的相应证据进行分析，不过要说明的是，这些证据并不完整。

尼扬姆维齐人人口约30万，占据着以维多利亚湖、温布雷河谷（Wembere valley）、南部高地（Southern Highlands）、鲁夸湖低地（Lake Rukwa depression）和坦噶尼喀湖东岸悬崖（the escarpment east of Lake Tanganyika）、布隆迪-卢旺达高地（the highlands of Burundi and Rwanda）为界的台地的大部。从一定程度上来说，这块台地本身可以构成一个历史单元，它生态特征一致，在过往200多年的时间里一直有人在这里流动或定居并逐渐形成一套具有一致性的社会习俗和机制体系。这片台地的大部分地带都较为平坦，对人群流动基本没有什么障碍。有几条常年有水的河流，但河水都比较浅。如果说台地生态上有什么内部差异，那就是台地北部的树木已被清除殆尽，而南部则还有些林地。北方的居民饲养牛群，特别是图西人（Tusi）和塔图鲁人（Taturu）；而在南方，由于林地的存在，野生动物仍比较多，萃萃蝇的活动也比较密集，因此养牛受到限制。在林地区域，狩猎和搜集蜂蜜是重要的经济活动，从事这些活动的基姆布人（Kimbu）差不多就属于"游牧者"。在整个地区，农业活动都采取轮作形式，没有集约生产的基础，因为整个地区的土壤都算不上肥沃。主要的作物包括高粱、小米和玉米（18世纪引入），它们可以在一年中不同的季节交替连续种植。由于轮作的需要，居住点和村庄每10—15年就需要换一换。一般来说，居住点和村庄的布局都比较分散。

上述种种是导致整个地区政治组织规模小而分散的主要因素。与东部和中部非洲的其他地方一样，这里最迟在17世纪就已经出现了酋邦。但直到19世纪较晚的时期，这里的酋长才能对大量人口实施比较有力的权威统治。在这里，土地使用竞争的情况不多，因此并不是很需要超越性的权威规制，而且也没有自然经济或战略性的地理分野。酋长没有特别的武器，他们掌握的能用于维护行使权威的资源也不多。而且，如果人们不满，他们很容易就能迁到别的地方去。直到约一个世纪前，大部分的酋长仍主要是作为祈雨者、魔法师和仲裁人而受尊重。他们的角色是土地的"神秘守护者"，他们掌握着经济活动的循环运动，但他们没有多少政治或者军事的力量。很多酋邦的人数都不超过1 000人，还有很多酋邦的占地面积连1 000平方英里都不到。大部分小酋邦处在自给自治的状态。哈（Ha）和津扎（Zinza）是两个较大的酋邦，但它们仍处于大湖地区王国的影响之下，在19世纪掌握武装力量的强力人物出现之前，这里没有具有最高权威的大酋长。

由于在很多方面存在一致性，各酋邦之间也有着重要的联系。一些通过分裂形成的酋邦可能会继续承认其所源出酋邦的高级地位，一些酋邦会因为特殊的历史原因而形成"好伙伴关系"（joking relationships），还有一些因特定的世系而形成暂时性或长久性的从属关系。政治联系使经济交换得以扩展，有的是平等的互利，也有的则呈现封贡的关系。此外，由于一些特殊人群或秘密会社的存在，社会关系进一步复杂化，比如有蛇药专家、豪猪猎人或者专任的灵媒担任者之类。没有多少证据表明这些人群或组织具有政治功能，他们似乎也没有集中性的组织，但他们有自己的等级安排，有时要通过过渡仪式才能知晓医药和魔法方面的秘密，而他们之间的联系往往超越亲族和酋邦。对于这些人群和团体的历史我们所知甚少，但似乎他们的扩展是19世纪贸易增加后才出现的。不过，也有可能他们内部一直存在一个网络，人们可以通过这个网络获知新的观念，获得新的物品，发现新的机会。

我们很难描绘坦桑尼亚西部地区贸易增长和发展的确切画面，因为很多证据都是来自19世纪晚期，那时所有的经济交换活动都或多或少地受到了围绕象牙和奴隶的长途贸易的影响。不过，我们仍然可以就19世纪初期前后这一地区贸易的基本特征进行一些合理的推测——虽然我们仍然无法进行量化。不同的地区拥有不同的经济资源可供交换，我们可以假设一些维持性经济生活必需品的贸易在较早的时期就已出现。尼扬姆维齐人居住地区西部和乌芬扎地区的传说提及，从北方来的移民用谷物从当地居民手中交换锅，而居住在河岸地区的渔民和只种植根茎作物的居民也需要通过交换获取谷物。陶器可能是这一地区早期贸易中的一项重要商品，但我们没有很多这方面的信息。干鱼在现在的贸易中占有重要地位，其需求量应该是较大的，因为当地能整年提供鱼资源的河流很少。林产品包括树皮布、树皮箱、斧柄、矛杆、蜂蜜、蜂蜡，它们在村庄间流通，同时也能供给北方林木稀疏的平原地区。相应地，北方的牲畜——特别是牛——也会向南方输出，而在萃萃蝇较少的地区，牛本来就长期被用作嫁妆和罚款。

早期贸易中最重要的两种商品应该是铁和盐。铁矿石露头在坦桑尼亚西部地区较为常见，但从经济角度适合开采的矿却并不多。① 现在仍然能在一些人的指引下找到旧时的矿场，但必须指出的是，一些矿场的开采时间并不长，往往是不久就被放弃了。炼铁和制铁是在北方，主要是在哈和津扎的北部，其中津扎尤以铁工知名。我们知道的一些有铁工场的地方包括：布利马（Bulima）、内拉（Nera）、布屯德韦（Butundwe）、鲁苏比（Rusuubi）和布桑比罗（Busambiro）。在布云古（Buyungu）的哈酋邦那里，铁工场主要是在尼亚旺加（Nyarwonga）、马邦巴（Mabamba）和乌尼云卡（Unyunka）。我们知道的在尼扬姆维齐人地区的铁工场只有两个，一个是姆温泽酋邦（Mhunze chiefdom）的伊桑加（Isanga），另一个是布桑吉（Busangi）的伊戈韦斯（Igwisi）。② 根据布洛永（Broyon）的说法，在米兰博的首府的南部和西部有铁工场，在乌科农戈（Ukonongo）也

---

① R. F. Burton, *The Lake Regions of Central Africa*, London, 1860, II, 6; H. M. Stanley, *How I Found Livingstone*, London, 1872, 353, 376.
② J. A. Grant, *A Walk across Africa*, London, 1864, 87-88; J. Macqueen, "The Visit of Lief ben Saeid to the Great African Lake", *JRGS*, XV, 1845, 372.

有铁工场。① 此外，在伊皮托（Ipito）的基姆布酋邦也有一个重要的铁工场。

现有的证据表明，与非洲其他一些地方一样，铁在坦桑尼亚的西部也是一种相对稀缺的商品。由于只有少数特定的家族能够掌握和传承炼铁技艺，铁的稀缺性就进一步凸显。比如在伊戈韦斯，铁矿的采掘和冶炼就不是由当地人进行，而是由来自布云古的哈酋邦的工匠操作；在伊桑加的铁工则是来自鲁苏比。理查德·弗朗西斯·伯顿（Richard Francis Burton）② 记录说，内拉的制铁限于几个特定的村庄，其他的人不能制铁，只能从事农耕和牧牛。③ 在乌津扎（Uzinza）和布哈（Buha），铁匠家族被称作"瓦隆戈"（Walongo），他们形成一个层级式的内婚群体，但具体的情况还不是很清楚，有待人类学家的进一步调查。特定的铁匠或铁匠家族垄断了铁的生产和铁器的制造，尽管在很多村庄里也有其他的铁匠，但他们能做的常常只是对废旧铁器进行修理翻新。

铁的稀缺是贸易发生的一种重要推动因素。在整个区域里，铁的需求以多种多样的形式呈现：用于耕作的锄头，用于建筑和其他工作的刀和斧，用于狩猎、渔捞和战斗的矛头和箭头。1883 年的一份记录讲到，很多人会进行 15 天的长途跋涉去布

---

① P. Broyon, "Description of Unyamwesi", *Proceedings of the Royal Geographical Society* (*PRGS*), XXII, 1877 – 1888, 36; Stanley (1872), 533; E. Diesing, "Eine Reise in Ukonongo", *Globus*, XCV, 1909, 327.
② 理查德·伯顿是 19 世纪中叶的著名探险家之一，曾在非洲大湖地区探险，试图寻找并确定尼罗河源头。伯顿留下了多部记录其探险历程及探险所到之处情况的书，其中包含了比较丰富的史料。——译注
③ Burton, *Lake Regions*, 269.

桑比罗买铁。① 直到1937年，布云古的铁匠们也仍然是拿着自制的铁锄从伦迪（Rundi）的人手中换牛。北部地区的尼扬姆维齐人把铁锄输入尼亚图鲁人（Nyaturu）地区。从西北地区引进的铁锄被重新加工成铁矛，这些铁矛不光在苏库马人（Sukama）和下马拉加拉斯（Lower Malagarasi）的基科人（Wakiko）中流通，还在马赛人（Masai）地区的西部和洪巴人（Wahumba）地区被使用。铁有时也被拉制成条，用来制作脚镯、手镯和项链。关于19世纪铁锄和铁条贸易的资料较多，我们可以作出这样的推测：即便铁贸易的规模较小，它的历史也肯定是较长的。

　　盐资源在坦桑尼亚西部比较充足，但大部分质量一般。很多村庄都知道从含盐草类和含盐河湖中提取盐的技术，但相应的工作往往比较繁重，而且提取出来的盐常常不纯或者口味很差。只有少数几个地方能够出产同时满足当地和周边地区的需求的盐。19世纪后半期，能充分生产并且敞开供应将盐投入贸易的地方主要包括鲁夸湖南边的伊乌纳、乌戈戈（Ugogo）的卡涅涅（Kanyenye）、哈南山（Mount Hanang）北面的巴兰吉达湖（Lake Balangida）、辛吉达（Singida）、伊亚斯湖（Lake Eyasi）、基坦基里湖（Lake Kitangiri）、尼扬姆维齐人的洛洪博（Lohumbo）酋邦境内的马农加（Manonga）、卡哈马（Kahama）南面的布库内（Bukune）和布伦瓜（Bulungwa）、布哈北部的几个地方以及下马拉加拉斯的乌芬扎。所有这些产

---

① White Fathers, *Près des Grands Lacs*, Lyons/Paris, 1885, 16.

地中，列在越后面的越重要，因为河湖产盐地的产盐量很可观，而且盐的纯度也比较高。与制铁不同的是，制盐的工作每个人都可以做，但也有一些生产方面的限制。比如，在乌芬扎的盐泉和布伦瓜的盐沼地，每年只有在旱季的几个月可以采盐，因为到雨季时这里就被洪水淹没了。在乌芬扎，每处盐泉在开始采盐工作之前，必须先由祭司向相关神灵献祭；而在伊亚斯湖和巴兰吉达湖，采盐工作只能由"盐巫"（experts in salt-magic）带领的伊兰巴人（Iramba）进行。

这些地方的盐在坦桑尼亚西部的流通分成东、西两条线，向北、向南散开，这一贸易体系在19世纪之前就已经比较完善。其中，乌芬扎盐泉的盐生产和贸易可能在铁器时代早期就已经开始了。我们并不是很清楚盐贸易在坦桑尼亚西部贸易体系中的地位，但1800年左右芬扎人（Vinza）酋邦的建立应该是推动了芬扎人盐业的扩展，因为芬扎人酋邦扩展了社会接触的网络，并且创造了一个通过盐业征税获利的社会集团。

从前面的分析可以看出，坦桑尼亚西部地区的贸易到18世纪末19世纪初时已经覆盖了相当长的距离。然而，也只是到了这个时候，这一地区才开始真正地参与长途贸易，进而与非洲之外的世界发生联系。直到这个时候，对尼扬姆维齐人及其周边居民来说，象牙仍然没有多少商业价值。它们只是被拿来当作酋长地位的象征：酋长会戴象牙手镯，有时还会在埋葬遗体的地方竖立象牙。当发现印度、欧洲和美洲有相关需求之后，尼扬姆维齐人开始积极地猎象和猎河马取牙。这一现象到底是怎么产生的，现在我们还并不清楚。干达王国（Buganda）在

18世纪时就已经从东非海岸地区获取商品,而尼扬姆维齐人可能在传递这些商品方面发挥了一些作用,但我们却没有相关的证据。不过,值得指出的是,向西流动的移民在18世纪进入了乌基姆布(Ukimbu),他们携带了出自海岸地区的贝壳。乌基姆布的伊古尔维比统治世系(Igulwibi dynasties)的奠基者据说是一群从伊拉姆巴(Iramba)向西南进发的人,而他们的目的是寻找象牙,族系传承的证据表明这一过程发生于18世纪晚期。似乎就是在这个时候,坦桑尼亚西部的商人们开始与更东方的商人发生接触,而后者与海岸地区有直接的联系。

根据与尼扬姆维齐人地区西部乌萨古斯(Usagusi)相关的口头传说,第一批到达海岸地区的尼扬姆维齐人中有姆帕朗贡贝(Mpalangombe)和恩戈戈米(Ngogomi),他们因为没有获得酋长地位而离开,从乌萨古斯出发前往海岸。他们经过了戈戈人(Gogo)地区,在那里,"他们遇到了用木制工具耕地的人,因此他们就把铁卖给那些人,换取家畜……当他们在乌扎拉莫(Uzaramo)时,人们告诉他们说再往东走有一个大湖。他们想去看它,然后一直走到了巴加莫约(Bagamoyo)……然后他们去了布斯里人(Bushiri)的地方,看到了珠子和布匹。这些布斯里人的皮肤是淡色的……于是他们又回来,开始寻找象牙。他们带着象牙去了巴加莫约,那里是长着长胡须的人居住的地方。这是第一批阿拉伯人。当阿拉伯人看到象牙时,他们也想去产象牙的国度。"[①] 当然,这个故事不能全部当真。尼

---

① Interview with Msongela Hangai, near Kaliua, 5 July, 1967.

扬姆维齐人是如何变得以象牙商人知名的？这个故事可以被看作一种解释，但有一些说不清道不明的东西，它可能把整个地区的贸易都算到了某一批人身上。"布斯里人"可能是一个误用，而所谓的卖锄头给戈戈人可能只是把后来的一些贸易活动算到了前辈先驱的头上。关于这类故事，其实在不同的酋长或村庄长者处有不同的说法，一些说法更强调东海岸冒险的政治内涵而不是经济结果，这些说法的主要目的是解释乌萨古斯人如何从海岸获取芋螺贝壳并将之作为酋长权威的象征。与阿拉伯人的最初联系到底是如何建立的？相应的变化对于贸易活动到底意味着什么？这些故事其实都没有很好地进行解释。另一方面，这些故事可能只是把一系列的旅程和贸易活动综合在了一块，而其实很多旅程和贸易活动可能很快就湮没了。当然，我们可以承认在尼扬姆维齐人地区和海岸之间从事贸易的先驱者包括乌萨古斯人。乌萨古斯是尼扬姆维齐人诸酋邦中最为古老的一个，其居民很早就已经习惯行商，他们或从乌芬扎或布伦瓜贩盐，或从伊戈韦斯、伊桑加或布云古贩锄头。而且，乌萨古斯既能吸收南方林地也能获取北方牧场的物产，贸易也因此而更加活跃。直到 19 世纪晚期，乌萨古斯人也仍然是过着既养牛又卖牛的生活。

　　海岸和内陆间直接联系的发展阶段仍然比较模糊，但可以确定的是这种变迁出现在 1900 年前后。这一结论可以从早期商人在乌萨古斯酋长世系中的地位推出，而鲍曼（O. Baumann）在 1892 年听到姆帕朗贡贝和恩戈戈米的故事时，就已经获悉这两个人活动的年代是斯维图（Swetu）酋长统治时期，这是一位 19 世纪初期的尼扬姆维齐人酋长。① 乌什罗姆博（Ushirombo）的松布瓦（Sumbwa）回忆说，伊马利扎（Imaliza）的儿子卡弗库（Kafuku）是他们那里的第一个到达海岸的人，而我们从伯顿的记录中得知卡弗库于 1830 年左右被戈戈人杀害。② 1811 年，尼扬姆维齐人的地区以象牙而知名于桑给巴尔。那一年，斯密（Captain Smee）记述说："'米亚迈兹人'（Meeahmaizees）的国度距离非洲东海岸约 3 个月的路程，那里有很多大象……"③

然而，我们还是无法确定是不是从西方内陆到东海岸的商人推动了海岸地区商人向内陆进发。但是随着 19 世纪初桑给巴尔贸易的增长，商人已可以从岛屿对面的姆里马海岸（Mrima Coast）出发进行更多的旅行。而海岸地区的商人也可能利用了更北方的路线，那里有从基尔瓦（Kilwa）到马拉维湖地区的比较成熟的路线。到约 1820 年时，一支阿拉伯人商队越过了坦噶尼喀湖，并进入了卢阿拉巴河（Lualaba）以西的卢巴王国。19 世纪 20 年代时，阿拉伯人商队已经在桑古（Sangu）的市场上开展贸易。在这里他们遇上了带着奴隶和象牙的尼扬姆维齐人商队。约 1830 年时，海岸地区的人们推动尼扬姆维齐人带着他们自己的商品往北去乌尼亚尼耶姆贝（Unyanyembe）。此时，东海岸的商人已经通过乌干达、乌斯夏（Usishya）、乌萨古斯

---

① O. Baumann, *Durch Massailand zur Nilqelle*, Berlin, 1894, 234.
② Mwami Kizozo, "Habari za Usumbwa", serialized in Mhola Ziswe, Tabora, June-Dec. 1959, and Wangaluka, Tabora, Jan. 1960-Dec. 1961, Sept. 1959; Burton, *Lake Regions*, 1860, I, 263, 307.
③ Smee to Hamilton, 25 Sept. 1811, Marine Records Misc. 586, India Office Archives, London.

的通道到了坦噶尼喀湖畔的乌济济（Ujiji）。不久后，提普·提布（Tippu Tip）的前辈们已到访乌尤瓦（Uyowa）。1839年，桑给巴尔的伊玛目赛义德·萨义德（Sayyid Said）已在与尼扬姆维齐人的代表团商讨阿拉伯人商队在相关地区安全的问题。

直到19世纪40年代，海岸地区的商人似乎仍然是更倾向于在南面经桑古往西而不是采用经过乌戈戈的更直接的路线，这条路线已经由尼扬姆维齐人开辟出来。但在19世纪40年代时，海岸地区的商人已经开始使用乌戈戈的路线，因为南边的路线被桑古地区的战乱给堵塞，而且，北上的恩戈尼人的冲击似乎也已经显现出来。结果是，从海岸出发的商队开始更多地走乌尼亚尼耶姆贝的路线，而此前通往坦噶尼喀湖的路线是要绕过这片地区的。可能在19世纪40年代时，提普·提布的父亲与乌尼亚尼耶姆贝的一个主要家族联姻，而阿拉伯人定居点也于这一时期在乌尤瓦以西的姆塞内（Msene）、乌济济以及乌尼亚尼耶姆贝以北的普格（Puge）建立起来。1852年，一群阿拉伯人从发生战乱的普格逃出，向乌尼亚尼耶姆贝的酋长丰迪基拉（Fundikira）寻求庇护。这些阿拉伯人获准在乌尼亚尼耶姆贝首府附近一个叫卡泽（Kazeh）的地方住下，这个地方就是后来的塔波拉（Tabora）。1860年，这一定居点已成为内陆主要的商品集散地，这里是通往乌济济、大湖地区诸国以及加丹加的多条商路的交会点。而由于提普·提布19世纪70年代对刚果东部地区资源的开发以及乌济济和东海岸之间贸易的增长，尼扬姆维齐人地区仍然发挥着重要的作用。

对东非象牙贸易进行详细考察对于理解坦桑尼亚西部贸易

的历史至关重要。然而，目前在这方面仍没有比较成熟的研究，但本文也并不打算在这个题目上进行尝试。我在这里的一个主要关注点是弄清这一地区的象牙贸易与更早时期贸易活动的关系，以此探讨一些更具普遍意义的经济影响。在非洲的一些地方，象牙贸易无疑是造成了浪费和破坏的。然而，在坦桑尼亚西部，尽管浪费和破坏依然存在，但象牙贸易也确实极大地促进了整个贸易的规模和效应。象牙贸易不仅带来了新的商品，也扩展了原有贸易活动的范围，对一些商品的需求得以长期持续。基本上，长途贸易是用在内地没有实际用途的象牙换取当时只有海外能出产的商品，如珠子、大规模制造生产的布匹和枪支。然而，这种贸易活动实际上也涉及很多在内地生产和消耗的产品，所有的商队——尤其是尼扬姆维齐人商队和其他邻近地区的商队——都会在本土层面开展一些贸易活动。正是首先通过贩卖自己家乡的资源，尼扬姆维齐人才获得了从事长途贸易的资本，就像桑给巴尔的贷款者给从海岸出发的阿拉伯商队提供的贷款一样。然而，也正是为了维持长途贸易，一些旧有的本土生产和交换模式发生了改变。

一支大的象牙贸易商队，人数少则数百，多则上千，这样大规模的人群是没办法带着食物走长路的，比如像从塔波拉到海岸这样的路程，通常要走10周。因此，商队往往会带着商品买食物。所有的商队都要在经过一些特定的点时缴纳过路费，而且还要带一些可用作支付媒介的货物。为了满足这些需求和购买象牙，一支商队在离开海岸时就已经带了很多东西，特别是布匹、珠子和金属丝。而从内陆到海岸的队伍，携带的主要是内陆的产品，特别是铁锄。铁锄在塔波拉和海岸之间的贸易路线沿线很紧俏，因为乌戈戈、乌萨加拉（Usagara）和乌卢古鲁（Uluguru）这些地方虽然产铁，但都比不上坦桑尼亚西部的铁资源丰富。铁在伊图姆巴（Itumba）和恩古卢（Ngulu）山区冶炼，但当地对铁的需求远少于供应的量。尼扬姆维齐人向戈戈人提供铁锄，部分是用来换取谷物，部分则是为了缴纳戈戈人强加的高额过路费。而在萨加拉人（Sagara）中，铁矛就是用从尼扬姆维齐商队那里获得的铁锄转制的。卢古鲁（Luguru）也要使用从乌尼亚尼耶姆贝购买的铁。由于距离较远，如果只是把买来的铁锄当铁锄用的话，那就太浪费了，因此卢古鲁人会用铁锄来转制成斧和锛，然后用斧和锛来加工木制锄和挖掘棒。

　　象牙贸易催生了范围更广、规模更大的贸易，这为一些商品转化为货币提供了前提，比如铁锄就转化成了一种货币。商路沿线人群对铁锄的需求给旧有的制造和贩卖铁锄的贸易网络提供了新的机会。乌基姆布的伊皮托酋长姆松加（Musonga）在19世纪50年代时影响很大，因为他控制了当地的铁生产，能够向当地和外部世界的商人提供铁锄，而这些铁锄又被用来向戈戈人缴纳贡赋。1880年时，苏库马人也开始从事购买铁锄然后卖给塔波拉的商队的生意。我们可以推断，铁的生产至少在19世纪的后半期有了相当大的增长，尽管我们还无法获得可靠的数据。制铁工在歌谣中称自己是财富的真正生产者，歌谣唱道："只有姆邦加树（mubanga tree）烧制的木炭能带给你好衣服和沿海的眼界"——这可以说并不令人奇怪。

盐的贸易可能也得益于象牙贸易的增长，因为盐像铁一样，也是一种需求广泛但供给相对稀缺的必需品，它也在商队贸易中承担货币的功能。伯顿在自己的记录中提到乌戈出产的盐输往乌萨加拉西部和尼扬姆维齐人地区的东部："经过这里的商人没有不投资盐贸易的。"[1] 松布瓦人在伊拉姆巴售卖铁锄，以此换取来自伊亚斯湖的盐，而苏库马人也会带着盐去维多利亚湖乃至远至乌干达的地区。格兰特（James Augustus Grant）[2] 提到尼扬姆维齐人把盐贩到卡拉格韦（Karagwe），在那里换来自布尼奥罗（Bunyoro）、安科尔和布图姆比（Butumbi）的象牙；海岸商人在塔波拉的定居点成了盐和铁锄的市场，塔图鲁人带着伊拉姆巴出产的盐来交换谷物和珠子。[3] 还有更多的盐从布伦瓜和乌苏库马带到塔波拉，另有一些则来自洛洪博和伊亚斯湖。

乌芬扎的盐贸易从贸易网的扩张中获益最明显，因为乌芬扎盐的质量远高于内陆其他地区，产量也比其他地方高。而且，乌芬扎就在从塔波拉到乌济济的商路上，到 19 世纪 40 年代——如果不是更早的话，它已经成为去坦噶尼喀湖周边地区的商人必经的重要节点。19 世纪后半期，乌芬扎的盐已被向北售卖至远至维多利亚湖和布隆迪的地方，向东和向南则分别到达乌戈和鲁阿哈河谷（Ruaha valley），再就是环坦噶尼喀湖地区和刚果东部的大片地区。尼扬姆维齐人地区西部的商人到

---

[1] Burton, *Lake Regions*, 1860, I, 308.
[2] 詹姆斯·奥古斯特斯·格兰特是英国探险家，19 世纪 60 年代在大湖地区探险。——译注
[3] J. A. Grant（1864），158；Burton, *Lake Regions*, 1860, II, 221.

乌芬扎进盐,然后用这些盐从布云古交换铁锄,而这些铁锄则是为了去海岸贸易而准备。对乌芬扎盐的广泛需求刺激了生产,使其达到一个显著的高度。在每年的几个月时间里,鲁休基(Ruchugi)附近的盐泉就变得热火朝天。1879年至1900年间的一些欧洲旅行者说,在采盐的这几个月,每年一般会有20 000人在盐泉活动。其中一些人是芬扎人,但大部分是外来者,有从乌济济、布隆迪和尼扬姆维齐人地区来的,也有从遥远的维多利亚湖区来的。由于当地的食物供给不稳定,大部分的外来采盐者只会待一段时间,弄到一个人可以带走的量后就离开。这个量大约是25千克,而获得这个量所需要的时间大约是10天。不过,也有一些人通过交换获取盐,或者是与其他的采盐者交换,或者从芬扎人酋长那里买,而芬扎人酋长的盐则是通过向采盐者课税获得。此外,还有少数人通过为采盐者提供伐木运柴服务来换取盐。①

铜是东非长途贸易的一个"润滑剂",阿里森·史密斯(Alison Smith)对此已作过论述。② 根据目前掌握的证据,坦桑尼亚西部的铜贸易似乎附属于象牙贸易。铜主要是用来制造铜丝,而这些铜丝是用来制作脚镯、手镯和项链,同时也可以作为货币。有一种被当地人称作"白铜"的金属,出自印度,从桑给巴尔输到内地,用来交换内地的象牙。在坦桑尼亚西部,从加丹加来的"红铜"也非常重要。当然,铜的开采在加丹加

---

① Andrew Roberts, "Uvinza in the Nineteenth Century", *Azania*, Ⅲ, 1968, 68 – 70.
② Alison Smith, "The Southern Section of the Interior, 1840 – 1884", in R. Oliver and G. Mathew (eds.), *History of East Africa*, Oxford, 1963, Ⅰ, 264 – 265.

已经持续了很多个世纪，但我们找不到明确的证据证明铜在1800年前输到坦噶尼喀湖以东的地方。然而，布干达似乎在18世纪晚期时曾从卡拉格韦获取铜，这可能是通过区域性贸易网络逐步从加丹加地区辗转过来的。似乎是直到进入19世纪后，加丹加和坦桑尼亚西部之间才开始有了直接的商队贸易。"图恩加拉加扎"（Tungalagazas）在1806年时出现在加丹加东部的隆达宫廷里。图恩加拉加扎可能是指"加拉干扎"，而加拉干扎是住在偏西地区的尼扬姆维齐人。但是现在加拉干扎人并不认为自己是与加丹加地区开展贸易的先驱。乌什罗姆博的松布瓦酋邦的口头传说称他们那里的商人在19世纪30年代时从加丹加输入铜。根据一些并不是很确切的资料，在阿拉伯人之前的时代，乌济济的一些人有去坦噶尼喀湖南部地区贩铜的传统。铜制矛也被哈人的酋长当作权标，但没有确切的证据说明铜到底是什么时候到达布哈的。1872年，利文斯顿在塔波拉遇到一位老人，老人说自己儿时曾跟着父亲经乌菲帕（Ufipa）去加丹加。可以确定的是，到19世纪30年代时，尼扬姆维齐人已在获取产自加丹加地区的铜，并且他们也习惯了使用铜丝。与来自海岸地区的铜相比，加丹加的铜被认为质量更好，更让人信赖。但我们并不知道这种倾向性的原因，是因为颜色吗？还是因为加丹加的铜与印度的铜相比更稀缺？可能在19世纪上半期时，已有一些零星的尼扬姆维齐人商队前往加丹加。不过，伯顿的记录表明，到了19世纪50年代，在通往加丹加的商路上占支配地位的已经是阿拉伯人。

大约也就是在这个时候，布勒比（Bulebe）的松布瓦人酋邦的一位头人访问了加丹加。后来,这位头人回去了,但他的儿子恩戈伦戈瓦(Ngelungwa,又称"姆斯里",Msiri)却在加丹加定居下来,控制了一个酋邦,并通过开展向东向西的贸易建立了一个影响范围广大的帝国。19世纪60年代末,一些尼扬姆维齐人定居点在加丹加东部、坦噶尼喀湖南岸和西南岸形成。1880年,尼扬姆维齐人已控制了从加丹加出发往东北的铜贸易的大部分。① 铜与从海岸进口的布匹和火器一起,在加丹加内部及周边地区流通,同时也在尼扬姆维齐人地区流通,可用来换取牛或者象牙。

谷物和牲畜也在坦桑尼亚西部的商队贸易中扮演重要角色。商路沿线的居民发现生产谷物并将其投入贸易有利可图,而且随着商业接触的增加,通过贸易来弥补当地生产的短缺已经变得越来越容易。比如,乌戈戈正常情况下是可以成为商队食物供应的一个来源的,但实际上这一地区常常遭受饥馑的威胁。1884年,一群去塔波拉的传教士在路上遇到了一队尼扬姆维齐人,他们正带着成包成包的玉米往遭受饥馑侵袭的乌戈戈进发,准备在那里卖个好价钱。② 与商队贸易伴生的还有乌库图(Ukutu)的烟草贸易,汤姆森(J. Thomson)说,乌库图人的烟草在内陆和海岸名声响亮,尼扬姆维齐人的小规模商队常常来收这种"放松草"(soothing weed),然后用它们去跟戈戈人和其他族群交换物品。③ 至于牲畜,伯顿说,乌萨加拉以西的

---

① J. Thomson, *To the Central African Lakes and Back*, London, 1881, II, 46-47.
② E. C. Hore, *Tanganyika*, London, 1892, 249.
③ Thomson (1881), I, 163-164.

山羊和绵羊没有被出口到海岸地区，但 19 世纪 80 年代时尼扬姆维齐人贩过山羊到海岸，只是不知是从哪里弄来的，不过应该是从尼扬姆维齐人地区和苏库马地区来的，因为戈戈人一般是卖牛。19 世纪 50 年代，基韦莱（Kiwele）和恩科科洛（Nkokolo）的基姆布人酋邦有人用牛交换珠子，而 19 世纪末乌尤姆布（Uyumbu）的西尼扬姆维齐人酋邦也是把牛留作贸易用。商队贸易也给尼扬姆维齐人地区的骡子饲养者提供了特殊的机会。1831 年，有人提到这里的骡子很多，然后这些骡子很快就成为尼扬姆维齐人商队开展海岸贸易的驮畜。[①] 不过，骡子没有用来驮象牙，因为象牙很难固定在骡子背上。骡子驮的东西主要是一些可以打包的商品和一些商队人员的随身用品，这些东西都装在用长颈鹿皮或者野牛皮做成的驮包里。到 19 世纪末，使用骡子的情况似乎少了一些，斯坦利曾在提到尼扬姆维齐人的骡子时说它们"强壮体大，但狂野难驯"，因此被认为比不上从马赛人土地上来的或者马斯喀特种（Muscat stock）的骡子。[②] 19 世纪 90 年代，在海岸出售的既有马赛人的骡子，也有尼扬姆维齐人的。

在非洲的其他地方，象牙贸易扩展的一个显著后果是奴隶贸易的扩展。1811 年，在桑给巴尔能见到来自尼扬姆维齐人地区的奴隶。直到约 1830 年时，尼扬姆维齐人也仍然是既卖奴隶

[①] W. D. Cooley, "The Geography of N'yassi", *JRGS*, XV, 1845, 213; C. Guillain, *Documents sur l'Histoire, la Géographie et le Commerce de l'Afrique Orientale*, Paris, 1856, II, 355.

[②] H. M. Stanley, *How I found Livingstone*, London, 1872, 529; Baumann (1894), 251.

也卖象牙，而买主是乌基姆布东南部伊桑加的阿拉伯人。19 世纪 40 年代，尼扬姆维齐人地区的奴隶已能被带到桑给巴尔，到 1850 年时还被带到基尔瓦。伯顿说，尼扬姆维齐人习惯于出卖罪犯和俘虏，但在极端情况下也会卖自己人。米兰博向东海岸和尼罗河谷地区出口奴隶，这些奴隶可能是他在维多利亚湖和鲁夸湖之间进行武装行动的战利品。但是到坦桑尼亚西部的地区从来都不被认作单纯的掠奴场。这部分是因为当地贸易和商队贸易之间的价值链关系，部分则是因为有其他可供开发利用的资源，特别是在 19 世纪 70 年代到 80 年代间。这一时期，海岸地区的商人和尼扬姆维齐商人从环坦噶尼喀湖地区——特别是布隆迪、马尼耶马（Manyema）和湖区南端一带——获取了大量奴隶，然后将他们带往乌济济和塔波拉。

然而，奴隶也并不是全部都被直接送往海岸。大部分从大陆地区输出的奴隶都会经过基尔瓦，这里的奴隶主要来自南部内陆地区和鲁伍玛河（Rovuma River）一带。而在坦桑尼亚西部，奴隶贸易主要是为了满足内陆本身对奴隶劳动力的需求。戈戈人售卖象牙的一个目的就是获取奴隶，恩科科洛的基姆布人也是如此。在通往海岸的路上，尼扬姆维齐人和其他长途贸易商人会买奴隶，一方面是让他们搬象牙，另一方面会让他们进行农业种植。早在 1839 年时，就有关于海岸的记录说一些尼扬姆维齐人拥有四五百名奴隶。① 这可能有些夸大，其中部分奴隶无疑是为了在未来的某个时间出售，而并没有被实际投入

---

① E. Burgess, "Letter from Mr. Burgess, dated Sept. 11th, 1839", *Missionary Herald*, LXXXXVII, 1840, 119.

使用。伯顿也提到过尼扬姆维齐人从乌济济、维多利亚湖西部、乌加拉（Ugalla）和乌菲帕雇佣奴隶的事。① 到 1890 年，当奴隶已不能再在东海岸公开出售时，尼扬姆维齐人也仍然在布干达南部的布杜（Budu）购买奴隶。② 确实，在当时，奴隶差不多跟铁锄或者盐一样，也算是一种货币。不过，奴隶的价值相对低一些。在伯顿所述的时代，在乌戈戈要用 5—6 名奴隶才能换一根象牙，③ 1882 年在卡雷马（Karema）一名奴隶还换不到一头驴、一头牛或者一袋盐。④

在坦桑尼亚西部买奴隶的主要是阿拉伯人。霍尔（H. C. Hore）的记录说，1879 年时从马尼耶马被带到乌济济的奴隶大部分是在乌济济卖给了那里的阿拉伯人，充当阿拉伯人的奴仆、船夫、搬运工、贴身侍卫和农工，这些阿拉伯人通常每人都会蓄养有 20 到 100 名奴隶。魏斯曼（H. von Wissmann）的记录则指出，1887 年从马尼耶马的卡松戈（Kasongo）输出的奴隶只有不到四分之一到了海岸，其余都被塔波拉和乌济济的阿拉伯人吸收了，特别是乌济济，据说在那里劳动的奴隶不会活超过一年。除了用于一般的家内事务外，奴隶还被用于象牙贸易。伯顿认为，因为象牙贩子都要使用奴隶，所以象牙的价格也快速地提升。⑤ 19 世纪 70、80 年代，随着火器的扩散，象牙贩子

---

① Burton, *Lake Regions*, 1860, II, 33.
② F. Stuhlmann, *Beigrägezur Kulturgeschichte von Ostafrika*, Berlin, 1909, 186.
③ Burton, *Lake Regions*, 1860, II, 406.
④ J. Becker, *La Vie en Afrique*, Paris, 1887, II, 320; P. Reichard, *Deutsch-Ostafrika*, Leipzig, 1892, 466.
⑤ Hore to Thompson, 16.4.79, LMS/CA/2/IB; H. von Wissmann, *My Second Journey through Equatorial Africa*, London, 1891, 246; Burton, *Lake Regions*, 1860, II, 370.

开始不那么需要以重矛猎象的当地猎人的协助，他们开始对自己的奴隶进行组织和武装，然后让奴隶队伍去开展猎象和象牙贸易活动。1873 年，桑给巴尔素丹正式宣布在其领地内废除奴隶贸易，尽管有很多人确实放弃了奴隶贸易，但也有一些人去往内陆，继续干这门营生。而随着奴隶价格的降低，在猎象、象牙贸易和农业中使用奴隶的情况开始愈发普遍。

另一方面，在将象牙从内陆运往海岸的整个过程中，奴隶所起的作用其实并不突出。因为搬象牙是一份需要技术的活，也需要相应的体力，往往是由一些年轻而有经验的人来做这些事，没有纪律意识、情绪低落的奴隶实际上很难在这份工作中出力。一些欧洲人认为那些在海岸被卖的奴隶同时也是象牙搬运者，但有研究表明，阿拉伯商队带进内陆的商品的重量是未来要带出的象牙的一半或者三分之二，带商品进内陆本身就意味着有一批搬运工，而最合理的安排应该是尽可能依靠同样的这批劳动力把象牙搬出来。19 世纪初，海岸地区的商人会在海岸雇奴隶或者奴仆，但到了 1850 年前后，大部分前往塔波拉的商队所雇的都是自由人，特别是尼扬姆维齐人。一些较为富裕的酋长和阿拉伯人会定向雇佣一批他们认为值得信赖的人，虽然奴隶在内陆较便宜，但 19 世纪 90 年代在塔波拉一带，仍然少有人让奴隶进行搬运。

长途贸易刺激了各种生产和交换活动，那它对食物生产的影响到底如何呢？坦桑尼亚西部居民大部分是在旱季组织或参与贸易活动，具体为 5 月到 12 月，这段时间没什么农活，能干的活主要是搜罗铁和盐、狩猎大象和其他动物、搜集树皮布和蜂蜜以及搬运象牙，这些活动每年到期即可展开。需要指出的是，坦桑尼亚西部地区传统的小规模农业生产是无法适应贸易扩张的需求的，而来此居住和活动的人也不会注目于维持性的经济活动，那些阿拉伯和斯瓦希里商人和大量的外来奴隶尤其是如此。人们越来越多地要靠流动才能保持生机，要么通过从事贸易来赚取食物，要么到其他地方去寻取食物。因此，食物的供应源可能是在家庭外，甚至在整个酋邦之外的地方。后来，随着象牙贸易的增长和从19世纪50年代开始出现的恩戈尼人入侵，尼扬姆维齐人的武装组织开始发生变化。像米兰博、尼云古-亚-马韦（Nyungu-ya-Mawe）或者伊斯科（Isike）这些酋长，都掌握很大的武装队伍，而这些人不会或者很少参与农业劳动，对他们来说，最实惠的办法就是抢牛。此外，武装队伍的维持还意味着抽走了维持性经济所需要的适用劳动力，而武装队伍的侵袭活动则意味着很多村庄田地会被毁或会被弃。

实际上，很清楚的是，19世纪贸易的扩展既带来了破坏性的影响，也推动了农业生产在范围和规模方面的变革。首先是新作物的引进。东海岸来的商人将稻米种到他们在内陆的居住点。1860年前后，稻米仍然在很大程度上是一种外来人的食粮，但在随后的20年里，它就被尼扬姆维齐人村庄接受，特别是那些沿着贸易路线分布的村庄。稻米的优势在于它可以种在此前未被用来耕种的地方，或在水流边的草间空地，或在雨季积水退去后的河滩。19世纪80年代早期到过尼扬姆维齐人地区的雷查德（P. Reichard）曾提到当地人挖掘雨水沟以保水和配水的事。①

玉米和木薯也在 19 世纪被引入坦桑尼亚西部，这可能是尼扬姆维齐人地区、海岸和刚果地区间人员交通的结果。伯顿曾听人说，玉米、木薯和甜土豆在乌基姆布的贸易中心恩科科洛非常充足，他还发现乌芬扎有最好的木薯粉，而姆塞内的玉米和木薯则多到可有剩余出口。② 1880 年，玉米和木薯在布哈南部和米兰博控制的地区都已有种植，并且还在塔波拉有售。雷查德估计说，尼扬姆维齐人 18% 的食物供应来自玉米；而在奔德（Bende），玉米则已成为主食。③ 到 1890 年时，木薯在乌芬扎已普及。

这些因素增加了粮食供应的总量，一方面是因为种植面积有了扩大，另一方面是作物种类多样化，从而降低了对某一作物的依赖。这样一来，相关地区对饥荒的抵御能力就得到了提高，特别是那些种植木薯的地方。随着贸易的进一步扩展，新作物的影响进一步扩大，并且由于铁锄的更多使用，农业生产效率也得到了提高。而且，尼扬姆维齐人和东海岸的商人还将奴隶用于生产。农业生产的革新和发展使一些设防村庄得以维持，它们在很多地方存在，主要是为了防御流动武装袭击和侵入者。一些酋长的驻跸地的居民数量达到数千人，比如米兰博的驻跸地。此外还有很多酋长的依附者，他们主要靠战利品和贡赋维持，而如果每个家庭都种地的话，周边的土地就会不够，

---

① Reichard（1892），378.
② Burton, *Lake Regions*, 1860, I, 397, 408.
③ Reichard（1892），384.

他们就得到距离两天甚至更多天路程的地方去劳作，这样就没法一直待在村子里。

写到这里，我已经努力描述了长途贸易对坦桑尼亚西部各种经济活动的影响。现在我将对经济组织的变化进行一些分析。总体上来说，这一地区还远不能被称作"市场经济"，市场还并不是这一地区的特质性存在。在赫鲁（Heru）的哈人酋邦的南部和包括乌济济在内的环坦噶尼喀湖周边地区，市场早就存在。在一些松布瓦酋邦，还有定期的集市。但即便是到了19世纪末，尼扬姆维齐人地区的市场也仍然算不上常见。非洲人曾试图在姆塞内的阿拉伯人定居点附近开设集市，但1882年时，尼扬姆维齐人地区的重要市场仍然只是塔波拉和米兰博驻跸地的那些。在塔波拉——实际上也只能被称作海岸势力的一块飞地，市场上的价格由供求关系决定；而在米兰博的地盘上，价格则是由米兰博说了算。除了塔波拉这个较大的象牙集散中心外，其他市场主要是交换粮食、牛、肉、蔬菜、盐、铁锄、棉花和树皮布。总体上来说，这一区域的贸易并不是通过常设的市场来进行，而是根据商队的行止来举行，或者一些人可以去某个特定的商业利益集聚区，比如盐或者铁的生产中心。

除了市场本身不固定之外，这一地区也没有一种被普遍认可的单一货币。贝币在卡拉格韦可以用作货币，它们是由尼扬姆维齐人从海岸地区带来，但尼扬姆维齐人自己或者他们的邻居却并没有主动地用贝壳当货币。在主要的贸易路线沿线，一些种类的珠子可以当作货币，它们有特定的名字，有相应的价值衡量标准。在乌济济，一种被称作"马萨罗"（masaro）的管状珠子被作为货币流通了很长时间，甚至在 1893 年时它们还不被用于装饰品，而是被用作货币。但是，像塔波拉一样，乌济济也只是海岸商业力量的一个延伸。在大部分村庄里，珠子或者进口布匹被看作非严格意义上的货币，但也只是因为它们可以被用于实际的穿着。伯顿和后来的旅行者曾抱怨说，各地对不同珠子有不同的认可度；他们也说，一旦进口布匹带来的新鲜劲消失，那么当地的人们就会更青睐耐用的皮革、树皮布、珠子和金属丝。即便是在那些用布作货币的地方，布的交换价值也会随着政治状况的不同而不同：贝克尔（J. Becker）就发现，萨缇尼布（satini cloth）在塔波拉可以作为货币，但在米兰博那里就不行，而这可能是因为两地存在敌对，并且相互贸易较少。[①] 因此，商队就不得不带上多种多样的珠子和布，还要准备一些不受时尚和政治影响的体积庞大的商品，比如铜丝、铁丝、锄头和盐。有时，特定的商品只能用来跟特定的商品交换，比如戈戈人会用食物换锄头，用象牙换奴隶，因为锄头意味着可以获得更多的食物，奴隶则意味着可以获得更多象牙。至于信贷，除了阿拉伯人商人群体内部外，在尼扬姆维齐人地区并不存在。米兰博的经济活动规模很大，他倒是对信贷感兴趣，但政治情况使信贷难以实施。比如，他不会接受魏斯曼给他的可以在塔波拉变现的支票。[②] 然而，卡拉格韦的鲁马尼卡（Rumanika）却能跟阿拉伯商人达成比较好的安排，他可以把

---

① Becker (1887), II, 157.
② Wissmann (1889), 260.

象牙给斯皮克①，换取可在桑给巴尔变现的票证；在布干达，尼扬姆维齐人搬运工也会接受鲁马尼卡以票证支付部分报酬。②

如果交易模式只是服务当地的特定需求，而不是对应大规模的总体性经济压力，那么经济生活的专业化就走不了多远。把象牙运到海岸是尼扬姆维齐人生活的一个重要组成部分，但它本身并不是一种真正的专业化活动。我们可以发现，这之所以成为可能，只是因为尼扬姆维齐人每个年度的农业生产周期中有半年无事可干。尼扬姆维齐人的商队通常在4、5月出发前往海岸，返程则是在9月。在一年中的相当一部分时间里，大量的人能够并且也愿意加入商队。搬运是一趟漫长而劳苦的旅程，而尼扬姆维齐人视其为一种考验，在把象牙运到海岸并带回一包印花布或者铜丝之前，尼扬姆维齐人不能成婚。尼扬姆维齐人地区男性人口中有约三分之一每年都前往海岸，或做商人，或当搬运工。在这种情况下，很多尼扬姆维齐人都习惯一年中有大量时间在外度过。尼扬姆维齐人搬运工学会了在两种经济模式下生活，一种是故乡的维持性模式，另一种则是商队的雇佣模式。在搬运工中，也有不同的分工，有的是厨师，有的负责搭帐篷，有的负责带行李，有的是私人奴仆，还有一些特别挑选出来的人担当护卫。商队成员共同构成一个共同体，他们有自己的利益，也有自己的文化，而这些文化有时会用歌

---

① 约翰·汉宁·斯皮克（John Hanning Speke），英国探险家，19世纪中叶在大湖地区探险，尼罗河源头发现者之一。——译注
② J. H. Speke, *Journal of the Discovery of the Source of the Nile*, London, 1863, 237, 449.

谣和故事来表达。一旦到了海岸，尼扬姆维齐人就会在那待上一段时间，享受另一种文明带来的欢欣。在海岸，搬运工可以做工谋生、割草、搬石头，也可以自己弄一块地，种些蔬菜和木薯之类的东西。很多尼扬姆维齐商人把象牙带到桑给巴尔，他们在桑给巴尔结成自己的社群。商人有时得在海岸待一段时间进行交易谈判，如果象牙达到200根以上，那么整个交易完成就需要至少4个月的时间。在这种情况下，印度商人有时会故意拖延交易谈判进程，因为他们知道尼扬姆维齐人最终会变得不耐烦，因为他们得按时回去，以赶上11月的播种。尼扬姆维齐人的维持性经济使得他们有时间去做在塔波拉和海岸之间搬运的工作。不过，往西的商队很难雇到尼扬姆维齐人再从塔波拉往西，因为他们有很多都是刚从海岸回来，而他们回来的时节正是需要待在家乡干活的时节。

　　从事搬运工作只是季节性的，而非占用全部时间，贸易活动也是如此——实际上，尼扬姆维齐人的这两种活动是很难截然分开的。年轻人常常会用从事搬运工作获得的报酬（通常是布匹）当本钱，做点自己的生意。在他第二次或者第三次做搬运工时，他可以带两根属于自己的小象牙。有的人还可以凭借自己的经验受雇为商队领队，从而可以获得更多的布匹用于投资，然后到资金足够多时就可以组织自己的商队了。但是，很多商人仍然继续做农民，即使非常富裕了，他们也不会完全地投身于贸易。只要贸易的范围在扩大，那么有进取心的商人就总能找到更多的机会，而如果光待在家里的话，那么财富的积累就只能依赖政治地位的提升。一些商人是酋长的儿子，有成为酋长的机会，他们会把经商得来的财富用于政治基础的积累，同时还可以做商队的组织人。还有一些人虽然不是酋长家庭出身，但也可以利用自己掌握的财富在远离尼扬姆维齐人地区的地方自立酋邦。比如基兰加巴纳（Kilangabana），他和姆帕朗贡贝、恩戈戈米都是从乌萨古斯到海岸间行商的先驱者。1830年，基兰加巴纳在萨加拉的基桑加（Kisanga）立足，控制了从塔波拉到海岸的通道。另一个叫姆贡达（Mgunda）的商人，则在乌库图发展了自己的势力；而加丹加的姆斯里，则是这些自立酋邦者中最知名的一位。当然，很难说清楚这些人的活动到底是为了商业还是为了政治。姆斯里的征服活动被认为只是他在扩展加丹加贸易过程中的一个"副产品"，只是因为贸易的扩展需要相应的政治秩序。一些尼扬姆维齐人在远离尼扬姆维齐人地区的国度成了举足轻重的"外国顾问"，一些人在今赞比亚东部所在的地方、加丹加和马尼耶马等地成为重要的商人和工匠，还有一些人则成为戈戈人诸酋长的顾问。尼扬姆维齐人在非洲中部的各个地方都能找到，并且往往都占据着不错的地位。鲍曼在乌散德韦（Usandawe）和伊兰吉（Irangi）见到过尼扬姆维齐人建立的殖民地，他对尼扬姆维齐人给那些遥远地区带来的"文明"影响印象深刻。[①]

尼扬姆维齐人地区最专业的经济活动可能是猎象取牙。与冶铁制铁不同，很多人都可以报名参加这一活动，但并不是所有的报名者都有机会被选中，不像搬夫，只要报名就基本都有

[①] Baumann（1894），235，253，257.

机会。猎象者可以说是一个单独的社群，要进入这个社群看的是经验和成就而非出身。就像冶铁制铁一样，狩猎既需要实践技能，也需要"魔法"辅助，猎象队的首领需要懂得用特殊的药物和歌谣吸引大象。每个猎象师傅可以带四到五个学徒，这些学徒可能是师傅的亲戚，也可能没多少关系。经过一段时间的训练并猎杀几头大象后，猎象队首领会授予学徒特殊的标记和专属的猎象护身符。旱季是最适合猎象的季节，但由于象牙需求持续存在，很多猎象者也会在旱季之外的时间工作。他们足迹广泛，哪里大象多他们就去哪里，他们不会局限于某一地域，只要他们能跟相应地方的酋长达成猎获分配协议使后者愿意接纳他们。随着大象的减少，尼扬姆维齐猎人不得不踏足远方，从塔波拉到马尼耶马，往北远至布图姆比，都有他们的身影。在19世纪的最后20余年时间里，坦桑尼亚西部和刚果东部开始出现越来越多的其他族群的猎人，最终，人们不再对猎人进行细致的区分，而是给了他们一个共同的名字：马库阿（Makua）。

铁和盐的生产不像猎象那样有专业的分工。确实，冶铁是一个独占性很强的行当，但它是季节性的，很多铁匠同时也是农民，他们会种东西供自己食用。盐的生产，在乌芬扎地区有比较大的规模，但这一地区几乎对所有人开放，并且也有着严格的季节性限定。1880年时，以食物换盐的生意非常红火。到1902年德国占领开始后不久，有报道说，这一地区的很多人都是靠用盐换而不是自己耕种来获取食物。但是，像乌芬扎这样的产盐地，也不可能完全依赖贸易。在德国占领前不久，食物一度匮乏，当地的几位酋长达成共识，要求人们自己进行农业生产以获取食物。而食物生产本身也不是专业化的。在塔波拉曾有一个阿拉伯人弃商从农，他使用大批的奴隶耕种面积广大的土地，专门种植木薯和谷物，但非洲人似乎很少有这么做的。

任何关于非洲经济组织变化的讨论都会涉及贸易与政治的关系。这一问题也是坦桑尼亚西部历史研究中的关键问题，已有一些相关研究。在这里我只想讨论一下政治权威在19世纪晚期贸易扩展中扮演的角色的问题。如我们所见，坦桑尼亚西部的大部分地区在19世纪时是由一众小酋长统治，他们所掌握的政治权威和经济资源都比较有限。很多酋长参与了长途贸易，但即使是像米兰博这样的大车阀，也难以完全自由地调动和垄断自己势力范围内的经济资源，他们总是要靠强制性的掠夺才能维持。

酋长都会有一定的利益优势。他们可以获得治下臣民提供的一部分劳务和生产收获，除了农业收获外，猎获和矿业生产的成果也包括在内。芬扎人的三个酋长可以获得盐泉产出的盐的十分之一，伊拉姆巴酋长的权力主要以对基坦基里湖的盐生产征税为基础。针对猎象者，酋长通常是从每对象牙中抽一根，而猎象者除了能留下一根外，还能从酋长那获得衣物和牲畜的补助。通过这些途径，酋长通常可积累起较大量的象牙，他可以自己组织人把象牙带往海岸，也可以直接卖给从海岸来的商人，而海岸来的商人如果收象牙的话，往往就是从酋长所在的村子里收。很多酋长还征收道路通行费。乌戈戈西部的酋长们在这方面尤其突出，因为这一带水源稀少，过往商队总要依赖戈戈人的配合才能获得供水。芬扎人酋长的抽税饱受非议，因为在塔波拉和乌济济之间行走的人基本都要从他们那里过，而且他们还控制着过马拉加拉斯的渡口。但是，我们仍很难评估这些征税行为的经济和政治影响，只能在一般的层面进行一些论述，因为我们缺少必要的量化信息。关于过路费，应该是有一个比较宽泛的指导性标准，一些欧洲旅行者会抱怨非洲人的敲诈，但其实是他们对非洲人的习惯不了解，或者只是从表面来看问题。19 世纪末，一些指导性标准会与政治考虑和经济方面的变化相结合，会考虑贸易快速扩展导致的新形势。米兰博本人对一些征税行动表示反对，因为他意识到有些行动可能会打击外来商人的积极性。

然而，酋长不可能垄断长途贸易，因为猎象者手中还有一半的象牙，他们可以直接卖给来收购的商人。19 世纪末，一些地方的酋长在象牙方面的控制权越来越低，因为猎人会更多地与向他们提供枪支和弹药的商人合作。确实，很少有酋长能长久地在贸易和枪支方面掌握控制性优势。卡梅隆①记录说，在伯顿的时代，一支滑膛枪可以作为一个酋长的传家宝，但到了卡梅隆进入乌干达地区时，几乎每一个村庄都能给半数的成年男性装备枪支。② 乌尼亚尼耶姆贝的伊斯科据说掌握数千支枪，但其中很多可能是在其属下臣民手中。从 19 世纪 70 年代开始，尼扬姆维齐人搬夫的报酬既可以用枪支支付，也可以用布匹支

---

① 维尔尼·拉维特·卡梅隆（Verney Lovett Cameron），英国探险家，19 世纪 70 年代在非洲探险。——译注
② V. L. Cameron, *Across Africa*, New York, 1877, I, 201; Burton, *Lake Regions*, (1860), II, 308.

付。这种情况削弱了尼扬姆维齐酋长的力量，一些酋长即便是在自己的领地内也无法有效地把人组织起来应对欧洲人的入侵。

行文至今，我们可以发现，尽管关于1900年前尼扬姆维齐人贸易的资料不算少，但大部分都很零碎，资料的质量也参差不齐。然而，我们还是能够很清楚地看到，尼扬姆维齐人和他们邻居的经济生活在19世纪发生了很大的变化。在与非洲之外世界的贸易的刺激下，这里出现了一种与早期范围有限的贸易完全不同的状态。当然，我们也不应忽略长途贸易时代确立之前的经济增长的衡量标准问题，那时就已经有以铁和盐为标准的交换。但是，与海岸的联系给尼扬姆维齐人的贸易带来质的变化，即便交换的衡量标准仍然是铁和盐之类。这种质的变化表现在，尼扬姆维齐人的生产不再是简单地为了维持生活，而是要满足一个持续存在的复杂和广大的贸易网络的需求，并且这种需求是来自远离尼扬姆维齐人地区的地方的制造业和种植业经济体。这种转变涉及一种新的商业企业形式和一种新的风险标准。尼扬姆维齐商人就像赞比亚东北部的比萨人那样，越来越精于计较各种物质的利益，越来越重视要满足自己超越于维持性经济之外的需求。更重要的是，很多尼扬姆维齐人和他们的邻居开始大胆地种植他们熟悉作物之外的东西，甚至用新的作物替代旧的作物，而在条件并不那么好的热带土地上，这样做是要冒很大风险的。就脱离维持性经济、寻求新发展而言，食物生产和分配的变化至关重要，而有没有这种变化也是我们衡量19世纪坦桑尼亚西部经济增长的一个基本准则。

如果我们以这一准则来进行衡量，那么我们还要进一步地问一些问题：为什么市场没有变得更为普遍？为什么货币仍集中于几种特殊商品？为什么没有真正的企业家涌现？当然，关于这些问题的答案仍旧很难寻得。从经济方面来说，不利条件不容忽视。在经过干旱的乌戈戈地区后，乌尼亚尼耶姆贝会被旅行者当作一个"流奶与蜜之地"，但其实乌尼亚尼耶姆贝的饮食丰饶也只是相对而言。总体上，坦桑尼亚西部的供给和需求之间的差距不算太大，但在维多利亚湖或者乞力马扎罗山周边的平原地区讨生活却并不容易。食物生产是一个基础性条件，如果食物生产不稳定，那么象牙的供应就会出问题，而象牙供应是长途贸易系统的重要动力。如果一项自然资源被不受限制地开发，那相应的贸易体系也会难以持续。就此而言，坦桑尼亚西部地区的经济发展一度只是一种"淘金热潮"的产物，在一种狂热的浪潮下，各相关人群都或多或少地作出了自己的反应，这些反应在劳动力分配方面有所表现，也在货币、信贷、价格的调适变动等方面有所表现。

尼扬姆维齐商人也会面临政治和军事方面的风险。经济机会的快速扩展肯定会对很多小的群体造成扰动性的影响。一个大规模的政治组织要形成，也会需要有一个大规模的经济架构。但是，这两者交织的过程会造成紧张、竞争和扰乱，如米兰博或者尼云古-亚-马韦这样的"帝国"缔造者，走的正是这样的道路。当象牙贸易与枪支贸易联系起来时，情况就会更加复杂，传统统治者很容易就会被掌握足够枪杆子的冒险家和商人超越。因此，尼扬姆维齐商人就不能只顾做生意，还要将很多精力和财富用于保证自己的安全，要拉一支私人武装，还要在贸易路线的关键点上安置自己的人。阿拉伯人和斯瓦希里商人的参与也是一个会带来冲突的因素，比如米兰博，他一直要跟塔波拉的阿拉伯人进行或明或暗的斗争；乌尼亚尼耶姆贝的酋长姆恩瓦·塞勒（Mnwa Sele），则因为寻求向进入塔波拉的阿拉伯人征税而被驱逐。此外，一些较为富有的商人在贸易路线上行进时也会引起骚动。内陆的商人大都与沿路的人群有伙伴关系或者血缘联系，而海岸来的人则是外人，他们很容易被当作敲诈的对象，有时甚至被压榨到极致。由于一些人太过贪婪，一些地方的商务也确实难以开展。到了 19 世纪下半期时，恩戈尼人的迁徙开始影响到坦桑尼亚西部地区，他们在这里定居或者对这里展开侵袭，他们对被侵略者的吸收使他们的力量不断壮大，而力量的不断壮大又会要求更多的地盘。直到被德国人征服之前，恩戈尼人一直是定居农业和商队行进的一个威胁。

我们似乎可以发现，单纯的较高层次的技术并不能构成脱离维持性经济向前发展的前提。更为重要的似乎是，某个地区必须与工业化的外部世界联系起来，即便有时这种联系表现为依赖。从长远来看，本文也只是描述了一种朝向某个目标的推进过程。从这一推进过程中，我们发现相关地区的经济与通常认为的不同，它并非没有灵活适应的弹性，也并不是不善于创新。而如果我们更加深入地去研究殖民时期经济史中的非洲人的主动性，我们就会发现，所谓的变动，也不过是过去的一种延续。

第四章

康巴人与北姆里马海岸地区

约翰·兰菲尔(John Lamphear)

19世纪时,有一句斯瓦希里谚语这样说:"桑给巴尔的笛声一响,湖区以东所有的非洲人必须起舞。"(When the flute is heard in Zanzibar, all Africa east of the Lakes must dance.)从19世纪初开始,桑给巴尔的商人已在桑给巴尔岛对岸的大陆建立了一系列商业城镇,然后从这里组织商队进一步往西进入内陆,同时也把他们的商业影响带进内陆。"斯瓦希里人"逐渐成为一群有活力的商人的代名词,他们通过自己的商业才能和努力建立了一个商业网络,使遥远湖区甚至湖区之外地方来的象牙、奴隶和其他商品在这个网络中流动起来。

北姆里马海岸地区涵盖从潘加尼(Pangani)到蒙巴萨(Mombasa)的海岸地区,如果对这一地区的商业发展进行仔细研究,我们会发现,开发利用内陆贸易机会的商人不只有沿海的斯瓦希里人,还有内陆的非洲人。蒙巴萨是北姆里马海岸地区诸商业城镇的中心,它的发展有赖于尼伊卡人(Nyika)的商业网络和内陆地区康巴人的力量。在 19 世纪早些年的发展中，蒙巴萨的大部分贸易商品都是来自尼伊卡，同时还要依赖康巴人。姆里马海岸的斯瓦希里商人最终还是渗透进入了内陆地区，但这主要是因为内陆的商业体系出现了衰落，同时桑巴拉人（Shambala）和马赛人的政治活动也帮助了斯瓦希里人。

很难确切地说北姆里马海岸地区与内陆的贸易联系是什么时候建立起来的，也很难说这种贸易联系发展的程度。马兹鲁伊（Mazrui）家族——或者也可能是马兹鲁伊家族的先辈——曾进入内地行商，但是海岸地区的政治不稳定和内陆地区好战人群的干扰使他放弃了这种尝试。18 世纪中期，马兹鲁伊家族控制的海岸地区已经与邻近的族群形成了同盟关系，海岸和内陆的贸易开始慢慢地发展起来。1845 年，有人跟传教士克拉普夫（J. L. Krapf）[①] 说，马兹鲁伊家族已经与内陆地区建立了友好关系，他们以此致富。[②]

然而，直到 18 世纪 19 世纪之交时，北姆里马海岸地区与内陆地区的贸易才发展到一个比较可观的程度。此后，在被海岸地区的阿拉伯商人和斯瓦希里商人称为"尼伊卡人"的人群的参与和努力下，贸易开始进一步扩张。尼伊卡人中有很多都是马兹鲁伊家族的可靠盟友和朋友，他们在马兹鲁伊家族取得权力之前的约两个世纪里，一直受到阿拉伯人的影响。

尼伊卡人向斯瓦希里海岸城镇供应多种商品，包括象牙、

[①] 克拉普夫及后续提及的雷布曼均为受雇于英国的德籍传教士，曾往东非内陆探察并尝试传教。——译注
[②] J. L. Krapf, *CMS‑172*, June, 1847‑Dec., 1848, 61, 65; J. Rebmann, *CMS‑53*, 1849, 13.

树胶、蜂蜜、蜂蜡、谷物、其他食品以及建造阿拉伯单桅帆船（dhow）的木材。作为交换，尼伊卡人能获得的商品主要是盐、珠子、布匹、铁锄以及其他的海岸地区商品。而有可能的是，斯瓦希里商人与内陆地区的贸易——至少在 18 世纪的后半段——是由尼伊卡人来具体操办或者中转的。

尼伊卡人将他们的商队派往北方和西北方。在北方，对应的是加拉人（Galla），这是一个好战的牧人族群，他们一直由北往南推进，持续了很多年。西北方向也有加拉人，但是并不多。在这个方向，尼伊卡人要穿越与肯尼亚沿海地区大致平行的大片荒芜的地区，然后与康巴人相遇，康巴人是一群很好做生意的人，尼伊卡人总是能够从与他们的贸易中获利。加拉人商业活动的规模有很多限制，因此尼伊卡人会将很大一部分的贸易放在康巴人这边。19 世纪初，尼伊卡人的一支试图与加拉人达成协议，以能更直接地进入康巴人地区。加拉人拒绝了尼伊卡人的提议，并且只要有可能就抢劫尼伊卡人的商队。但是，尼伊卡人的商业仍然继续发展。克拉普夫的记录称，19 世纪中期时，内陆的贸易几乎全在尼伊卡人的控制之中。①

然而，尼伊卡人在西面和西北面与康巴人的贸易却成为导致尼伊卡人贸易地位最终衰落的主要原因之一。而在此之前，与康巴人的贸易恰恰是尼伊卡人早期贸易优势地位的基础。

康巴人自己的口头传说和其他一些东非相关族群的口头传说称，康巴人最开始是一个四散游荡的族群。可能从约 17 世纪

---

① Krapf, *CMS - 173*, 1848, 15; *CMS - 172*, 66; Rebmann, *CMS - 53*, 10.

开始，一些自称康巴人的小股人群逐渐地移入肯尼亚乌鲁（Ulu）的姆博尼山区（Mbooni hills）。康巴人声称，在定居在乌鲁前，他们主要是狩猎，但姆博尼山区肥沃的土地促使他们停下来开始从事农业活动。

最初，康巴人似乎在姆博尼山区结成了非常紧密的定居共同体，而口头传说显示当时山下的平原是由非常好战的游牧族群占据。可能是害怕游牧族群的威胁，康巴人选择集中在易于防守的山顶地带居住；当然，另一种可能是山顶地带的降雨要丰富一些，比平原地带更适合作物种植。不管是因为什么原因，反正早期康巴人在乌鲁的居住并没有维持很长时间。可能到了18世纪早期时，康巴人人口开始增加并以姆博尼山区为中心扩散。这一时期，康巴人最主要的定居点似乎已向东进入基图伊（Kitui），这是一个比乌鲁更干旱的地区。之所以会有这种扩散，似乎主要是因为康巴人自身人口的增长，以及由此导致的姆博尼高地的经济维持和发展压力。原本在乌鲁时，康巴人已逐渐减少了狩猎活动，但这时他们又重操旧业，因为他们扩散所至的一些新地区的土地并不是很肥沃。从基图伊往东，康巴人的狩猎队伍不断行进，然后开始与海岸地区的商人发生接触。有证据表明，康巴人在定居乌鲁之前是有牛的，但由于靠近敌对的游牧族群（也有可能是因为乌鲁土地肥沃，更适合农业），康巴人几乎完全放弃了牧养牲畜的活动。进入基图伊和向东更远地方的移民发现新的地方更适合牧业和狩猎，而不是劳动力密集型的农业。可能是在这个时候，康巴人开始用象牙与海岸的商人进行贸易，同时也用象牙来换尼伊卡人的牛。

一旦接近海岸的人知道了象牙的价值，康巴人机动灵活的狩猎队伍就找到了用武之地，他们开始加强猎象的活动。19世纪早期时，克拉普夫的同伴雷布曼（J. Rebmann）称，尼伊卡人地区的野生动物已经被猎尽了，大象和其他较大型的野生动物都退到了更深的内陆森林地区；1849年时，克拉普夫也说，很多康巴人干着猎象的营生，大象几乎被康巴人杀绝了。①

从传统上来说，康巴人似乎要比尼伊卡人更具流动性，同时在狩猎技能方面也更突出，他们逐渐地开始垄断猎象产业，并随着象群的移动而扩展，逐渐将尼伊卡人挤出了有利可图的猎场。同时，流动的康巴人狩猎队也开始参与长途贸易运输，因为狩猎队带着从猎场获得的象牙向海岸行进，本身就已经是一种商队的形式了。康巴人自己把象牙运到海岸，要比在内陆直接卖给尼伊卡人更有利可图；而尼伊卡人虽然不得不承认了康巴人在搜集商品及承担运输这两个环节的地位，但仍然极力阻止他们进入蒙巴萨和其他沿海城镇。尼伊卡人坚持要做中间人，康巴人商队只能通过他们进入像夸约姆伍（Kwa Jomvu）和松吉（Shongi）这样的市场中心。

进入19世纪后，康巴人的商业活动已有很大的拓展。康巴人也在这一时期进行了一些扩张，主要是为了寻找新的猎场和扩展他们在内陆的贸易网络。克拉普夫记录说，他们觉得要去扩展他们的狩猎活动和商业活动，尽可能地往北，或者尽可能地往西。② 往北，康巴人的扩张抵达塔纳河（Tana River），加

---

① J. L. Krapf, *Travels in East Africa*, London, 1860, 140; Rebmannn's journal, 235.
② Krapf, *Travels*, 1860, 58.

拉人占据着那里的平原，挡住了康巴人；往西，康巴人越过塔纳河的上游，进入吉库尤人（Kikuyu）等居住的肯尼亚山（Mt. Kenya）林区。康巴人和吉库尤人之间的关系似乎比较不稳定。两群人多次发生冲突，两边武装队伍在塔纳河两岸多次拉锯。然而，在冲突之外，两群人也有关系比较好的时候，毕竟这样能让商业活动顺利进行，大家都能得利。他们之间的贸易活动似乎有一个依赖条件，那就是要有一方在农业生产方面取得好的收获，这样才能供给用于交换的谷物和牲畜。居住在伊尚加山区（Ithanga hills）附近的吉库尤人能够从邻近的康巴人那里获得铁。康巴人还会把链子、鼻烟盒、武器以及药物等卖给吉库尤人，因为他们与海岸有接触，能够在内陆的贸易中发挥一定的中介作用，利用海岸的商品来换取象牙和牲畜。有时，吉库尤人也会到康巴人的村庄去找康巴商户换烟草和其他海岸商品。

肯尼亚山地区还有恩贝雷人（Emberre）、塔拉卡人（Tharaka）、姆文比人（Mwimbe）和恩布人（Embu）等族群，他们也受到了康巴人商业活动的影响。康巴人的狩猎队深入肯尼亚山区的林地，如果当地的人发现了被康巴猎人的箭猎杀的大象，那他就有权要求获得两根象牙中的一根。同时，康巴人也可以用一些手工制品与肯尼亚山地区的人进行贸易，把箭镞、箭毒、有装饰的项圈、棍棒和葫芦容器卖给他们。恩布人和恩贝雷人深受康巴人贸易的影响，以至于他们在一段时期里成了康巴人在内陆贸易中的合作伙伴。恩布人和恩贝雷人在从康巴人那里拿到从海岸来的商品后，就可以自己组织商队，向更远的地方进发去开展贸易，他们的足迹远至巴林戈湖（Lake Baringo）。在换得一定量的象牙和烟草后，这些人就返回，把换得的商品卖给康巴人，然后康巴人再带着相关商品去海岸。恩布人似乎也是不错的商人，他们会向康巴人输送一种可制箭毒的特殊木材。

康巴人自己也会组织商队去肯尼亚山以西更远的地方，到那里与一些丛林中的"矮人"进行贸易，这些矮人可能是多罗博人（Dorobo）或者与多罗博人类似的猎人。康巴人在这些"矮人"的地盘上猎象，同时用海岸商品、箭镞、箭毒等与他们交换蜂蜜和象牙。

康巴人商业活动延伸的另一个方向是往南，进入现在的坦桑尼亚。18世纪末19世纪初，康巴猎人和商人离开故土，在今坦桑尼亚东北部的广大地区定居，这些地区包括乌恩古（Unguu）、乌萨加拉、乌扎拉莫、乌桑巴拉（Usambara）、乌兹古阿（Uzigua）、乌帕雷（Upare）和乌奎雷（Ukwere）。进入坦桑尼亚的人以男性猎人和商人为主，他们一路往南，在找到合适的猎场并建立一处稳固的殖民地后，他们会派人回去，让更多的人过来，包括妇女。尽管在一些新的地方康巴人只能算是少数族群，但他们被认为是勇敢的战士，并且总是坚定地坚持自己的文化，说自己的语言，也不与当地人通婚。他们也会依附当地的大人物，不过依附的对象经常会改变，从一个头人换成另一个头人，然后还可能协同后一个去攻打前一个。他们还试图把一些当地的族群置于自己控制之下，比如卡古鲁人（Kaguru）。康巴人似乎是想把在坦噶尼喀的定居点当作扩展贸易的据点，通过这些据点可以发展以当地商品为主的贸易，可以把箭毒、武器、肉、皮和啤酒等卖给卡古鲁人、恩古鲁人（Nguru）等族群。建立这些殖民地的动因无疑是商业性的。曾有记录说："他们离开乌康巴尼（Ukambani）的主要目的是狩猎……他们定居下来……耕种土地求食，直到积攒了足够的象牙后才返回。他们似乎总是来了又去，去了又来。"

康巴人也向东往海岸扩展自己的商业势力，他们在尼伊卡人和泰塔人（Uteita）的地区里建立了自己的定居点。

对这些东部的定居点进行粗略的考察，人们可能会觉得，他们最初应该并不是为了商业的目的。在克拉普夫的记录中，1836年在蒙巴萨附近的拉拜（Rabai）建立定居点的是因饥馑而逃出的康巴难民。① 一些在条件较好的地方的康巴人曾轻视这些人，说他们是跟着雨求食的人。

但是，在未公开的记录中，克拉普夫又提及了在尼伊卡人地区的另一些康巴人定居点，他明确称这些定居点是康巴人为了扩展商业而建，并且在19世纪20年代就已经出现了，他们是要把这些定居点当作商品输往蒙巴萨海岸的出口或者通路。② 这些商业定居点的影响力应该不小，因为这些定居点的存在，尼伊卡人和海岸的斯瓦希里人都能通过与康巴人合作和贸易而获利。

因此，在1836年饥民进入拉拜之前，康巴人的商业定居点就已经存在了。其实，如果我们考察康巴人地区和拉拜之间的

---

① Krapf, *Travels*, 1860, 142.
② Krapf, *CMS-167*, 24; *CMS-171*, 4; *CMS-174*, 57.

情况，会发现那其实是一片比较干旱的地区，康巴饥民进入一个比自己故土好不到哪里去的地方求食，这显然并不合理。如果要对这种"不合理"进行解释，那应该是因为这些人知道，在东边的定居点里有可以安置自己的人。

由于克拉普夫对 1836 年拉拜难民的记录，后续的一些研究者将很多注意力放到了"饥馑对康巴人商业活动的影响"这一问题上。饥馑是影响康巴人商业活动发展的一个重要方面，这没有争议。康巴人自己也能回忆起一些过去，他们能把曾发生的一些饥馑事件按名字列出来。然而，这些饥馑事件大部分发生在 19 世纪中期或者后半期，这已经是康巴人商业活动大扩展之后的事情了，同时也是因为康巴人新进入的一些地区的条件实在是比不上以前。后来的很多饥馑确实是给商业带来了冲击。总体上来说，饥馑对康巴人贸易事业发展的影响是比较消极的。一群在外的康巴人，无论是经商还是狩猎，总还是能维持自己的生活；无论是猎杀大象还是做一些有利可图的以物易物贸易，都不会消耗故土村庄的粮食。从这个角度来说，饥馑确实是在康巴人的贸易扩展中发挥了重要作用，但饥馑本身绝非贸易发展的决定性因素。

康巴人的社会似乎有一些独特性，这种独特性使康巴人能成为东非的一支优秀的商帮。

在姆博尼山区居住时期，无论是出于自愿还是被迫，康巴人中逐渐形成了一种被称作"乌图伊"（utui）的政治系统。乌图伊是一种在地域上集中起来的紧密的家庭集群，地域的范围通常覆盖一座或者两三座邻接的山头。康巴人没有一般意义上的酋长，但是有"杰出的个人"（asili），他们可以凭借自己与众不同的魅力、能力或者财富而上升到领导地位。在有战事时，一些家庭集群会把他们的奴隶临时集合在一起；但平常的日子里，家庭集群就只是一个能自我维系的独立的社会经济体。

家庭集群体系可能是在康巴人从乌鲁地区迁移出来时形成的，它们最初的主要功能是开展有组织的狩猎，后来则变成从事商队活动。在姆博尼时，狩猎在康巴人的经济生活中扮演了重要的角色，康巴人也因追踪和狩猎技能而知名。康巴人的很多仪式和习惯也与狩猎有关：在一场狩猎开始之前，康巴人会祷求吉兆、喝啤酒、跳舞、奉献牺牲，并通过仪式制备护身符来保证好运。一旦进入丛林，一些与猎手行为相关的习惯、与新手相关的禁忌、与猎物分配相关的规矩就都会生效。狩猎队的首领是有能力的个人，他带着他所属的家庭集群的人行动；他不光在狩猎上有一套，在其他方面也是一把好手，比如武装袭击——按照一位康巴人长者的说法，"打仗不就像狩猎动物一样吗？"有经验的猎手会受到尊敬，并会被认为具有超自然的能力。狩猎主要使用弓和有毒的箭，康巴人似乎是非常专业的箭手，尽管他们也会使用陷阱、圈套和其他陷捕猎物的手段。

康巴人还能生产多种产品，并将其销售给内地的一些人群。比如康巴人的箭毒，它被从一种树的树皮中提制出来，然后再用蝎子和蛇的毒液加强，这种箭毒在很大一片地区都有销路。一些本身也是猎手的人，尽管有自己的箭毒，但只要有可能——康巴人箭毒的配方是保密的，他们仍然会更乐意用康巴人的箭毒。康巴人还擅长制作多种手工艺品。康巴人的铁匠会冶炼铁矿，然后再把铁打制成链子等装饰品，其工艺水准广受认可。L. 冯·洪内尔（L. von Höhnel）在谈到康巴人时基本没说什么好话，但他也不得不承认他们的手工制品的工艺水准和美学品位要远超他所看过的非洲其他地方的同类产品。① 克拉普夫的记录则说，即便是海岸地区的斯瓦希里人，也愿意承认康巴人的铁制品品质优良，比他们从印度输入的铁制品要好。② 此外，康巴人还贩卖特制的啤酒、野生动物肉、盐砂、食物、烟草、蜂蜡、树皮袋等。康巴人内部似乎并没有定期的市场，但各种交易仍会以这样那样的方式进行。而妇女——特别是较年长的妇女——则在这种当地贸易中承担重要角色，并且，她们会拥有"特权"，那就是即便有冲突战争在进行，她们的安全也会得到保障。当然，手工制品生产的专业化分工可能只是在康巴人商业事业的黄金时期才显得比较突出。一些活动很早就已经存在了，但19 世纪不断增长的商业需求可能刺激了这些早已存在的活动，同时也催生了一些新的活动。饥馑在这个过程中扮演的角色难以评估，但基本出发点还是要将其放到康巴人整体的社会框架中去考察，他们有狩猎，有殖民，有手工艺品制造，有自己的政治组织，还有一些可能能够被称为"天赋"的经商能力，这些都在康巴人的商业活动扩展中扮演了各自的角色。

19 世纪 40 年代时，康巴人在拉拜和尼伊卡人地区的一些定居点已发展出商业中心。在坦噶尼喀，康巴人仍然与对他们既害怕又尊重的当地人保持一定程度的隔绝。克拉普夫的记录

---

① L. von Höhnel, *Discovery of Lakes Rudolf and Stephanie*, London, 1894, II, 308.
② Krapf, *CMS‐14*, 68.

说，康巴人是行走于内地和海岸之间的主要商帮……他们组成200—500人的队伍旅行，带着内陆的奴隶、象牙、犀牛角以及少量其他商品……他们总是在外面狩猎，用他们的毒箭射杀他们能够射杀的每一个动物。①

还有一些康巴人定居点沿着通过尼伊卡人地区和泰塔人地区的贸易路线分布，其中最典型的一个定居点是在毛恩古山（Maungu mountain），它存在的功能似乎主要是为康巴人商队提供补给和水。康巴人的商队或从海岸殖民地出发，或从内陆的故乡出发，在海岸和内陆之间定期往返，一边狩猎一边行商；他们总是会试图与沿途的康巴人确认或者搭上血缘关系，因此获得安全保障、修整便利和补给，同时还可能会有机会开辟额外业务。

随着事业的扩展，康巴人在尼伊卡人地区的定居点开始自己组织商队，他们一方面往故土去搜集商品，另一方面也做集散转运，在康巴人地区、尼伊卡人地区和斯瓦希里海岸之间发挥枢纽功能。康巴人的这些活动不可避免地对尼伊卡人的海岸—内陆中间人的地位形成威胁，至少在一定时期内如此。1837年，马兹鲁伊家族在蒙巴萨的统治终结，这对作为马兹鲁伊家族坚定同盟者的尼伊卡人构成了冲击。不久后，阿曼统治者取代马兹鲁伊家族成为海岸的控制者，他们针对尼伊卡人展开了一系列的掠奴袭击，而尼伊卡人本身已经被严重的饥馑削弱了，阿曼的袭击对他们来说无疑是雪上加霜。康巴人似乎抓

---

① Krapf, *CMS - 166*, 9, 21; *CMS - 172*, 74; *Travels*, 1860, 143 - 144.

住了这样的机会，加入了阿曼人的袭击行动，对靠近恩达拉（Ndara）的尼伊卡人村庄实施打击。这虽然引发了尼伊卡人的极大愤恨，但也正是在这一时期，康巴人短暂地打击了尼伊卡人作为海岸—内陆中间人的地位。

似乎可以说，康巴人把尼伊卡人的中间人地位夺了过来，但这并没有维持很长的时间。尽管拉拜和其他的康巴人定居点仍能够继续跟尼伊卡人抗衡，但当地人的优势地位依然非常明显，康巴人并不能完全掌控贸易和运输。19世纪40年代初，尼伊卡人和阿拉伯人之间的关系似乎有了很大的好转，尽管名义上有四个来自蒙巴萨的斯瓦希里谢赫担任总督，并且斯瓦希里商人已在一些市场地方建立了永久定居点，但尼伊卡人仍然保持着很大程度的独立，并能比较自由地处理自己的事务。

蒙巴萨方面可以允许自己管辖的内陆的人群在处理商业事务时有一定的自由。19世纪中期，蒙巴萨正处在繁荣中，并且已经成为东非沿海城镇的中心，即便马兹鲁伊派势力和阿曼派势力之间仍然有不合。克拉普夫说，1844年至1853年间，蒙巴萨的人口增加了好几千，达到了12 000人。每年有约2 300到2 600弗拉兹拉（frazilas，2 600弗拉兹拉约相当于45吨）的象牙被运到蒙巴萨，而贡献最大的就是内陆地区的人群，特别是康巴人和尼伊卡人。①

19世纪40年代中叶，蒙巴萨的斯瓦希里商人已经开始组织自己的商队，他们去往内陆，进入乌查加（Uchagga）。最开

---

① C. Guillain, *Documents sur l'Histoire ... de l'Afrique Orientale*, Paris, 1856, 211, 217, 235-239, 265-266, 331; Krapf, *CMS-179*, 49.

始时，他们带着骆驼，然后用骆驼从大大小小逾百个的查加人（Chagga）酋邦那里收罗象牙运回，其中最常去的两个酋邦似乎是马查莫（Machame）和基莱马（Kilema）。但是，到40年代末，他们开始越来越多地购买奴隶，而查加人则通过跟敌对的邻居争斗来保证奴隶供应。值得指出的是，查加人不像康巴人那样擅长狩猎，所以他们很少离开故土。查加人的酋长也不愿意组织他们的武装力量往海岸进行长途贸易，他们更倾向于让斯瓦希里人来找他们，尽管斯瓦希里商队运往这里的商品直到19世纪晚期也仍然不是很多。在蒙巴萨北面，塔康果（Takaongo）和其他具有较强独立性的斯瓦希里村庄已经发展起了与加拉人的贸易关系，但他们与加拉人的关系仍然是敌对的。为了扩展自己的商业版图，蒙巴萨的斯瓦希里人在19世纪40年代采取了一些步骤，为与加拉人的贸易提供了一些保障。

尽管有这样那样的一些商业扩张的尝试，但19世纪中期斯瓦希里商队向查加人地区和向北的商业行动的效率和效益都还是不及康巴人和尼伊卡人。从蒙巴萨到查加人的贸易路线上，总有一些不友好的人群，而穿越尼伊卡人地区的风险也比以前多了很多。尽管蒙巴萨的斯瓦希里商人只能在一个当地人控制的贸易体系的边缘活动，但并不能说蒙巴萨的斯瓦希里商人不积极，因为要考虑风险以及搜集和运输成本所涉及的困难，毕竟每年要把45吨象牙弄到蒙巴萨并不是一件容易的事。蒙巴萨派往乌查加的商队并不固定，派往内陆其他地方的也是如此。

19世纪中期，蒙巴萨人在一定程度上是内陆贸易商品的被动接受者，而康巴人和尼伊卡人则仍在努力扩展自己的商业活动。尼伊卡人忙于巩固往北方贸易的中间人的地位，就像塔康果的斯瓦希里商人那样，他们也跟加拉人建立了一些贸易联系。加拉人会组织自己的象牙贩运队去比较近的尼伊卡人的市场，或者指定尼伊卡人进入他们的地区，用海岸商品和奴隶换取他们的象牙、树脂和犀牛角。

康巴人覆盖广泛的贸易帝国在这一时期似乎达到了其商业力量的高峰，成群成群的猎人、商人和殖民者流向各地。康巴人权力高峰的情况可以从基沃伊（Kivoi）的生涯中窥见一斑，基沃伊是康巴商队首领中最成功也最具进取心的一个。尽管常常被称作酋长，但实际上基沃伊只是一个"阿斯利"——杰出的个人，他通过自己的奴隶成为在基图伊的一个商业社群的领袖。19世纪40年代末，基沃伊的贸易和产品搜集活动已远至像肯尼亚山森林、吉库尤人地区、乞力马扎罗山区以及更远的尼伊卡人地区和蒙巴萨的周边地区。他是唯一受尼伊卡人允许而可以进入蒙巴萨的康巴商队首领，蒙巴萨的阿拉伯总督与他相识，在蒙巴萨他会像斯瓦希里人那样打扮，以与海岸的人们拉近距离。基沃伊通常是自己亲自带领商队去往目的地，商队的人数似乎常常达数百人，有男有女，还有少量火枪手。在不带商队时，基沃伊就待在家里，周围都是奴隶和来做生意的零售商，那些跟吉库尤人和肯尼亚山区的人打交道的中间人会定期来基沃伊的村子，有时基沃伊也会派自己的心腹助手外出临时性地处理一些商队事务。基沃伊似乎已经具备能向邻近地区的马赛人课税的能力，他自己手下的人也对他既敬且畏，把他当作一个伟大的魔法师和祈雨者。在去世之前，基沃伊还在制订在塔纳河放船运送象牙到海岸的计划。克拉普夫第一次拜访基沃伊结束后,基沃伊送给克拉普夫一批珠子和一块美国产的布,以供克拉普夫在返回海岸的途中购买食物。① 有趣的是,到了后来,欧洲人与内陆的非洲领导人的关系反了过来,那就是欧洲人会给内陆的非洲人礼物,让他们在返回内陆的途中购买食物。

1849 年,克拉普夫在自己的记录中表示,康巴人从象牙贸易中获得的利润使他们成为东部非洲最富有的族群。那年,康巴的商人获得了大量的海岸商品,以至于他们不再继续用象牙换除牲畜之外的其他东西;一个斯瓦希里商人当时手上有很多牲畜,包括牛、绵羊和山羊,后来他就靠这些牲畜从康巴人那里换得了足够的他想要的象牙,因为当时其他商人手上都没有牲畜,他们有的主要是棉布……珠子、铜丝、红赭石、黑胡椒、盐……以及蓝锌石(bluezink)等,而康巴人当时不收这些东西。②

然而,蒙巴萨的斯瓦希里人总是会想办法从与康巴人的象牙贸易中获利。比如,一个蒙巴萨商人会带着一名在基洛阿(Kiloa)买的小女奴去尼伊卡人地区,这个值七八美元的女奴在尼伊卡人地区可以换两头大牛和两头小牛,大概值 18 美元;然后带着这些牛,再到邻近的康巴人集聚的地方,从那里换一些象牙,而这些象牙在蒙巴萨可卖 40 或者 50 美元;接着带着

---

① Krapf, *Travels*, 1860, 295, 298, 314; *CMS-172*, 150, 152; *CMS-174*, 43-45, 50; *CMS-176*, 45, 59, 66; Guillain (1856), 212.
② Krapf, *CMS-174*, 58.

这些钱,再去或者派人再去基洛阿买奴隶……①

传统上,尼伊卡人和康巴人都不会蓄奴。尽管康巴人会去袭击别人,但很少俘人做奴,即便是怀孕的妇女和年轻的女孩,他们也不会要,只是用棍棒把她们打走,连箭都不会对她们射;只有一些极小的女孩或者男婴会被带走,前者长大后可以成为康巴人的妻子,后者则会被纳入康巴人的家庭。所以,有时康巴人会开玩笑地称自己的"义子"是自己用弓"生"的。在一些特殊情况下,康巴人也会带走成年的俘虏,其中少数会成为康巴人的牧人,但更多的是因为有些人可以换取赎金,还有一些则是抓回来作为警告,显示一下康巴人的力量后就会放回。

1845年,克拉普夫的记录中这样描述尼伊卡人,说他们基本没有奴隶,除了少数非常富有者外。但数年之后,情况却开始出现变化,一些没多少财富的尼伊卡人也开始像斯瓦希里人那样使用奴隶了,他们让奴隶在家内和农地里干活。1853年,克拉普夫又提到,康巴人也在海岸买奴隶,不仅买女奴,也买男奴,用他们来耕种土地和放牧牲畜。此时,海岸的斯瓦希里人已不能再合法地向阿拉伯出口奴隶,于是他们就把目光投向内陆,希望在内陆开发新市场。尼伊卡人和康巴人因为正处在繁荣上升的阶段,很快就成了斯瓦希里奴隶商人的最佳主顾。②

克拉普夫曾提及,康巴人不允许斯瓦希里商队与吉库尤人、

---

① Krapf, *CMS-179*, 30.
② Krapf, *CMS-167*, 15; *CMS-173*, 34; *CMS-179*, 27; *Travels*, 1860, 357; Guillain (1856), 266, 268.

恩贝雷人、恩布人、达卡人（Daka）以及其他内陆族群开展贸易。① 于是，有些研究者就出现了一些误解。比如，G. 林德布洛姆（G. Lindblom）就称，康巴人像海岸和内陆间的一堵墙，这堵墙实际上把斯瓦希里商队挡在了外面，让他们无法渗入内陆；D. A. 洛（D. A. Low）则说，康巴人曾与海岸的势力交战，以争夺通过康巴人地区的路线的控制权。②

其实，克拉普夫也说，一些海岸的商队是被允许进入康巴人地区的，但要由康巴人引领。而且在一些未出版的记录中，克拉普夫也提到了斯瓦希里人商队和尼伊卡人商队在康巴人地区活动的情况。在早期的记录里，克拉普夫从来没有提及过康巴人不让斯瓦希里人商队进入，尽管有证据表明他们会散布一些谣言来吓阻斯瓦希里人，比如会说内陆地区有残暴的俾格米人（Pygmies），有食人族之类。可能是到了19世纪中期后，康巴人才开始越来越在意自己的地位，但他们更在意的是不要让肯尼亚山区居民的商队与海岸直接联系，而不是阻止数量并不多的蒙巴萨商队进入内陆。

19世纪中期之前，斯瓦希里人已经开始努力地向内陆挺进，但这些活动的中心并不是蒙巴萨，而是北姆里马海岸地区南部的一些不起眼的城镇。当时居住在这段海岸的对应内陆地区的人并没有突出的商业能力。迪戈人（Digo）和塞格朱人

---

① Krapf, *Travels*, 1860, 552.
② G. Lindblom, *The Akamba*, Uppsala/Appelberg, 1920, 12; D. A. Low, "The Northern Interior", in Oliver and Mathews (eds.), *History of East Africa*, I, Oxford, 1963, 316.

（Segeju）在北姆里马海岸地区南部居住，他们19世纪初时就已经在开展商业活动了，主要是派象牙商队外出，远至尼扬姆维齐人地区，同时也会在坦噶（Tanga）和其他海岸城镇附近的市场上与斯瓦希里人做生意。与蒙巴萨不同的是，南面地区仍然能找到大象，当地人猎象，然后把象牙卖到沿海的城镇，尽管象牙的价格非常高，但这门生意仍持续到19世纪50年代。这部分贸易的影响范围和体系复杂度都比不上蒙巴萨与尼伊卡人和康巴人之间的贸易，但至少迪戈人的地区仍可算是康巴人会经常关注的地区之一。19世纪40年代，迪戈人和塞格朱人陷入了严重的冲突，最终他们自己毁掉了自己的商业事业。

尽管在南部内陆难以找到能与康巴人比拟的商业群体，但这一地区的内陆贸易仍然发展了起来。首要的原因在于，南部地区的水资源条件要好于北方，蒙巴萨所对应的内陆地区有大片的干旱地带，不像往南的地方有成片苍绿的山，有充足的永久性水源。而且，尽管可以说这一地区缺少有贸易能力的人群，但这一地区比较安全，不像与蒙巴萨联系的商队所经过的那些地方，这里没有像暴烈的加拉人那样的人群，也没有那么多敌对的部落。

在19世纪的头40年里，乌桑巴拉的桑巴拉王国已经在舍布格（Shebuge）和他儿子基姆维里·扎·尼永巴（Kimweri za Nyumba）的领导下发展起来。有证据表明，舍布格政治扩张的目标可能就是商业利益。19世纪初，舍布格去往近海的一处山地，在那里遇见了潘加尼、坦噶和其他姆里马海岸地区城镇的商人，从他们那里获得了一些商品，其中有珠子和铁条等。这些城镇的斯瓦希里居民承认乌桑巴拉"首府"伍加（Vuga）的统治，每年到这里上贡。

大约 1820 年时，舍布格在与兹古阿人（Zigua）的战斗中被杀。基姆维里继任的头几年里，竭力加强王国的力量，力求更有效地将王国组织起来。那时，桑巴拉王国控制着约 16 000 平方千米的土地，人口达约 50 万。基姆维里的"内阁成员"包括被称作"姆多"（Mdoe）的人，"姆多"是一种与财政部长类似的职官，其主要任务是收集来自 25 个或者可能更多的下辖地区的贡税，还负责向海岸地区的斯瓦希里商人运送和售卖商品。土国雇佣阿拉人（Ala）和康巴人的猎手，对奴隶贸易有垄断权。除了掌控与海岸的贸易外，基姆维里还对内陆地区实施控制，以至于克拉普夫都承认说，这里比海岸的其他地区更有秩序，更安全。桑巴拉人并没有成为像康巴人那样的商帮，他们主要依靠外部的资源来支撑自己的贸易，包括雇佣猎手获取象牙和组织武装掠取奴隶。19 世纪 50 年代初，基姆维里的王国开始出现衰落，因为很多之前臣服的族群出现了反叛，兹古阿人则在桑给巴尔的帮助下，装备起了火枪队，对潘加尼沿岸地区构成威胁。19 世纪 70 年代，桑巴拉王国陷入内战，斯瓦希里人的力量乘机从商业上和政治上控制了桑巴拉王国。但是，由舍布格和基姆维里缔造的统治并没有完全被动摇，尽管一些边境地区常常会比较混乱，但海岸的斯瓦希里商人仍然能持续地带着商队通过王国的腹地和北部地区。与桑巴拉人的统治一样重要的是马赛人的活动，他们也在内陆地区进行扩展。

当基姆维里在巩固他的已经形成秩序的以商业为导向的王

国时，一个被称作恩甘格利马（Enganglima）的人群出现了，他们住在大致相当于肯尼亚山和乞力马扎罗山之间地带的内陆地区，似乎是卡瓦维人（Kwavi）的一支——或者更准确一点的话应该被称作伊洛伊科普人（Iloikop），他们在与马赛人的斗争中被击败。但是，卡瓦维人到底是谁，其实一直有比较多的争议。他们被称作"说马阿语者"（Maa-speakers），可能是慢慢地沿着裂谷，从西北的某个地方慢慢南移，大概17世纪时达到肯尼亚的纳库鲁湖（Lake Nakuru）地区。在南移的过程中，说马阿语的人分成两支，此后两支在很长一段时间里未再联系。当再汇到一起时，两群人实际上已经成了相异而独立的两方，一群人称自己为马赛人，另一群人则被冠以另一个名字：伊洛伊科普。当操马阿语者沿着裂谷南下时，遇到了一些族群，包括卡伦津人（Kalenjin）、塔托加人（Tatoga）、多罗博人等。在这个过程中，伊洛伊科普人吸收了较多的非马阿语人群，而马赛人吸纳的则相对少些，他们仍保持着游牧民的基本特性。马赛人瞧不起伊洛伊科普人这些"堕落"的远亲，因此给他们取了一些贬低性的绰号。马赛人会称一些伊洛伊科普人为"卡瓦维人"，斯瓦希里人则借用了马赛人的词，称几乎所有的伊洛伊科普人为卡瓦维人，有时甚至对一些马赛人和一些看起来像马赛人的班图语族群也用这个称呼。

19世纪30年代，一场严重的干旱（可能就是导致康巴人去往拉拜的那场干旱）似乎使恩甘格利马人和马赛牧民不得不迁徙，以寻找牧场。这两群人之间的冲突似乎越来越激烈，最后演变成一场战争，战争的结果是伊洛伊科普人落败。早期的记录和马赛人的口述资料称伊洛伊科普人是一群非常狂暴而有进攻性的人，他们很快就制服了他们的邻居，对内陆的商业活动造成了很大的破坏。可能就是他们使早期在姆博尼的康巴移民移居到平原，他们的武装人员经常发动袭击，甚至敢去碰触北姆里马海岸地区南部城镇的周边。克拉普夫甚至说，如果不是被马赛人打败，这些伊洛伊科普人可能会把内陆的较弱小族群如查加人、康巴人、泰塔人和桑巴拉人之间的交流打断，因为这些伊洛伊科普人把邻近海岸的地区都搅乱了。

但是，被马赛人打败后，伊洛伊科普人受到的冲击还是具有实质性的，他们已没有能力对南部海岸地区的内陆造成实质性的冲击。19世纪40年代，他们对坦噶和其他姆里马海岸地区城镇的袭击已成为历史，并且由于受到严重的削弱，旺加（Vanga）的斯瓦希里人还对他们在塔菲塔（Taveta）的营地展开了掠奴袭击。1853年，他们已不见于乌桑巴拉的东部边界地区。19世纪中叶，斯瓦希里人在南方向内陆行进要比从蒙巴萨出发向内陆行进安全得多。

斯瓦希里人往内陆商队的先驱来自北姆里马海岸地区南部的城镇，有人说是来自旺加的卡斯姆（Kasimu），这里的保护人是令人敬畏的巴纳·卡赫里（Bana Kheri）。这些商人中的第一批人似乎努力地开辟了穿越马赛人土地的路线，到达了维多利亚湖岸地区，可能还到了乌干达。19世纪30年代末40年代初，这些商队似乎与从乌尼亚尼耶姆贝来到维多利亚湖的人发生了冲突。但是，根据1847年之前的记录，姆里马海岸地区的商队只是抵达了梅鲁山区（Mt. Meru）和马尼亚拉悬崖地带

（Manyara escarpment），在这里他们可以跟多罗博猎人交换象牙。此时，他们还没有打通往北方茅（Mau）森林地区的道路。而后来之所以要往北，可能是因为在与乌尼亚尼耶姆贝商人的商业竞争中占不到优势，也有可能是因为伊亚斯湖和恩戈隆戈罗（Ngorongoro）地区居民的敌对和内战。

之后，似乎又是因为马赛人——尽管是间接的，通往东非内陆广大地区的通道被打开，内陆大片地区也稳定下来。斯瓦希里人的商队努力地维持从梅鲁山和乞力马扎罗山到肯尼亚山的商路，但发现吉库尤人并不友好，因此直到19世纪末他们才成功进入吉库尤人的地区。然而，在肯尼亚山以西的地方，一支从北方来的游牧族群——可能是加拉人——在1842年时被马赛人赶出了莱基皮亚高原地区（Laikipia plateau）。似乎就在不久后，斯瓦希里商人开始取道莱基皮亚，然后绕到肯尼亚山东北部，从这里建立与梅鲁人、恩布人和其他肯尼亚山区居民的商业联系。19世纪60年代，可能是因为莱基皮亚的伊洛伊科普人的活动，这一地区的贸易再次受到扰乱，但到了70年代，普尔科人（Purko）和马赛人联合，在纳库鲁湖周边地区大败伊洛伊科普人，恢复了莱基皮亚高原地区的安宁。在西面，罗赛格莱伊（Losegelai）和一些伊洛伊科普人的分支群体受到了马赛人的一系列打击，这种打击到19世纪50年代初时达到高峰，这使斯瓦希里商队的交通再次得到恢复。不过，具有讽刺意味的是，多次"缔造和平"的马赛人却经常被外部世界看作一群有进攻性的好战者，似乎是他们阻止了沿海商业向东非北部内陆的扩张——但其实恰恰是他们开辟了道路。第一批进入内陆的欧洲人在到达马赛人地区后，发现所谓的马赛人攻击商队的故事包含了很大的夸张成分。实际上，只要斯瓦希里商队不去招惹马赛人，马赛人就不会阻止商队通过自己的土地，而且沿途的马赛人还会跟商队做生意。

19世纪后半期，斯瓦希里商队开始进入巴林戈湖和卡维隆多湾（Kavirondo gulf）地区，并最终到达了卡拉莫琼（Karamojong）和埃尔贡山（Mt. Elgon）之外的其他地方。较早时期的记录明确指出，最早进入这些地区的商队来自北姆里马海岸地区的南部，但19世纪60年代后，蒙巴萨的商队被越来越多地提及。蒙巴萨商队活动在这一地区的加强有多种原因。最初，马赛人对伊洛伊科普人的胜利似乎对蒙巴萨人在内陆的活动并没有什么好处。蒙巴萨对应内陆地区的伊洛伊科普人在19世纪30年代的战争中受到了沉重打击，但并没有被完全击败。有一段时间，康巴人可以走一条更为直接的路线到海岸，因为受到打击的伊洛伊科普人已经撤出了尼伊卡人地区。但是不久后，加拉人涌了进来，填补了伊洛伊科普人留下的空缺，他们对商队活动展开袭击，其所造成的影响即便没有超过伊洛伊科普人，也至少是与伊洛伊科普人旗鼓相当。撤退到康巴人地区边境的伊洛伊科普人在稳住阵脚后，很快又重新形成威胁，大有再次大举侵入蒙巴萨海岸地区的势头。康巴人被迫采取一条需要绕行但仍然不乏危险的路线到海岸，并且本身的集聚地也受到压力。随后，在尼伊卡人地区出现了一系列的战事和袭击，加拉人一度获得了控制权，在那里维持了一两年的统治，然后伊洛伊科普人又起来，把他们赶了出去。也幸亏康巴人有比较完善的商业组织和比较强的战斗能力，所以才能持续开展贸易。从 19 世纪 40 年代开始，尼伊卡人地区的情况变得更加复杂，商业活动开始受到更大的阻碍。1869 年，即便是康巴人对加拉人进行了有力的军事打击，情况也没有出现明显的好转。

从 19 世纪 50 年代直到 19 世纪末，蒙巴萨所对应的内陆地区一直都不稳定，有时极度混乱，伊洛伊科普人甚至有时会袭击蒙巴萨的郊区。蒙巴萨的商队只能沿着海岸先往南，然后在偏南的地方再往西，才能比较安全地进入内陆。在南部，已经有了一些由较南面地区的斯瓦希里商人开辟的路线。

除了一些敌对人群在尼伊卡人地区的侵扰外，康巴人在内陆的商业活动还开始面临一些新的困难。康巴人灵活独立的商业体系促进了商业活动的发展，但这种体系也具有缺少必要的统一性和权威的弊病，这就导致康巴人难以组成像基姆维里的桑巴拉王国那样的比较有秩序的实体。随着时间的推移，不同地区的康巴人之间发生冲突和争吵的事情越来越多。很多冲突是商业冲突。一些地区的康巴人会阻碍其他的康巴人进入自己的商业地盘，不同的康巴人商队也会选择在不同的时节去海岸，以避免同路时发生冲突。也有事例表明，一些康巴人开始放弃做合法的生意，"改行"做抢劫者，抢劫过路的商旅，杀自己的同胞，偷他们的货物，然后带着抢或者偷来的货物去海岸出售。康巴人地区的很多地方可能都出现了这样的情况，他们放弃了经商，转行做更容易也更有利可图的劫匪。基伦古康巴人（Kilungu Kamba）是一群残暴的劫匪，他们对其他的康巴人发动战争；靠近尼伊卡人地区的基利马基博姆布的阿恩迪人（Aendi of Kilima Kibombu）发现从商队那里"拿"象牙会比在荒野里猎象更为有利可图，这些阿恩迪人可能就是劫匪。

如上所述，康巴人和尼伊卡人之间早期的商业敌对尽管后来在很大程度上得到了缓和，但互相之间的不满还是有的，一些族群总会对经过他们地区的其他族群的商队抽额外的税。19世纪70年代，双方之间的矛盾开始演化为战争。康巴人和基利亚马尼伊卡人（Giriyama Nyika）在1874年打了一仗；数年后，康巴人出师打击马兹鲁伊家族的残余力量姆巴卢库人（Mbaruku），因为姆巴卢库人与斯瓦希里人和尼伊卡人一道在尼伊卡人地区袭击康巴人的商队。

在进一步往西的地区，形势就更差了。19世纪早期，康巴人四出狩猎，为了获得新的猎场，他们扩张到了很远的地方。恩贝雷人、恩布人和其他肯尼亚山区的居民最后似乎厌倦了康巴人猎队对他们土地的侵扰。19世纪中期，肯尼亚山区的居民开始表达不满。1851年，一名叫鲁姆·瓦·基坎迪（Rumu wa Kikandi）的恩布商队首领对在康巴人地区停驻的克拉普夫说，他受雇于康巴人，担当康巴人内陆商业网络的代理，但他和他的人都觉得获利太少了，他们想自己发展与海岸地区的商业联系。实际上，基沃伊就是死于肯尼亚山区居民之手。在死之前，基沃伊似乎已经与肯尼亚山区的居民发生了很多争吵甚至武装对抗。19世纪70年代初，恩贝雷人开始寻求斯瓦希里人的帮助，这时斯瓦希里人正在派遣商队经由莱基皮亚高原进入东北内陆地区。恩贝雷人和这些斯瓦希里商人一道，将康巴人挤出而实际上，早在此事之前，就有一名叫苏卢梅（Churume）的恩贝雷妇女曾作出过努力，召集武装，试图清除外来的侵入者。

　　康巴人和肯尼亚山区居民之间的关系到 19 世纪末进一步恶化，因为康巴人的掠奴活动日渐猖獗，这其实本身也说明康巴人的商业繁荣的好日子快要到头了。康巴人掠奴武装侵袭吉库尤人和肯尼亚山区的其他居民，比如博科莫人（Pokomo）和马赛人，甚至远至人烟稀少的马萨比特地区（Marsabit）。19 世纪后期，象牙已越来越难获得，已不可能像以前那样能弄到很多了。康巴人的猎队不得不远进至萨姆布鲁（Samuburu）和图尔卡纳（Turkana）（在乌鲁西北方至少约 300 英里），或者南下到坦噶尼喀湖南端和松盖阿（Songea）（在乌鲁西南方至少约 600 英里）。

　　直到 20 世纪初，康巴人仍能与海岸地区做生意，但斯瓦希里人已经越来越占据优势地位，他们通过康巴人地区进入非常深远的内陆地区，康巴人商业活动的黄金时代远去了。康巴人缺乏统一的权威和协调，他们的商业活动也面临很多难以克服的困难和风险，但即便如此，他们的商业活动也取得了很大的成就。康巴人商业力量最后的衰落还有其他一些原因，比如铺开的摊子太大、象牙资源的减少以及各种内讧和冲突等，也正是因为这些原因，最终蒙巴萨人占据了主导地位，成为东非海岸城镇中的翘楚。

　　19 世纪 80 年代末，斯瓦希里商队已经到达了内陆象牙供给地的最远端地区，这其实也与康巴人前期的开拓性工作分不开。但是，康巴人在打开了广大的商业空间后，并没能很好地收获相应的成果，因为一个新的时代来临了，商队贸易正在成为一种落伍的体系，即便这种体系曾代表着勇气和进取心。19世纪末，欧洲人的先锋在康巴人地区确立了商业存在，他们遭遇了一些武装抵抗，但这种抵抗很快消弭于优势火力、行政管理和技术之下。基沃伊成为一些康巴人口中的传说，还有一些商队首领则成了民间传统祭祀的对象。康巴人仍为他们的商业能力而骄傲。当欧洲人说要在康巴人的土地上建立亚洲人的商店时，一位康巴长者说："我们不需要印度人……我们自己知道怎么开店。"很多康巴人仍藏着少量的象牙，希望新的侵入者不久后会离去，然后他们就可以恢复自己的商业。但是，当1896年铁路工人敲下乌干达铁路（Uganda Railway）的第一颗道钉时，康巴人伟大商业时代的余响就永远地消逝了。

第五章

大湖地区北部

约翰·托什(John Tosh)

大湖地区北部以其在殖民时期开始之前就有显著的政治发展而知名,但历史学家却并不愿意承认这里的人们也有了不起的商业成就。克里斯托弗·瑞格利(Christopher Wrigley)曾提出,因在自然生态上具有优势,前殖民时期的乌干达没有像样的贸易活动。经济的基础理所当然地是农业,只有些微的例外,这片土地上的物产没有被纳入贸易的体系;盐、鱼、铁制品偶尔会有一些在群体内部的流通,但是供应和需求在整个区域都是一体自给,贸易无法使这种维持性经济发生实质性的变迁。在瑞格利看来,即便是桑给巴尔商人的活动,也没有给传统的经济体系带来明显的改变。① 从现代发展的标准来看,瑞格利的这种观点是有道理的。除了布干达外,19世纪大湖地区经济的本质就是维持性的。只是在进入20世纪后,这里的手工业和

---

① C. C. Wrigley, *Crops and Wealth in Uganda*, Kampala, 1959, 11–12.

商业才开始沿着一条全新的道路发展起来。然而，一些资料也表明，在前殖民时代，这里的贸易也能构成一幅丰富多彩的画面，也展示着它的活力和潜力。

从 19 世纪 60 年代开始，湖区开始接纳一拨又一拨的欧洲到访者。他们中很少有人对这一地区的经济状况进行全面的描绘。1878 年至 1889 年间担任埃及赤道省总督的阿明帕夏（Emin Pasha）倒是个例外，不过他的零散记录也并不是特别有价值。他的很多观察主要是针对非洲人之间的交换。然而，非洲人之间的贸易往往限于特定的区域，并且更多的是呈现他们传统经济的特征，这与从海岸来的阿拉伯人和斯瓦希里人所带来的贸易的强度和影响是不同的。阿明帕夏也注意到了这个问题，尽管他发现很难确定他所看到的发展变化到底应归功于哪个方面。是归功于当地人积极的商业头脑，还是归功于海岸商人的贸易活动和永久性定居点的建立？[①] 要想说清楚这个问题，我们可能首先得来看一看前殖民时代贸易所涉及的商品。

除了在东部以种植为基础的田园经济和西部较干旱地区的牧业经济之间有比较明显的差异外，大湖地区的经济实际上具有趋同性，每个人都是在以相似的技术、在相似的条件下生产差不多同样的产品。但也有一些呈现专业化生产特征的东西，这些东西在当地人的日常生活中占有重要地位，其中主要的是盐和铁。

劣质的盐可以从某些植物的灰烬中提取，甚至还可以从牛

[①] G. Schweinfurth (ed.), *Emin Pasha in Central Africa*, London, 1888, 111–123.

尿中获得，但自然的盐仍然是一种必需品。布干达人常常用独木舟从维多利亚湖东岸地区输入盐，19 世纪 80 年代他们还会到向南远至布津扎（Buzinza）的地方以不菲的代价获取盐。然而，在大湖地区本身，只有两处比较重要的产盐中心。一个属于布尼奥罗，在阿尔伯特湖（Lake Albert）东岸的基贝罗（Kibero）。基贝罗的村民依靠盐矿为生，它在 19 世纪 80 年代是湖区的主要人口集聚中心。欧洲人对这里的盐有不同的评价。1862 年时，格兰特称这里的盐在颜色和味道上都非常纯净。盐在基贝罗进行交易，供给量非常大。到 19 世纪末，基贝罗的盐产品几乎遍及布尼奥罗、布干达和周边的整个地区，包括北边的阿科利兰（Acholiland）和阿鲁尔兰（Alurland）。① 阿明在 1885 年的记录中说到了盐贸易的规模，称基贝罗的盐矿是布尼奥罗的卡巴雷加（Kabarega）领地上最有价值的物产之一，当时布干达都对此有所觊觎。②

进一步往南到布松戈拉（Busongora），卡特韦（Katwe）的盐湖是另一个商业中心。湖底出产的结晶盐块在质量上不及基贝罗，但这里在 1889 年时同样也维持着 2 000 人的生活。斯坦利的记录说，这里是一个热闹的区域贸易中心，安科尔人（Banyankore）、卢旺达人（Banyaruanda）、托罗人（Batoro）定期造访，他们带着谷物、树皮布、蔬菜、铁制工具等多种商品来

---

① W. Junker, *Travels in Africa During the Years 1882 – 1886*, London, 1892, 524; J. W. Grant, *A Walk Across Africa*, London, 1864, 296; M. Posnansky, "Pottery Types from Archaeological Sites in East Africa", *Journal of African History*, 2, 1961, 192; A. T. Mounteney-Jephson, *Emin Pasha and the Rebellion at the Equator*, London, 1890, 36; Schweinfurth (1888), 176.
② Schweinfurth (1888), 176; Junker (1892), 524.

此进行贸易。① 与基贝罗一样，卡特韦在政治上也有一定影响。布松戈拉的酋长似乎从来就不是一个自由独立的存在，19 世纪 70 年代，斯坦利听说他要向布干达的卡巴卡（Kabaka）② 贡盐。有一段时期，安科尔控制着穿越卡津加（Kazinga）的通道；到了 19 世纪 80 年代，控制这一地区的成了卡巴雷加。1889 年，斯坦利带领阿明帕夏营救远征队到来，促使尼奥罗人放弃了卡特韦；可是，到了 1891 年，他们又回来了。卡巴雷加努力想恢复对托罗的控制，这可能不仅是为了保持与从南方来的桑给巴尔商人之间商路的畅通，也是为了垄断湖区的盐供应。如果这一政策能长期维持，那么布干达就会受到损害，因为它所需的盐非常依赖进口。

当供应短缺时，天然盐会广受追逐，相关国家间的冲突总是少不了盐贸易这一个因素。欧洲人的记录表明，湖区的盐贸易不是一个新东西，而是一种在海岸商人或者欧洲人到来之前很久就已存在的活动。

铁制品同样在商业上非常重要。在农业占主导地位的区域，铁锄和铁矛头更是不可或缺，围绕它们的争端常常会导致战争。浅表蕴藏的质量好的铁矿并不像有些人以为的那么常见。布干达在这个方面几乎没有优势，直到 18 世纪征服基亚格韦（Kyagwe）东部和布杜之前，它一直依赖进口铁；即便到了 18 世纪，它也还是要从科基（Koki）获取生铁和从布尼奥罗获取铁

---

① H. M. Stanley, *In Darkest Africa*, 2 vols., London, 1890, II, 311–316.
② "卡巴卡"是对布干达统治者的称呼。——译注

矛头。19世纪50年代，卡拉格韦的矛在塔波拉广受赞誉；但是，铁矿最丰富的地区在布尼奥罗，尼奥罗人似乎也是其所在区域最重要的铁制品供应者，它既卖铁给干达人（Baganda），也可以把铁送到尼罗河沿岸的诸多族群。铁的冶炼和加工是维持性经济的重要补充，它保有一批专门的从业者。我们对铁贸易的了解要远少于对盐贸易的了解。比如，我们找不到证据证明铁贸易造成了卡特韦的贸易集中，但其经济重要性肯定也是不能否认的。

盐和铁是两种对日常生活非常重要的商品。但是还有其他一些本土的商品，也会被纳入长途贩运的体系。首先是树皮布。至少从塞马科基罗（Semakokiro）统治时期开始，树皮布制造就已经是布干达最有活力的一项产业，到19世纪末，树皮布已成当地普通人的标准服装原料。树皮布坯和染过的树皮布出口到卡拉格韦、卢旺达、布索加（Busoga）和布尼奥罗，因为这些地方都无法生产出类似质量的布匹。在布干达之外的地方，树皮布通常只有富人才能穿，但干达人的需求也持续保持旺盛，因为树皮布穿一个月就会有明显的磨损。

另一项比较重要的贸易商品是咖啡。有没有人种植咖啡不知道，但能长出一种小咖啡豆的野生咖啡会被人们当作可嚼用的刺激物。哈亚人国家（Haya states）的口述资料表明，18世纪时，基兹巴（Kiziba）的商人会带着咖啡到相邻的基亚姆特瓦拉（Kiamtwara）和卡拉格韦。19世纪时，咖啡种植在布尼奥罗和布干达发展起来，它们会向卡拉格韦输送咖啡，因为在卡拉格韦有用一把咖啡招待客人的习俗。欧洲旅行者发现烤过的咖啡豆能做成非常好的饮料，阿明曾极具预见性地强调过大湖地区咖啡的商业潜力。① 但是，咖啡在非洲人传统经济中的地位并不突出，就像烟草一样。和咖啡一样，烟草也是一种具有悠久历史的奢侈品。在布韦约雷雷（Bweyorere）的安科尔首都遗址发现了在年代上属于17世纪的陶烟管。在安科尔，有很多优质的烟草，一些本地消费后剩余的部分会输往卡拉格韦和布尼奥罗。

显然，至少就少数几种商品而言，大湖地区各独立实体之间在海岸商人到来之前是有比较活跃的贸易往来的。但尽管可以肯定这种贸易活动的存在，却难以厘清其所涉及的商业进程的性质，因为它不像海岸商人的活动那样能够造成明显的影响，特别是就交换媒介这点来说。在这个问题上，欧洲人的记录可以提供清楚的说明。欧洲人的记录很少提及大湖地区北部存在当地形式的货币。罗斯科（Roscoe）称，在珠子或贝壳从海岸输入之前，象牙制盘状物（ivorydiscs）被用作货币，但如果没有相应的经济背景证据，那这种说法就很难被证实和接受。牛——可能还有铁锄——会被当作记账单位，其中铁锄应该是可以用作等价交换物，但我们并没有充分的直接证据。很明显的是，大湖地区并不存在或极少有作为财富储藏和用于换取他方商品或者服务的通用货币。②

因此，我们似乎可以认为，大湖地区北部的贸易大多是通

---

① H. Cory, *History of Bukoka District*, Mwanza, n.d., 75, 77; Junker (1892), 482; R. F. Burton, *The Lake Regions of Central Africa*, 2 vols., London, 1860, II, 181, 187; T H Parke, *My Personal Experiences in Equatorial Africa*, London, 1891, 459-460; Schweinfurth (1888), 118.
② J. Roscoe, *The Baganda*, London, 1911, 412-413, 456, 457; Roscoe, *The Banyankole*, London, 1923, 78.

过以物易物的方式来展开，货币的缺失部分地会被特殊的市场所抵消，在这种市场上，贸易各方都能找到自己所需要的商品和所面向的顾客。后来，阿拉伯人开始经常光顾这些市场，但欧洲人的记录中，仍是强调这些市场的非洲人特性，把海岸来的人当作外来者。在强调非洲人的商业爱好时，阿明称，到卡拉格韦的维拉汉杰（Werahanje）、乌干达的鲁巴加（Rubaga）、乌尼奥罗（Unyoro）的姆帕拉-尼亚莫加（Mpara-Nyamoga）这些地方的市场上去过的人，都可以发现非洲人对商业活动的热衷；阿明还特别对姆帕拉的市场进行了详细生动的描述。基贝罗是另一个中心，在那里人们用牛皮、皮张、铁矿石、矛头、铜条、玻璃珠换盐；在布尼奥罗，有设在边境地区的市场，干达人会带着树皮布和芭蕉来跟尼奥罗人换锄头和盐；进一步往东，在基尤加湖（Lake Kyoga）的纳姆卢姆卡岛（Namulumuka）和卡韦里岛（Kaweri）上有专门的地方供尼奥罗人和库马姆人（Kumam）进行贸易。① 很难说这些市场到底是季节性的还是会在一年间按某个周期开放。那些主要涉及盐和铁制品的贸易可能属于第二种情况，因为这些商品都是由专业人士提供，他们没有其他的活计，可以整年地从事相关工作。就进入贸易的人来说，没有证据表明存在职业商人，他们似乎主要是从事维持性农业的农民或者进行其他小规模的专业活动者，然后有空时就会把自己的剩余产品投入贸易。

但是，尽管我们说在阿拉伯人到来之前这里没有职业商人，

---

① Schweinfurth（1888），112–113；Roscoe（1911），456；Paulo Kagwa, "Kakungulu Omuzirawa Uganda", 10（MS. in Makerere College Library）.

也没有专门的商帮，但一些地方在商业上的发展仍然要比其他地方突出。有证据表明，布尼奥罗在商业上的地位最重要。19世纪 80 年代，G. 卡萨蒂（G. Casati）记录说，尼奥罗人在制造和商业方面显示了自己的天赋，萨缪尔·贝克（Samuel Baker）[①] 也同样表示对此印象深刻。有人可能会说，这只不过是欧洲人走马观花后的一种感性认识而已。但是，尼奥罗人在盐和铁方面的专业性也是事实。而且，布尼奥罗还得益于它在大湖地区北端的战略性地理位置，它是通往湖区北方和东方的重要节点，它的疆域与兰戈人（Lango）和阿科利人（Acholi）居住的非班图人地区相邻，而兰戈人和阿科利人又与布尼奥罗古代王朝有联系。与兰戈人的贸易主要由约帕尔沃人（Jopalwo）承担，他们是布尼奥罗东北部的一支操罗人语言（Lwo-speaking）的族群。约帕尔沃人用铁锄跟兰戈人交换山羊、牛、黄油，后来还有象牙；兰戈人一方面需要在农作中用锄头，另一方面还会把锄头转制成矛头。兰戈人和住在他们东部的邻居库马姆人和伊特索人（Iteso）都不知道如何冶铁，而尼奥罗人也与库马姆人和伊特索人有商业联系。有学者认为，尼奥罗人在 19 世纪时控制了环基尤加湖地区的贸易，其基本论据就是这种铁器贸易的存在。[②]

[①] 萨缪尔·贝克，英国探险家，19 世纪中后叶在尼罗河—大湖地区探险和担任殖民官员。——译注
[②] G. Casati, *Ten Years in Equatoria*, 2 vols., London, 1891, II, 54; S. W. Baker, *Albertyt N'yanza*, 2 vols., London, 1866, II, 54 – 55; J. H. Driberg, *The Lango*, London, 1923, 30, 81; Junker (1892), 471, 479; J. C. D. Lawrance, *The Iteso*, London, 1957, 148; D. A. Low, in R. Oliver and G. Mathew (eds.), *History of East Africa*, I, Oxford, 1963, 327.

另外两个地方是布干达和卡拉格韦，欧洲人的记录也称这两个地方有非常活跃的商业活动。但是，很难评估在这里的本地人贸易的地位，因为这些地方经常有桑给巴尔的商人过来。卡拉格韦后来控制了哈亚人地区的贸易，这可能是因为它善于从事长途贸易。布干达是另一种情况，它很早就在贸易方面有自己的长处，也是湖区食物供应最充足的一个地方，那里的人们可以整年地开展农业活动，并且可以花较少的劳动就获得比较好的收获，这样就可以腾出一部分人来从事其他活动。但是，干达人并没有很好地利用这种优势。干达人与周边群体的经济交往呈现出一种掠夺性的特征，而非正常的商业往来。卡巴卡为了在不付出自身财富的情况下奖赐下属酋长和那些为其工作的人，会抓捕妇女和强取牲畜；盐和铁会通过贸易获得，但也会采取抢劫和索贡的方式得到。根据传统，干达人很少背井离乡去行商，他们会等外国商人来。只有在维多利亚湖上，才有一些干达人参与到涉及广泛的商业活动网络中去。1875 年，斯坦利提到了布武马（Buvuma）岛民的湖盗活动，但是从湖的一边到另一边的商品运输并没有受到实质性的影响，湖东岸地区和布干达之间的盐贸易也能正常进行。19 世纪晚期，苏库马人向布索加供应锄头和铁制品。最近的研究表明，布索加南部是一个传统的重要贸易中心，连接着从塞塞（Sesse）和布武马到布干达滨湖地区的贸易，人们在这里交换白蚁、干鱼、香蕉、独木舟、锅、铁锄、牲畜和家禽。随着政治影响沿着湖岸的扩展，布干达在贸易中的份额可能有所增加。卡尔·彼得斯（Carl Peters）曾指出，人们在评价东非的政治和商业事务时，对族群间的内部贸易关注甚少……而布干达在湖岸地区的以物易物贸易也确实很难估算。①

吸引欧洲人注意力的贸易中心可能并不只以上所说的几个，实际上这几个可能也不一定就是最重要的。但不管怎样，贸易中心是存在的。那么，它们到底在多大程度上受统治者控制呢？这方面的证据可能比较单薄。通常，最重要的市场会在统治者驻跸地。比如姆帕拉-尼亚莫加，在19世纪70年代是卡巴雷加的首都。这表明，国王要么自己就是一个商人，要么有权对贸易课税。在布干达，首都内部和周边的市场受一位特设酋长监督，它可以以卡巴卡的名义对每桩交易征10%的税。在基贝罗盐矿，控制更加严格，杨克（Junker）称那里在很大程度上是受卡巴雷加控制的；1894年时，英国发动对布尼奥罗的战争，科尔维莱上校（Colonel Colvile）发现，盐矿是卡巴雷加的主要收入来源，其购买武器弹药的开支主要也是来自盐矿。② 但很难说这种高度的政治控制到底能维持多长时间，也很难确定这是不是为了应对长途贸易增长，当时长途贸易活动已经成为大湖地区国家稳定的一个显著挑战。

由于资料的缺失，我们实际上很难对传统贸易的情况进行重现，但我们知道现有的认识是有扭曲并且是不完整的，但如果要理解长途贸易商队的影响，就必须尝试着对一些问题进行重构。可以肯定的是，传统贸易活动的组织是很原始的。就现

---

① Stanley, *Through the Dark Continent*, 2 vol., London, 1878, I, 223; Roscoe (1911), 438; C. Peters, *New Light on Dark Africa*, London, 1891, 391–392.
② Roscoe (1911), 452; Junker (1892), 524; Foreign Office Confidential Print 6577/147, Colvile to F.O. from Kibero, 5 Feb. 1894.

在所知的情况来看，没有货币、没有职业商人、专业生产者很少这三点是可以肯定的基本特征。但是，这种传统的贸易在大湖地区的经济中仍然具有非常重要的作用，不仅仅是因为它是基本生产生活资料比如盐和铁的分配的主要路径，还因为它超越了政治的分野。大湖地区的居民和他们的统治者对规模相对较大的商业系统都很熟悉，尽管可能对具体的方法并不明了。没有这些基本认识的话，非洲人就不可能利用长途贸易创造的机会。从19世纪40年代开始，海岸的商人提供了重要的刺激，但他们无法控制湖区的商业生活。除了商品从海岸来和到海岸去的运输无法控制外，非洲人控制了商业过程的其他各个环节。

  非洲人参与贸易的能力一直在提高，早在长途贸易商队到来之前，长途贩运商品的活动就已经存在了。布干达的口头传说证实了这一点，在安科尔进行的考古发掘也找到少量18世纪的海岸贸易用珠子。总的来说，在海岸因素向内陆渗透的过程中，尼扬姆维齐人可能扮演了非常突出的角色。在18世纪后半叶卡巴卡卡亚巴古（Kyabagu）统治时期，杯和盘开始出现在布干达。卡亚巴古的儿子塞马科基罗积极参与新的贸易，他囤积了大量的铜和贝壳，从卡拉格韦买棉布，派商人去基兹巴收象牙。在一个商人被兹巴人（Ziba）杀害后，塞马科基罗进行了一次惩罚性远征。随着贸易量的增加，布干达开始努力向维多利亚湖西岸地区扩张，并试图垄断所有的长途贸易。塞马科基罗的前辈琼朱（Junju）已经征服了布杜，19世纪时布干达的势力范围已扩展至基兹巴和卡拉格韦。这段不断向内陆渗透扩展的时期使非洲人获得了很多宝贵的经验，他们开始学会处理新的与供给和需求相关的问题,并加强了本地的商业体系。海岸的商人发现他们的奢侈品在内陆需求旺盛,与此同时内陆则能够提供充足的象牙。海岸的商人并没有创造一个新的商业体系,因为已有的体系完全可以满足他们的需求。

阿拉伯人和斯瓦希里人的商队沿着与早期贸易商品流动相同的路线到达维多利亚湖西岸,然后去往布干达。他们在卡拉格韦建立了基地,到 1855 年时在姆卡马(Mukama)的首都布韦拉尼扬格(Bweranyange)附近的卡弗罗(Kafuro)已经有了他们的定居点。在卡拉格韦北部的基坦戈莱(Kitangole)也有一个阿拉伯人的殖民地,这个殖民地靠近卡格拉河(Kagera River),也离布干达边界不远。一些阿拉伯人在卡拉格韦一待就是好多年,斯坦利在 1876 年时遇见的著名的阿赫迈德·本·伊布拉希姆(Ahmed bin Ibrahim)就在卡拉格韦待了 12 年,在那里拥有大量的牲畜。① 阿拉伯人在卡拉格韦一度比较受欢迎,他们不愁给养,能够过比较文明的生活,这主要是因为卡拉格韦想维持好与桑给巴尔人的关系,以避免贸易转向他方。另一条走卡维隆多的路线一直不受青睐,斯皮克在 1861 年时听人说,自从 1856 年苏纳(Suna)去世后,从东方来布干达的商队就换了路线。阿明曾问一个在布干达的桑给巴尔商人他们是不是从马赛兰(Masailand)过来的,然后他得到了否定的回答。后来,一些商队开始使用渡越维多利亚湖的路线,因为那时已可以在湖南岸建造小舟。1882 年,传教士罗伯特·阿舍

---

① J. Ford and R. de Z. Hall, "History of Karagwe", *Tanganyika Notes and Records*, 24, 1947, 9; Stanley (1878), I, 453.

(Robert Ashe)发现卡格伊(Kageyi)的港口挤满了阿拉伯人,他们的小舟正满载着象牙和奴隶从布干达驶出。①

  桑给巴尔商人早期只是去布干达,这具有非常重要的意义。也就是由此开始,干达人吸引了很多方面的注意。卡巴卡的开放帮了一些忙,他总是愿意接待陌生人并留他们在自己的宫廷盘桓,阿拉伯人借此慢慢地开始与湖区的其他王国打交道。1858年,伯顿在塔波拉发现阿拉伯人对苏纳的"礼物和注意"表示赞赏;伯顿还记录说,苏纳给了伊萨·本·侯赛因(Isa bin Hussein)200或者300名妇女充实他的"后宫"——这可能有一些夸张,但无疑也说明卡巴卡在塔波拉的声望。②

  苏纳和他的继承者穆特萨(Mutesa)禁止桑给巴尔商人去与布干达敌对的布尼奥罗,这种做法维持了很多年。直到1877年,才有两名阿拉伯人在不惊动布干达的情况下从卡拉格韦到达布尼奥罗。不过,尼奥罗人在19世纪60年代时就已经去卡弗罗卖象牙了。在从海岸商人那里获利这一点上,尼奥罗人不像干达人那么急切,但显然比其他国家更积极。直到1878年,商人仍然进不了安科尔,到1885年才有桑给巴尔商人可以去那;卢旺达人则总是对外来人表示敌视,格兰特和斯坦利当时就发现,阿拉伯人都在抱怨卢旺达人拒绝他们进入卢旺达王国。③

---

① J. H. Speke, *Journal of the Discovery of the Source of the Nile*, London, 1863, 187; J. M. Gray (ed.), "The Diaries of Emin Pasha [hereinafter D. E. P.]-Extracts III", *Uganda Journal*, 26, 1962, 80; R. P. Ashe, *Two Kings of Uganda*, London, 1889, 39.
② Burton (1860), II, 193.
③ Schweinfurth (1888), 67, 115; Speke (1863), 242; "D. E. P.-Extracts III", *Uganda Journal*, 26, 1962, 85; "D.E.P.-Extracts V", *Uganda Journal*, 27, 1963, 11; Grant (1864), 161; Stanley (1878), I, 454.

桑给巴尔商人似乎对他们的力量和地位认识很清醒。当一个王国禁止他们进入时，他们就会遵守禁令。他们面对的是一个成熟的国家体系，这个国家体系总是相信自己能够掌控长途贸易的社会和经济影响。而海岸来的商人，由于人数少、远离根据地、装备弱，也无力改变现状，他们只能希求相应统治者的接受和保护。19 世纪 50 年代，他们曾被排除在布干达之外，按照 J. A. 罗韦（J. A. Rowe）的说法，这应该不是惩罚，而是苏纳死后的一种阻止外部介入的临时禁令，一旦穆特萨地位稳固，那么对外交往就会恢复如前。① 湖区的统治者们总是紧盯着阿拉伯人，要求他们在自己眼皮底下的首都或者周边地区活动，比如像姆帕拉-尼亚莫加、鲁巴加和卡弗罗这些地方。而且，阿拉伯人主要是与统治者而不是统治者的臣民做生意。阿明说，在布尼奥罗和布干达，惯例是每个商人要把一半的商品给统治者，然后在离开时可以获取象牙回赠，同时他还可以获得指定的住房、田园和给养。因此，尽管桑给巴尔商人在商业上的力量很强，但他们很少尝试施加政治影响。但当决定性的机会来临时，桑给巴尔商人也会出手：大概是在 1855 年，卡拉格韦的恩达加拉（Ndagara）去世，桑给巴尔商人帮助鲁马尼卡争位，并贿赂布干达的苏纳，让他协同攻击鲁马尼卡的对手。总体上，海岸的商人更多地是作为统治者庇护的对象。

桑给巴尔商人要从接待他们的东道主那里寻求支持，毕竟从海岸到湖区来做生意是一件成本高并且有风险的事，主要是

---

① J. A. Rowe, "Revolution in Buganda 1856 – 1900: Part One", Wisconsin Ph. D. thesis, 1966, 50, microfilm in Rhodes House Library.

因为搬运成本和为保过路安全的费用比较高。一趟生意能不能回本，就看象牙能搞到多少。不管怎样，象牙在海岸的价格还是非常喜人的，所以桑给巴尔商人总是会想尽办法在内陆搜罗象牙。阿明说，当阿拉伯人与布干达和布尼奥罗的统治者做生意时，他们拿到的象牙在海岸的价值是他们带到内陆的商品的五倍。格兰特在 1862 年到访布干达时，记录了朱马（Jumah）与穆特萨的交易，前者用布匹、铜丝、珠子和两支火绳枪换取了后者的 700 磅象牙、7 名妇女和 50 头奶牛。①

与从东海岸来的商人形成鲜明对比的是 19 世纪 60 年代从北方来的喀土穆商人（Khartoumers），他们的名声不怎么样。格兰特很清楚地看到了桑给巴尔商人和喀土穆商人之间的差异，后者会抢牛来付给搬运工工资和购买象牙，并且拒绝缴付税金。在湖区北部，喀土穆商人带来的影响可以说是毁灭性的。但是他们也有的可以在布尼奥罗得到接待，在卡姆拉西（Kamurasi）统治时期就有喀土穆商人在布尼奥罗。贝克在 1864 年首次到访布尼奥罗时，尼奥罗人对他颇多疑虑，因为就在几个月前，一帮苏丹人制造麻烦，不但辜负了布尼奥罗的好客，还杀了 300 名尼奥罗人。卡姆拉西的儿子卡巴雷加在继位时得到了喀土穆商人的帮助，但他后来也被喀土穆商人搞得不胜其烦。后来，马赫迪运动（Mahdists）打击了喀土穆商人，才使形势有所好转。②

---

① Schweinfurth（1888），115；Grant（1864），163.
② Grant（1864），163-164；Baker（1866），II，24；S. W. Baker，*Ismailia*，2 vols.，London，1874，II，138.

给经济增长带来刺激的是桑给巴尔商人而非喀土穆商人。与东非海岸的直接联系使长途贸易商品加速流入湖区。随着进出口贸易的扩大，本土的贸易也受到了阿拉伯人更加先进的商业实践的激发。下面将对这一进程作一些分析。

从非洲人的角度来看，阿拉伯人带来的最明显变化是引入了火器。没有证据表明这一过程是发生在殖民渗透开始的时期。19世纪40年代，海岸来的商人用自己的火器帮助布干达进行了一次对布索加的袭击。卡巴卡之所以把海岸来的商人限制在自己的宫廷，就是为了阻止武器流入布尼奥罗。卢旺达的基格里（Kigeri）与阿拉伯人做生意也是为了获得枪支。到19世纪80年代，湖区的三个强国都有了规模较大的装备火器的部队。

除了枪支外，阿拉伯人还带来了奢侈品。布干达早期进口品中有杯子和盘子，这些商品后来又扩展到湖区其他地方。1880年，阿明发现勺子、玻璃杯和瓷盘已经是尼奥罗人反叛首领姆佩纳（Mupena）不可或缺的配置。棉布在塞马科基罗在位时输入，然后成为干达人统治阶层的常规服装用料。但是，最引人注意的贸易商品是黄铜制和铜制的装饰品，一些平民喜欢这些东西，像约帕尔沃的一些妇女，她们的丈夫们在19世纪60年代时会去卡拉格韦为她们买铜丝。[1] 日常经济也受到影响，主要是因为一些新作物的引入。1862年时，玉米已在布干达有种植；木薯是在1875年，大米则是在三年后。[2]

---

[1] Schweinfurth（1888），284；Kagwa，*Basekabaka*，in M. S. Kiwanuka，"The Traditional History of the Buganda Kingdom"，London Ph. D. thesis，1965，341；Grant（1864），307 – 308.

[2] Grant（1864），237；Stanley（1878），I，383；Schweinfurth（1888），86.

喀土穆商人和桑给巴尔商人的主要目标都是象牙，象牙成为头等重要的商品。在塞马科基罗将象牙运到卡拉格韦换取海岸商品之前，湖区对象牙资源几乎没有什么开发。阿拉伯人进入之初，卡拉格韦以能供给象牙而知名。伯顿在塔波拉听人说，湖区的象牙最白最软，最大最重。后来，桑给巴尔商人开始依赖布尼奥罗和湖区之外的地方供给象牙。阿明在1883年记录说，象牙仍是赤道非洲地区的主要出口商品，很多其他的商品几乎没什么人注意。①

另一项值得一提的出口商品是奴隶。湖区并没有像热带非洲其他地区那样受到奴隶贸易的摧残。即便是喀土穆商人，也并没有英国人说得那么不堪。桑给巴尔商人经常会购买女奴。阿明说，所有从布尼奥罗和布干达往南走的商队都能得到充分的女奴供应，其中希玛女孩最受青睐。但奴隶贸易并非这些商队的主业，而只是他们整个贸易事业的一个并不大的组成部分。1876年，阿赫迈德·本·伊布拉希姆对斯坦利说他在卡弗罗有100名奴隶，对于一个在卡拉格韦待了12年并且有一个定居点在卡拉格韦的人来说，100名奴隶并不多。也就是说，奴隶贸易并没有导致严重的湖区人口外流。②

商品在海岸和内陆之间的流动并不完全掌握在阿拉伯人手中。1870年，布干达的穆特萨派了一支贸易团带着象牙和一头

---

① Kiwanuka (1965), 343; Burton (1860), II, 184; Schweinfurth (1888), 117; For the nineteenth-century ivory trade, see R. W. Beachey, "East Africa Ivory Trade in the Nineteenth Century", *Journal of African History*, 8, 1967, 269–290.

② R. Gray, *History of the Southern Sudan 1839–1889*, Oxford, 1961; Schweinfurth (1888), 116–117; Stanley (1878), I, 453.

年轻的大象去桑给巴尔；两年后，这支贸易团带回了火器、火药、肥皂和酒。此后，布干达又在1877年、1879年和1882年进行了类似的行动。但这种行动并没有受到其他统治者的效仿。非洲人只要在奢侈品的集散方面进行一些组织，就能比较容易地获利。集散网络覆盖的范围肯定是比较广泛的。早在1851年时，苏丹南部腹地的帕里（Pari）就开始得到一些从阿科利人地区转运来的桑给巴尔商品。同样地，象牙开始时也是由非洲人来搜集，然后运到海岸。在布尼奥罗，还出现了一个专业猎象的群体。必须承认的是，一些象牙是通过劫掠获得的，特别是干达人，他们自己并没有多少象牙资源。但还有很多象牙是通过正常的商业途径获得的。尼奥罗人的商队通常会从阿科利人那里换象牙，兰戈人和伊特索人则在一定程度上要靠用象牙来从尼奥罗人手中换取铁器。有时，分发和集中是同一个过程的两个方面。19世纪80年代早期，阿科利人向穆特萨供应象牙，以此获得黄铜制品，他们使用的中间人是里昂加（Rionga），他是卡巴雷加的死对头。

然而，阿拉伯人给非洲人当地贸易带来最深刻的影响是引入了一种以贝壳为形式的货币。贝壳跟早期的贸易商品一道抵达布干达，据说塞马科基罗弄到了不少贝壳，但除非海岸商人定期过来，否则贝壳的数量应该始终有限。1862年，格兰特离开布尼奥罗，那时他相信贝壳是布尼奥罗的"主要硬币"，他还记录了以贝壳为单位的矛头和面粉的价格。但是很难明确地说贝壳到底是在什么时候被接纳为货币的，因为贝壳也会用于装饰，它本身也构成以物易物体系的一个部分。贝克记录自己

1864年在布尼奥罗的经历时说:"每天太阳升起后不久,人们就会听到整个营地传来这样那样的声音,比如:烟草,烟草,两袋珠子或者贝壳;卖牛奶了,卖牛奶了,用珠子或者盐来换;盐换矛头……"最全面并且可能最可信的关于贝壳货币的记录是阿明在1883年的记录。阿明说,在布干达,贝壳货币广泛存在,非常小的交易也会用到贝壳,并且,盐只能用贝壳买。而根据阿明的说法,在布尼奥罗,大部分的人仍然坚持以物易物,即便是在桑给巴尔商人到来之后。数年后,在布尼奥罗待了比较长时间的卡萨蒂也提到了贝壳货币的情况,他说,桑给巴尔的商人极大地推动了土著的商业主动性,贝壳的引入便利并扩大了交易。卡萨蒂对贝壳货币的评价不像阿明那么高,但两个人的记录都表明,在殖民时代开始的前夕,布尼奥罗在货币使用方面已走上了与布干达相同的道路。①

更多的贸易是否带来了生活标准的提高?这还没有确定的答案。因为大部分的贸易掌握在统治者手中,他们会把大量的资源拿来换火器。特别是像象牙这种东西,基本都是由统治者垄断的。在布干达、安科尔和布尼奥罗,国王会从每对象牙中抽一支,并有购买另一支的优先权;似乎只有卡拉格韦的姆卡马不这样做。在布尼奥罗,在贝克去那里的那段时期,没人可以跟土著做生意,所有底下的贸易都被卡姆拉西禁止,只有卡姆拉西一个人可以做生意,独占所有的利益;卡巴雷加费尽心机地阻止贝克力图推动的象牙自由贸易,他直接约来他宫廷的

---

① Kagwa, *Basekabaka*, in Kiwanuka (1965), 341; Grant (1864), 271, 295; Baker (1866), II, 182; Schweinfurth (1888), 114-116; Casati (1891), II, 56.

兰戈人进行象牙交换。① 在布干达，存在着一群商业官僚。卡巴卡有自己的猎象队，他发牛和妇女给他们作报酬。一些特定的酋长担负着为卡巴卡搜集象牙的职责，卡巴卡会专门给他们发枪，塞梅·卡昆古鲁（Semei Kukungulu）最初就是在布杜负责搜集象牙的官员。但是，垄断需要在中央有强有力的控制。在最后的岁月里，由于疾病的原因，穆特萨对各项事务的掌控被削弱，他手下的一些酋长开始自顾自地卖象牙，换取火器和质地优良的布匹。②

贸易增长的政治影响不是本文的研究对象，本文主要关注经济生活。本文业已呈现的画面并不均衡，因为资料并不充分，并且往往还集中于布尼奥罗和布干达，与其他王国相关的资料实在太少。欧洲人的记录描绘了一个本土商业的网络，这一网络与维持性生活的需要关联，但也受到长途贸易的影响。19世纪大湖地区商业发展的历史主要就是这两种元素的互动。一方面，非洲人提供了基础设施，阿拉伯人可以利用其进行商品的集散；另一方面，阿拉伯人有更先进的商业系统，它能拓展传统的贸易。最终形成的商业机构仍然非常粗陋，很容易就会忽视它与后来的乌干达经济发展的关系。在布干达，维持性的模式中已经有了新元素的介入，两个增长点开始显现。首先，职业的猎象者面对着不断减少的资源，更有可能会转型从事其他

---

① Beachey（1967），275；Grant（1864），159；Baker（1866），II，248；Baker（1874），II，251-252；Schweinfurth（1888），113.
② Roscoe（1911），447；M. J. Twaddle, "Politics in Bukedi 1900-1939", London Ph. D. thesis, 1967, 81；Rowe（1966），152.

企业性质的活动,而不是回归农业。更重要的是,干达人的酋长和他们的依附者在尝试了进口的奢侈品之后,就难以再摆脱对这些奢侈品的追求,即便是象牙贸易式微,他们也会想办法去进行其他新形式的生产。1904年后一些农民之所以接受棉花种植,在很大程度上就是干达人自己的选择。阿拉伯人的渗透和随后欧洲人的进入是大湖地区北部经济发展的一个转折点,但非洲人的积极参与不应被忽视,他们绝不仅仅是阿拉伯人、欧洲人和亚洲人活动的背景幕。

第六章

埃塞俄比亚南部

M. 阿比尔（M. Abir）

埃塞俄比亚的传统出口产品包括黄金、象牙、珍贵的皮张、调味料和香料等，这些产品从古代开始就为地中海文明世界的人们所知。早期法老派遣的前往南方的远征队被认为抵达过埃塞俄比亚；而早在公元前时代最后一个千年时，在埃塞俄比亚海岸地区就有外国商人如希腊人、埃及人、阿拉伯人——可能还有印度人——的殖民地或者定居点。大部分的埃塞俄比亚奢侈品来自埃塞俄比亚高原的南部和西部地区，这些地区与埃塞俄比亚北部之间的商队贸易可能在很早以前就已经出现了。从一定程度上来说，埃塞俄比亚北部的阿克苏姆（Axum）及相关城邦的增长和发展要归功于它们是商队贸易的中心，它们控制着连接沿海和内陆的主要贸易路线。

阿克苏姆的贸易活动及其与外部世界的联系可能促成了埃塞俄比亚早期的货币铸造。但对商业发展更重要的是盐被用作货币，它在高原地区的可流通范围要远大于铸币。用盐作货币是非洲的一种普遍现象，这应该主要是因为盐的普遍缺乏，这种缺乏也影响了埃塞俄比亚高原地区。可能是因为这个原因，埃塞俄比亚北部沿海地区的含盐平原成了阿克苏姆人的一项重要财富，它塑造了阿克苏姆人的商业活动，也推动了其与内陆地区的商队贸易。

早期在红海西海岸和亚丁湾的伊斯兰贸易城镇和公国在公元第一个千年的末期开始沿着哈拉尔高原（Harar plateau）进行扩展。这种扩展可能部分地是因为伊斯兰沿海社群想要开辟新的贸易路线，以开发利用南方丰富的贸易资源，同时也绕开当时已陷入混乱的北方基督教地区。公元第二个千年开始时，这种扩展导致了一些伊斯兰素丹国的出现，它们在高原南部的库希特语人群（Kushitic peoples）中建立起来，这些情况得到了地理学家、旅行家和历史学家的记录。尽管这些素丹国和海岸之间有活跃的贸易，但穆斯林学者对这些贸易的发展程度、组织和特征却描述甚少。

12、13世纪，阿克苏姆国家已经崩溃，在埃塞俄比亚北部实施统治的是扎格维王朝（Zagwe Dynasty）。这个库希特人的王朝没有去管高原中部和南部地区，只把精力集中用于统一北方。但是，大约1270年时，新的所罗门王朝（Solomon Dynasty）取代了扎格维王朝。所罗门王朝的力量主要在中部，它在对外关系上比较激进，特别是在针对富裕的南方时。从13世纪到16世纪，所罗门王朝的皇帝们击败并逐渐吞并了一些伊斯兰素丹国和库希特人公国，"万王之王"（the King of Kings）的统治南抵阿巴亚湖（Lake Abbaya），往西北则到埃纳里之外的地方。

尽管基督教埃塞俄比亚成功地征服了南方的大部分地区，并多次击败阿达尔（Adal）的伊斯兰素丹国，但高原地区的商队贸易似乎仍然在很大程度上掌握在穆斯林群体手中。葡萄牙人的记录保留了一些关于这一时期商业活动情况的资料，根据记录，一些大规模的商队会从高原的一个地区到另一个地区。如果说存在商队贸易的范围不及以前的情况，那这种情况应该不是因为埃塞俄比亚缺少对奢侈品和奴隶的需求，而是因为持续的战争和高原地区整个的不安定。作为货币的阿摩勒盐（Amoleh salt）在北方海岸地区的含盐平原地带开采，它可以在高原上的大部分地区流通，向西南可远至达莫特王国（Damot）。在更北一点的锡达马王国（Sidama），盐和铁器可以作为货币，但以物易物要更加普遍。在更遥远的地区，贸易只是以物易物，比如用黄金换牛、珠子和其他进口商品。埃纳里王国在库希特人地区的西南部，它是整个区域的贸易枢纽，因为它不仅能生产奢侈品，还坐落在一个非常有利的地理位置上，这是南方和西方其他可提供商品的地区无法比拟的。16世纪20—50年代间，北方的殖民化进程停止了，南方则遭到伊玛目阿赫马德·格兰（Imām Ahmad Grañ）领导的"圣战"的冲击。格兰的武装人员主要是索马里和阿法尔（Afar）的游牧民，他们在富饶的农业区烧杀抢掠可谓毫不留情，锡达马的经济和商队贸易完全被打乱了。当加拉人入侵时，南方居民与北部居民的商业和文化联系中断了，这对锡达马构成了最后的一击。

整个16、17世纪，加拉人在高原中部的很多地区进行蹂躏。富裕的西南地区也渐渐地被渗透，到18世纪初，埃纳里王国也被征服。加拉牧民不习惯贸易，而且当时的混乱和不安全也不利于商业活动的开展。然而，不能认为埃塞俄比亚高原的商业活动就此完全停止了。不管人还是牛，盐总是需要的，而盐要从沿海地区贩运，于是可能就有人把盐带到加拉人的地区，跟加拉人交换黄金、象牙、香料和奴隶——海岸也总是有这些东西的需求。这种贸易可能是以詹姆斯·布鲁斯（James Bruce）所描述的阿高人（Agaw）和桑加拉人（Shangalla）之间的形式进行：两个国家送自己的孩子到对方国家，然后双方就可以因人质的存在而保持和平，这些孩子之间本身也会出现通婚。然后，相应的家庭就能得到保护，并且处在和平中，贸易就在这样的框架下进行。但是，布鲁斯也说，这种事例很少，因为自然的趋势是人们互相袭击。因此，有人说 18 世纪后半期的红海贸易中埃塞俄比亚部分的贸易可以忽略，这并不奇怪。

到 19 世纪的第二个十年时，埃塞俄比亚的贸易似乎开始恢复，商队又开始向内陆地区推进，以寻找在海岸地区急需的奢侈品。和过去一样，埃塞俄比亚的贸易——特别是商队贸易，实际上是由贾巴提商人——信仰伊斯兰教的埃塞俄比亚商人——掌握，他们跟邻近多个地区的人们在信仰上有共同点。阿姆哈拉（Amhara）和提格雷（Tigre）的基督教社会则总是瞧不起商业活动，也看不上手工业。而且，由于战争不断，奴隶在加拉和锡达马地区总是可以获得，黄金、麝香和象牙则总是短缺。与此同时，由于朝觐的复苏和英国人对东非奴隶贸易的打压，阿拉伯市场对埃塞俄比亚奴隶——特别是年轻女奴——的需求大增。基督教商人因为不得从事奴隶贸易，所以也没办法在内陆市场上与埃塞俄比亚穆斯林竞争；而在海岸，他们也没有优势，因为那里的穆斯林统治者和穆斯林商人总是倾向于与同信仰的人做生意。

在中部高原地区，从 18 世纪末开始，新的绍阿王国（Showa）的统治者逐渐地将一些连接南方的重要的商队贸易路线和市场纳入了自己的控制。除了会保证商人的生命和财产安全之外，绍阿的统治者还会给到访的外国商人以特殊待遇。但同时，从北方、哈拉尔和海岸来的商人也不许越过王国指定的市场的范围，因为一些地方不得不留给来自南方和西南方的加拉人和锡达马人，这些人自己并不会去往海岸。在这种框架之下，绍阿在 19 世纪时成功地成为一个重要的贸易中心，它从贸易中获得的税收成倍增长。利用这些税收，绍阿统治者从商人手中购买火器，加强自己的国家，最终在 19 世纪末成长为新埃塞俄比亚帝国的中心。绍阿王国不但推动了锡达马和加拉之间商队贸易的发展，还促进了高原南部加拉和锡达马商业阶层的形成。

然而，埃塞俄比亚西南部本身的商队贸易发展情况却是另一番景象。19 世纪初，这一地区分裂为多个加拉人和锡达马人的公国和部落，这些实体对贸易、商队和外国商人的态度各不相同。游牧的加拉人部落正在逐渐地转变为农民，它们仍然不是很习惯贸易，总是带着很深的疑虑去看待那些经过他们地区的商队。如果商队被允许穿过加拉人地区，那是因为加拉人垂涎商队所携带的商品。加拉人诸部落缺少中央权威，再加上其所在地区本身的混乱和持续的战争，商业的发展面临很大的障碍,尽管这里曾是高原最富足的一个地区。通过加拉人地区的商队一定要有足够的耐心,要承受长达数月的被迫盘桓,要向不同的保护人和沿路不同的部族送礼。但即便是做到了这些,一个商队也还是有可能在没有明显来由的情况下被洗劫或者被扫地出门。由于这种不安全的情况,开始时只有一些特别敢冒险的人组成小规模的商队进入加拉人地区。然而,相应的利润也是很高的,贾巴提商人在这一片地区的贸易还是逐渐发展起来。

19世纪初,迪德萨(Didesa)和吉贝(Gibe)之间的地区开始出现一些加拉人王国,而这里是出产埃塞俄比亚奢侈品的重要区域。这些王国的崛起无疑是长期复杂社会变迁的结果,加拉人实体从带有民主性的组织转变为有专制君主的结构对这一地区的贸易发展至关重要。在这种背景下,外部世界对埃塞俄比亚的商品的需求开始上升,贾巴提商人开始越来越多地进入这一地区。有证据表明,外国商人在加拉人诸王国所受的待遇从总体上来看还是比较好的。一些统治者还会破例采取一些措施吸引商人,不久后,一些商人集中的村庄开始出现并逐渐成为埃塞俄比亚西南部的重要市场。像卡法的伯恩加(Bonga)、埃纳里的萨卡(Sakka)和吉马(Jimma)的吉伦(Jiren)这样的地方,成了商队商人在整个区域开拓贸易的中心。

加拉人地区的外国商人和邻近加拉人地区的阿姆哈拉诸市场带来了外部世界对高原南部产品需求的上升,并且也不出所料地推动了对相关贸易商品的生产和搜集活动。越来越多的人——大部分是奴隶——被投入产金区域的河流淘金生产中。猎象，在过去主要是一种凸显勇武的活动，这个时候开始越来越多地成为一种职业，特别是在火器引入之后。象牙开始得到仔细的搜集。而以前在一些偏远的地方，象牙就是没人搭理的东西。像咖啡和香菜这些长在荒野里的东西，这时也开始有人专门进行种植，然后卖给过往的商人。在之前，会时不时有人从麝猫居住的岩穴中搜集麝猫的香，这时已发展成一个专门的产业。猎人会捕捉雄性的麝猫，交给专门的麝猫农场进行养殖。在这些农场中，麝猫被装在特别搭建的笼子里，有人每天喂食，并用一种特殊的方法获取麝香，每天能获得量不多但很珍贵的麝香。贸易的增长给当地的统治者带来了好处。一些统治者通过实施黄金、象牙和其他产品的垄断来获利，或者也可以通过做大型的咖啡、香菜和其他农产品的种植园主来赚钱。

随着从贸易和资源中获利的增长，加拉人的一些统治者开始积累多种财富。一部分财富会被用来经营与邻邦、当地要人和知名武士的关系，还有一部分财富会被用来维持一支小规模的常备军和一队从北方雇来的火枪手。其中，火枪手是每个统治者荣耀的象征。然而，大部分新获得的财富还是会被用来扩大和建设统治者的王廷和宫室。也就是在这一时期，一个工匠群体发展起来，他们主要受统治者雇佣，为统治者生产产品。当一个加拉人国王越来越依赖从贸易中获得收入并且对外国的精致物品越来越沉迷时，他就会越来越意识到把自己的国家变成一个贸易中心的重要性，越来越意识到要防止商业利益流向自己的对手。最终，加拉人的国王开始禁止进入他的国家的外国商人去别的国家，就像一些锡达马统治者做的那样。

对南方产品需求增长的另一个重要后果是加拉人商人阶层的兴起，这个商人阶层被称作"阿夫卡拉"。阿夫卡拉人中有很多人以前是北方商人的奴隶或者仆人，但是也有一些是这类人的儿子。按照加拉人和锡达马人的习惯，这类人的儿子已不再是奴隶或者仆人。新一代的这些人大都出生在混乱岁月之后，加拉人都已经组织了起来，一些人发现自己被排除在传统的部落组织之外，地位低下，在牲畜和土地方面没有多少权利，可能就是因为这些原因，他们开始转向贸易领域。

尽管大部分阿夫卡拉商人的资本比较有限，但他们有一项最重要的"资产"，那就是他们所属的国家以及他们在相关地区的亲族网络和人脉联系。他们可以很便捷地从一个地方到另一个地方，可以去那些非常偏远的市场。在旅途中，他们可以住在亲族那里，并受他们保护。阿夫卡拉商人所需的开支可以得到很大的压缩，并且他们会去采购一些贾巴提商人不关注的商品。实际上，有限规模的商业使阿夫卡拉商人可以在市场上快速完成交易，当货物售罄后，他们马上可以到南方的主要商业中心或者阿姆哈拉地区边境的市场上去进货。贾巴提商人往往是每个季节只能去一趟西南方的市场，如果货物再多一点的话，他们可能需要两个乃至更多的季度来进行消化，而阿夫卡拉商人在一年可以往北方的市场跑好几个来回。

很快，贾巴提商人就感受到了阿夫卡拉商人的竞争力，以至于他们不得不把自己的活动集中到西南方的一些更重要的贸易中心。19世纪中期，大部分在南方市场和阿姆哈拉边区市场之间行商的队伍似乎都是由阿夫卡拉商人组织的,尽管在重要性上这些商队可能还有所欠缺。较大规模贸易中的大头仍然由贾巴提商人掌控,他们有的就常驻在西南地区最重要的几个商业中心。

在大部分的加拉人王国和公国中,外国商队商人一般都会受到欢迎,但在埃塞俄比亚南部的锡达马却并非如此。锡达马受到加拉人移民的挤压后,商业活动和商队贸易都受到限制。不过,锡达马和哈拉尔之间、锡达马各公国之间、锡达马与南方和西南方的非库希特语族群之间的贸易仍然在持续。当与北方的贸易在19世纪重开时,锡达马商人并不甘心把贸易的机会拱手让给北方的新入者。在这方面,锡达马人得到了绍阿的统治者和一些加拉人公国的支持,后者不许外国商人越出他们的地区。晚至19世纪50年代至70年代中,埃塞俄比亚北方的商业系统仍无法直接地进入绍阿和奥莫河(Omo River)上游之外的地方,绍阿和奥莫河上游地区可以说成了埃塞俄比亚阿摩勒盐货币扩散的南方界线,这种局面一直维持到19世纪末。

直到19世纪80年代,访问埃塞俄比亚中部的欧洲旅行者仍无法从贾巴提商人那里获得很多关于锡达马的信息,贾巴提商人本身也成了一个阻隔。然而,去往高原地区中部市场的贾巴提商人和加拉商人会提供一些信息,他们也会作为外国商人去往那里,发现那里除他们之外还有另外一些外国商人。一些商人据说是从苏丹方向过来,还有一些商人则是从印度洋方向过来,但相同的是他们都是乘船沿河而来。学者查尔斯·比克(Charles Beke)在19世纪40年代时访问了绍阿和戈贾姆

(Gojjam)。他从贾巴提商人那里获得了一些说南方贸易繁荣的信息，他以此认为埃塞俄比亚南部与印度洋有直接的商业联系。① 他的看法主要是基于在遥远的南方人们使用粉状盐这一事实，这种粉状盐据说是来自大海的岸边。当时还有一些欧洲人认为，奥莫河的上游实际上是朱巴河（Juba）的上游，索马里人通过这条水路与埃塞俄比亚南部开展贸易。索马里人的贸易活动范围广泛，19 世纪中期到访东非地区的欧洲人都有见闻，因此人们更加确信埃塞俄比亚南部与印度洋海岸直接联系这一说法。

但索马里商队的情况，人们仍知之甚少。巴纳迪尔海岸城镇（Banadir towns）的索马里商人和阿拉伯商人并没有关于与埃塞俄比亚南部有贸易往来的记录，葡萄牙人因为没有能在索马里海岸立足，因此也几乎没有提及这方面的情况。耶稣会士在 16 世纪时就曾尝试进入埃塞俄比亚，他们在果阿（Goa）时听人说起巴纳迪尔海岸与埃塞俄比亚南部有商业联系。然而，后来有两名耶稣会士按这个方向进入了埃塞俄比亚，发现并没有之前所说的商业联系。有可能的是，在阿赫马德·格兰"圣战"之前，这种商业联系确实不存在，直到后来哈迪亚王国（Hadya）的影响扩展到可能远至摩加迪沙（Mogadishu）的地方，这种联系才真正出现。然而，就算是埃塞俄比亚南部与印度洋海岸有直接联系，这种联系可能也被加拉人的入侵打断了。

大约在 19 世纪中期，欧洲的传教士、旅行家和政府代表听

---

① C. T. Beke, *On the Countries South of Abyssinia*, London, 1843, 11.

到了一些关于巴纳迪尔海岸商人的消息，他们主要来自布拉瓦（Brawa）和摩加迪沙；此外还有内地的索马里部落民，这些人积极参与长途贸易，在现在的肯尼亚的北部和埃塞俄比亚的南部非常活跃。① 19 世纪 40 年代时，纪兰（Commandant Guillain）从一些巴纳迪尔商人那里获得了关于内陆地区居民和国度的信息，信息中提到了兰迪尔（Randile）、博拉纳（Borana）、阿马罗（Amarro）和孔索（Konso），这些地方属于巴里（Bali）和古拉格（Gurage）地区；此外，还有下奥莫河地区的克雷（Kere）。19 世纪 50 年代，一位名叫莱昂·德斯·阿方谢雷斯（Léon des Avanchères）的天主教传教士在巴纳迪尔海岸搜集到了一些关于内陆广大地区情况的信息，有人甚至还跟他说了一条连接海岸和埃塞俄比亚西南部的卡法的贸易路线的详细情况。② 另一位欧洲传教士查尔斯·纽（Charles New）则从到过肯尼亚北部马萨比特附近的雷亚（Reya）的桑给巴尔商人口中得知，远至鲁道夫湖（Lake Rudolf）的整个地区，索马里商人曾一度频繁光顾，而这些索马里商人据说就是来自布拉瓦。③

詹姆斯·克里斯蒂（James Christie）将 1869 年 10 月在东非海岸爆发的霍乱的源头归于 1866 年 7 月在德布拉塔博尔

---

① Indian Office, Lantern Gallery, 209, 2336, Christopher, 8. 5. 1843; L. Krapf, *Travels and Missionary Labours in East Africa*, London, 1860, 112; C. New, *Life, Wanderings, and Labours in East Africa*, London, 1847, 460; R. F. Burton, *Zanzibar: City, Island and Coast*, London, 1872, II, 45 – 46; C. Guillain, *Documents sur l'Histoire, la Géographie*, etc., Paris, 1856, II, 173, 175 – 176; Léon des Avanchères, *B. S. G.*, letters from 1857 and 1858.
② Guillain (1856), II, 534, 537; III, 45, 51, 53; Avenchères, *B. S. G.*, 17, from 1859.
③ New (1847), 460.

（Debra Tabor）爆发的霍乱，从上面的证据来看，这种说法并非无的放矢。克里斯蒂认为，在索马里和埃塞俄比亚西南部的埃纳里之间存在直接并且经常性的贸易联系，1869年在博兰（Boran）爆发的疫病就是由索马里人带至的，然后又从那里被马赛人流动武装带到东非海岸。① 不过，克里斯蒂的观点并不是很有说服力。首先，认为一种传染病花三年多的时间从埃塞俄比亚传到东非海岸，这让人觉得难以理解，特别是在埃塞俄比亚西南部和索马里海岸之间存在广泛的商业联系的情况下；其次，克里斯蒂似乎忽略了与埃塞俄比亚商队贸易相关的一些基本事实，比如季节和路线。

实际上，是欧洲旅行者的无知导致了他们相信巴纳迪尔海岸商人去到了远至卡法和鲁道夫湖之外的地方。当人们看到桑给巴尔贸易体系从海岸扩展到远至坦噶尼喀湖之外的非洲内陆地区这一事实时，就会想当然地认为在巴纳迪尔和埃塞俄比亚之间也是这样。确实，有多种资料显示，在巴里有索马里商人，在远至阿卢斯加拉（Arussi Galla）的地方和现在的肯尼亚北部也有。但这些资料同样也强调了索马里商人受到博拉纳的阻挡，无法深入内地，并且阿尔伯雷（Arbore）、孔索、阿卢斯等还一道反对索马里商人进入他们的地区。

巴纳迪尔海岸商人的贸易活动可能与19世纪前东非海岸商人的情况相似。海岸城镇与内陆之间可能有一个本土的中介接力系统，这个系统一环扣一环地将遥远内陆的商品送至海岸。

---

① J. Christie, *Cholera Epidemics in East Africa*, London, 1876, 169, 191, 233.

然而，最大的区别在于，巴纳迪尔海岸城镇的索马里人和阿拉伯人之间有持续的紧密联系，再加上索马里部落民在这一地区的政治控制，使得内陆地区的索马里游牧民中出现了一个比较发达的贸易体系，一些贸易中心在沿河地带和贸易路线上的具有地利的地点发展起来。在像朱巴河畔的巴尔德拉（Bardera）和卢赫（Lugh）这样的中心地方，商队被组织起来，然后去往内陆的各个地方或者海岸；另一方面，从内陆出来的商人也在这里与从海岸来的商人和当地的商人碰头。在卢赫，索马里人的商业体系已经发展得非常复杂，那里已经有高度发达的度量衡系统，可以借贷，有路子可以绕过伊斯兰教法对借贷利息的限制性规定；商人还可以跟一些商队签订书面合同，让后者带着货物去往内地；此外，当地的法庭还可以审理商业纠纷。卢赫的统治者和贵族努力地在他们的镇子上发展贸易。他们很少直接地参与商队贸易，因为有专门的商队在；但是，他们会实施强制但有规范的中介垄断。巴纳迪尔海岸城镇的商人派遣商队进入内地，这些商队往往只会走到索马里部落民控制的贸易中心。海岸商人也会时不时地跟着商队一起行动，途中会在像卢赫和巴尔德拉这样的地方停驻。不过，大部分情况下，商人会把商品交付给自己信得过的奴隶或者专业的索马里部落商队首领，让他们去组织商队并负责具体的行商。

今天的肯尼亚北部和埃塞俄比亚东南部的贸易主要是掌握在一些索马里部落手中，其中最有名的应该是贾拉（Gara），他们控制着卢赫和内陆地区之间的商队贸易。贾拉人之所以参与商队贸易，就像哈维亚人（Hawiya）和其他一些索马里人群体一样，可能是因为他们分布在从巴纳迪尔海岸到古纳纳河（Gunana）和舍贝利河（Shebeli）一带，本身就处在商业网络之中；而且，贾拉人还有其他索马里部落和加拉人通婚，这也有利于商队贸易的开展。索马里人进入古纳纳河和舍贝利河之间的地区应该是在 18 世纪开始后，但到 19 世纪时，索马里人已经成为这一地区的主人。索马里人的游商充分利用了他们的人脉，但他们进入内陆的深度仍有赖于其他族群是否允许他们穿越自己的地区，还要看沿路水源供给的情况。这些因素的存在，使得索马里人的主要活动区域只能局限在古纳纳河和舍贝利河的上游地方，尽管他们贸易活动的触角也可以伸到东埃塞俄比亚的南部和锡达马湖区的东南部。埃塞俄比亚南部的本地商人非常急切地要控制贸易机会，他们不许索马里竞争者往西越过他们的地区。因此，索马里人游商只能待在博拉纳或者巴里，等着博拉纳、孔索、阿尔伯雷和锡达莫（Sidamo）的商人过来，这些商人在西边、南边和锡达马湖区西南搜集象牙和各种奢侈品，然后带来找索马里商人。

  海外贸易——尤其是与阿拉伯地区关联的海外贸易，对索马里人有明显的影响。这并不是突兀出现的，而是有一个连续的过程，这一过程极大地影响了索马里人的社会和文化。另一方面，由索马里人传导到加拉人地区的海外贸易的影响却难以确定。加拉人在打入埃塞俄比亚高原地区后，并没有从事超出基本的以物易物之外的贸易活动；但到了 19 世纪后，有充分的证据表明博拉纳的加拉人已成为在埃塞俄比亚南部运作的索马里人商队体系和贸易体系之间的联系节点；到 19 世纪末，博拉纳人的语言已成为卢赫地区的通行商业语言。

起初，博拉纳人利用了他们地区的盐资源，用他们的盐与邻近的居民交换农产品等。19世纪时，博拉纳的盐和苏打不仅在埃塞俄比亚南部有售，还远销至巴纳迪尔海岸，那里的人和牛都要消耗盐。前面提及的旅行者说埃塞俄比亚南部的盐来自印度洋的以讹传讹说法，可能就是出于此。很早以前，博拉纳的人们可能就已经意识到了他们所在地方的地理优势，它可以作为印度洋海岸和埃塞俄比亚南部资源丰富地区之间商队贸易的中转站。最开始时，博拉纳人可能只是从商队收取过路费，后来他们自己也投身到贸易中。这一转换的出现可能是因为孔索、阿马罗和博拉纳之间长期存在的特殊关系。

这种特殊关系仍然存在于博拉纳人和孔索人之间，它源于博拉纳人需要孔索人的服务和产品而孔索人有赖于博拉纳人的支持，孔索人需要博拉纳人供给盐，还依靠博拉纳人帮他们分销商品。博拉纳人的口述资料提及，孔索人在饥荒时会用他们的孩子来换肉食和动物产品，这些孩子会被吸纳进博拉纳人的社会。很多博拉纳人娶孔索人为妻，孔索人的工匠也生活在博拉纳人社会中。

随着对埃塞俄比亚南部产品需求的上升，索马里商人的活动变得更加密集。19世纪末，博拉纳人忙于从相邻地区搜集象牙、奴隶和其他产品。而且，博拉纳人在这一时期还被允许派商队进入卢赫，而索马里人的商队也获准进入博拉纳人的地区做生意。

博拉纳人参与内陆地区贸易在19世纪之前就已经开始，这给博拉纳社会和博拉纳人的生活方式带来了显著的影响，除了一些博拉纳部落民也偶尔从事小规模的贸易活动，还有其他影响。以巴纳迪尔海岸城镇为基础的商队活动到底有没有改变贸易的模式、有没有影响埃塞俄比亚南部内陆地区不同居民群体的生活，这还需要进一步论证。索马里人的商队并没有到达锡达马湖区，并不能对锡达马人和邻近的加拉人施加直接的影响。而且，在19世纪的前半段，锡达马和加拉人地区的贸易体系已经越来越多地与贾巴提商人的贸易体系相关联，而不是与索马里商人的贸易体系。事实上，巴纳迪尔海岸港口从来不是锡达马人和加拉人（除博拉纳的加拉人外）奴隶的主要输出口。

北方基督教群体或者海岸穆斯林在埃塞俄比亚最南端地区的社会、文化和经济影响都比较有限。在这片偏远的地区，高原逐渐下降，向鲁道夫湖周边肥沃的火山地质区延伸，这里部分是沙漠，部分是稀树草原，部分是沼泽地，还有部分是森林和丛林。在这里生活着很多小的族群，他们直到19世纪后半期时也仍然处在几乎完全与外部世界隔绝的状态，也因此在很大程度上保留了他们的古老文化。这里的一些人可以被归为狩猎者和采集者，一些人从事比较原始的农业，还有一些人则是游牧民。比较突出的例外是孔索人、阿马罗人和布尔吉人（Burji），他们有相对较复杂的物质文化和精神文化，是埃塞俄比亚南部边缘地区最勤奋也最引人注目的群体，已经超越了当地维持性经济和以物易物的层次；他们有高度发达的因地而成的农业，能出产谷物、棉花、咖啡和烟草，这些产品能够满足他们自己的生活需要，剩余部分可以用来与邻人开展贸易；他们在建筑、编织和金属制造方面也很突出。直到最近的时代，孔索人的铁匠仍然能向博拉纳人等群体供应铁制器皿和武器，孔索人织的布也受到博拉纳人青睐，被他们用来做仪式服装。

　　从古代开始，这一地区就有狩猎者、种植者和游牧者之间的基本物品的交换。有证据表明，在19世纪之前，一些偏远和极端贫穷的地区也会有小规模的商队贸易。这种贸易主要是围绕基本物品如食物、家畜、盐和铁展开，也会有一些当地制造的布匹、铁器、装饰品和武器，再就是少量的从外部世界输入的商品。其中，外部世界输入的商品主要包括多种形式的珠子、布匹和铜，而用来换取这些外部世界输入商品的主要是盐，有时会有象牙。然而，这种偏远和贫穷区域的人们的需求非常少，大部分人赤贫或者仅能维持生活，因此相应贸易的规模可能可以忽略不计，它与较大规模的商队贸易体系的关联也极少。进入19世纪后，一些变化发生了，因为索马里人、锡达马人和加拉人加强了商队贸易活动。像斯特芬尼湖（Lake Stephanie）以北的阿尔伯雷这样的部落，很早的时候就已经在参与商队贸易了，到了19世纪则把活动扩展到远至奥莫河下游的区域，在那里求取象牙和其他奢侈品，而这些地方的这些产品以前几乎无人问津。锡达马和加拉的商人还进一步向南，甚至远至鲁道夫湖，以寻取象牙和盐。不过，这些人在新扩展地区的活动常常带有劫掠的性质，而非贸易。

　　埃塞俄比亚南部的商队贸易的推进和影响不仅与外部需求的变化有关，也与当地群体的反应和主要中介方的特征相联系。非洲之角的居民从很早的时候就参与并了解对外贸易，因为他们所在的区域能提供特殊的产品,并且区域本身也靠近旧世界的传统贸易路线。然而,外部的需求本身还不足以支撑进入内陆地区的商队贸易的广泛发展。当地贸易的增长和经济专业化的发展是对外贸易发展的关键,但与外部贸易体系的联系有时也会给参与的群体带来重要的变化,不过这种变化往往也只是加速本就已经开始的社会和经济进程。外部贸易体系的影响程度要看参与商队贸易的商人的文化背景,贾巴提商人的体系更为复杂,他们的影响也更为复杂,而索马里商人的影响则要弱一些。但不管怎样,与外部世界的贸易联系强化了当地已有的商业元素的运动,而在商业元素原本并不突出的地方,则出现了一个新的当地商人阶层。随着与南方的贸易更加有利可图,一些当地的商人开始不愿意让外国商人进入或者穿越相关地区。因此,19世纪伊斯兰教在非洲之角地区的扩展似乎是与索马里商人和贾巴提商人进入埃塞俄比亚南部的进程大致对应的,这一地区南起博拉纳,北至巴里和古拉格,西东两边分别为吉贝和卡法,这里的贸易展现了南方当地贸易群体的主动性和灵活性。贾巴提商人、哈拉尔人、索马里商人的商队不足以挑战博拉纳的锡达马商人,也难以掌控他们一路遇上的群体。苏丹地区的商人可以进入埃塞俄比亚,但不得越过冈达尔(Gondar)和埃塞俄比亚西北部地区,这种状况一直持续到19世纪末。桑给巴尔的商队则要到约1890年时才进抵鲁道夫湖北岸地区。埃塞俄比亚南部的内陆腹地可以说是非洲之角地区商队贸易体系的一个分隔带,它的大门直到19世纪的最后数十年才在阿姆哈拉人南扩的浪潮中被真正打开。

第七章

17、18世纪的卢安果贸易

菲利斯·马丁(Phyllis Martin)

卢安果的维利人(Vili)从16世纪70年代开始就与葡萄牙人进行定期的贸易。尽管葡萄牙商人可能在此之前就已经到访过卢安果,但他们似乎主要是在刚果河以南的刚果王国和恩东戈王国活动。1576年,罗安达建立,卢安果和罗安达之间开始定期贸易。葡萄牙船只带着布匹、毛毯、镜子和珠子等欧洲制造商品去往卢安果。维利人用象牙、象尾、棕榈布、红木和皮张来与葡萄牙人交换,这些产品,再加上铜,到17世纪上半叶时仍是卢安果的主要出口物。

从卢安果输出的最重要的商品是象牙,它先被送到罗安达,然后再运往欧洲。而高质量的维利棕榈布、红木和象尾则是为了跟另外地方的非洲人交换。为了从罗安达以东的姆邦杜人地区购买奴隶,既需要欧洲商品,也需要用于当地贸易的产品。在非洲产品中,马云巴(Mayumba)的红木和卢安果的布匹的需求似乎最为旺盛。特别是棕榈布,葡萄牙人用它给付在内陆堡垒——比如马桑加诺（Massangano）——的驻军的薪水，那里的驻军可以用棕榈布跟当地人交换食物和其他给养。每年会有两三艘船从罗安达到卢安果，带回 6 000—7 000 匹棕榈布。用于贸易的红木主要来自卢安果北部的两个地区：塞特卡马（Sette-Cama）和马云巴。红木被葡萄牙人称作"塔库拉"（tacula），它在从圣凯瑟琳角（Cape Saint Catherine）到本格拉（Benguela）的海岸地区有很大的需求。红木可以在恩戈约（Ngoyo）交换棕榈布，在刚果河口地区交换象牙，或者带到罗安达去交换奴隶。

16 世纪末，荷兰人到来，卢安果的对外贸易开始进一步延伸。17 世纪初，荷兰人在卢安果湾和马云巴设立了商站，这是当地的两个主要港口。荷兰商人在卡刚果（Kakongo）和恩戈约也非常活跃，这是卢安果的两个南邻，它们位于刚果河北岸的沿海地区。葡萄牙人在卢安果的贸易在层级上仍然次于刚果和安哥拉，而对荷兰人来说，卢安果是他们在中西部非洲的中心。

和葡萄牙人一样，荷兰人也参与了当地的棕榈布和红木贸易，但他们的主要关注点仍然是象牙。皮特·范·登·布洛克（Pieter van den Broecke）在 1608 年至 1612 年间三次到访卢安果，他估计在这期间荷兰商人每年会带走约 50 000 磅象牙。同时，他对在卢安果看到的质地优良的红铜印象深刻。① 尽管当时荷兰人似乎并没有意识到将这些红铜输到欧洲的商业价值，

---

① P. Broecke, *Reisen naar West Afrika*（1605–1614）, ed. K. Ratelband, The Hague, 1950, 64, 70.

但 10 年后，情况就改变了。到 17 世纪 20 年代，铜已成为卢安果的主要出口物之一。

卢安果的对外贸易联系由葡萄牙人在 16 世纪末开辟，然后在 17 世纪上半叶时得到荷兰人的推动扩展，对外贸易的发展刺激了维利人的经济。然而，对外贸易的扩张似乎只是使维利人已有的贸易活动进一步加强，并不是带来了一种全新的贸易模式。

首先，欧洲人在卢安果交换的产品是已有的传统商业的一部分，它们早就在当地流通。安德鲁·巴特尔（Andrew Battel）在 16 世纪末书写的记录中描绘了卢安果首都布阿利（Buali）的市场："每天都有一个盛大的集市，从 12 点开始。这里有一个卖晒干的棕榈布的大商店，棕榈布是主要商品；还有一个大杂货店，出售粮食、肉、鸡、酒、油和玉米。这里也有质量非常好的原木，可以用来制染料，此外还有铜制的环镯。同样，这里也有一个象牙大商店。"①

尽管这一记录是在葡萄牙开始在卢安果发展定期贸易之后约 20 年，但似乎也有理由认为这样的市场在与欧洲人有较多联系之前就已经存在了。棕榈布制造业对布匹和货币的供应都很重要。布匹传统上会从质量和类型上进行标准化的规定，一般有四种。象尾毛和铜环很受青睐，它们可以用来制作首饰。铜是财富的象征，维利妇女会佩戴最重达 14 磅的铜环。象牙被用作个人装饰、乐器、刀具以及宗教仪式用品。红木在维利人的生活中很重要，它可以用来制作染料和化妆品。

---

① A. Battell, *The Strange Adventures of Andrew Battell in Angola and the Adjoining Regions*, ed. E. Ravenstein, London, 1901, 43 – 44.

尽管农业仍是经济的基础，但卢安果的维利人16世纪末就已经发展起了一套超越维持性经济的商业体系。根据一些口述资料的说法，维利人最开始是从刚果人中分离出来的农民，而分离的原因是土地短缺。他们穿过马永贝地区（Mayombe），定居在基韦鲁河（Kwilu）和奇卢安果河（Chiloango）之间的沿海平原。这一进程基本上可以肯定发生在13或者14世纪。卢安果的维利人王国在16世纪时已有长足的发展并巩固下来，这一发展巩固的进程伴随着经济的扩张与专业化。这种专业化可能表现在区域性生产专业化和行业分工两方面。卢安果的一些地方会以某些特定的产品而知名。前面关于布阿利市场的记录表明，一些组织已经发展起来，它们有的从事运输，有的则在中央市场上从事交换，涉及的产品包括从塞特卡马和马云巴来的红木和象牙、从卢安果蒙戈（Loangomongo）来的棕榈油、从沿海地区来的鱼和盐。此外，还有从卢安果之外的地方进口的铜，同时还有盐被带到内陆地区。特殊的行业则包括棕榈布制造和铜加工，这两个行业的人士非常受尊重。

棕榈布成为货币似乎也是经济复杂化的一种表现。货币是经济变迁中最重要的一个因素。一种通行的货币——比如卢安果的棕榈布——至少要发挥三种功能。货币首先必须是一种价值标准，能用以衡量不同商品的价值。在卢安果，到16世纪末，商品主要包括铜、象牙和红木，还有盐以及农产品、猎获物和鱼。货币要能作为支付手段，在经济专业化程度日益增强的情况下，这一点尤其重要，象牙搬运工和铁匠助手就需要得到货币的支付。货币还要能使交换便利化。

棕榈布像贝币一样，有一些独特的优势，它相对来说不易损耗，可以进行储存。在布阿利的宫廷里，国王有成屋成屋的财富，包括棕榈布、象牙和铜。这首先说明棕榈布可以作为财富进行储存；其次，国王把最好的棕榈布储存起来，也能发挥价值平抑的作用。卢安果的统治者可能是棕榈布价值的担保者。棕榈布这种本土货币的流通情况已经有人进行过记录和研究，它在卢安果、卡刚果、恩戈约、奔巴（Bemba）等刚果海岸地区、姆邦杜人地区都可以使用。在从罗安达可以比较容易获得贝币的情况下，卢安果棕榈布的广泛流通可以说非常值得注意。棕榈布之所以广受欢迎，质量优良可能是一个原因。17世纪初时，棕榈布可能已是一种"硬通货"，这种评价应该不算夸张。卢安果棕榈布的力量反映了卢安果人的地位，这种地位不仅体现在卢安果内部，可能还体现在整个中西部非洲。

欧洲人到来之前贸易组织发展的一个最典型的例子可能与铜的贸易有关。欧洲人曾记录说，维利人所佩戴的铜制首饰数量可观并且质量优良，这种情况远在他们出口铜这种矿产之前。16世纪末，加蓬河口的荷兰商人也说到姆蓬格韦人（Mpongwe）佩戴大量铜制首饰的情况。[①] 维利的铜来源于博科松戈（Boko Songo）和明多利之间的富金属矿区。17世纪初，这一区域掌握在特克人手中，但到了17世纪末，从刚果河南岸来的刚果恩松迪人（Kongo Nsundi）占领了这块区域。加蓬地区的铜似乎也是来自这一区域。在加蓬没有什么特别突出的产

---

① Paludanus, *Beschrijvinge van de Gantsche Cust van Guinea, Manicongo, etc.*, ed. C. P. Burger and F. Hunger, The Hague, 1934, 7.

铜地，铜可能是经过特克人地区到姆蓬格韦人手中的，或者是通过奥戈韦河（Ogowe）上的商人——更有可能的是通过维利人——带到卢安果，再从卢安果沿着海岸往北贩运。

17世纪60年代，卢安果铜产品的采掘、冶炼、运输和销售都已经有很好的组织，并且都掌握在维利人手中。由铜匠、商人和奴隶组成的大型商队会在9月时节从卢安果出发，前往矿区。奴隶负责将从矿区获得的铜带到冶炼中心，由铜匠冶炼并铸造成型，以便日后往海岸运输。商队会在铜矿区一直待到次年5月，那时旱季已开始，或者有时会出现战争。最终，商队会带着冶铸好的铜回到海岸地区。由于欧洲需求的刺激，这种商队活动的规模到17世纪60年代时已大有扩展。似乎可能的是，铜贸易的组织模式在较早时期也是如此，只不过规模要小一些。占据产铜地的特克人允许维利人进行铜矿开采，但后者会给予其类似矿权税之类的回报，并且维利人还会为特克人带来一些商品，比如盐和红木。

欧洲人对象牙的需求使维利人的对外贸易联系大大扩展。商队贸易继续按照传统的模式进行组织，但商队的数量增加了。商队要跨越逾百英里的距离，所以需要有良好的装备和组织。但目前研究者掌握的资料很少论及17世纪时商队组织的情况；不过，1642年时，维利商人已经在荷兰人中有了业务纯熟的名声，荷兰人称他们在有利可图的地方也总能保持平静。①

只要需求局限于当地，特定地域内的大象数量就能够满

---

① OWIC, 46, Capelle to XIX, March 1642. "OWIC" is Oude West Indische Compagnie, the Hague; "XIX" is Governors of the First (Oude) Dutch West India Company.

足维利人的需要。但随着葡萄牙人和荷兰人所带来的需求急剧增加,邻近地方的象牙资源被消耗殆尽,维利人就不得不去往更深的内陆。16世纪末,马云巴、塞特卡马和马永贝的一些地区仍是主要的象牙供应地。然而,到1642年时,维利人已在特克人的市场上找象牙,维利人的商队还越过刚果河进入刚果王国,并远至罗安达。从卢安果出发,有一条贸易路线通往特克人的市场,它要经过难以穿越的马永贝山区和森林,然后沿着尼亚里谷地和德约谷地(Niari and Djoué valleys)会有一段相对比较好走的路,最后到达斯坦利湖。重量在80磅和90磅之间的象牙会被带回海岸,从事这一活动的商人一般有50人以上。①

17世纪60年代,一个被称作"象牙山"(Mountains of Ivory)的地区成了卢安果象牙贸易的主要供应地。这一地区位于维利人王国和特克人王国的交界地区,具体可能是在今天的奥戈韦河和尼亚里河之间的杜沙鲁山(du Chaillu Mountains)地区。从卢安果海岸出发到内陆象牙产区道阻且长,来回一趟需要三个月。维利人带着成篮的盐、棕榈油、当地制造的刀具、布匹和小物件,他们用这些东西从布卡米尔人(Bukkameale)手中换象牙,这些象牙是俾格米猎人用浸毒的刀猎杀大象获得的。卢安果人似乎与布卡米尔统治者达成了某种协议,可能是因为卢安果人在那里有实实在在的利益。布卡米尔人还为卢安果人的武装提供士兵,可以说是卢安果王国东部边界上的一个

---

① OWIC, 46, Capelle to XIX, March 1642.

很有价值的盟友。另一方面，布卡米尔人也获得了好处，维利人会从遥远的海岸带来盐，然后买走布卡米尔人的象牙。

卢安果人应该是对自己王国的经济事务有很强的控制力，而实施控制的是一个等级制的王室官员架构。六个海岸"省"由国王委任的驻在村、镇和城市的各级官吏控制。这些官吏负责司法事务和贡赋征收。贡赋包括红木、象牙或者食物，依地区而定。当塞特卡马来的商人带着红木到马云巴出售时，他们要向马云巴的行政长官缴纳货值10%的税。在布阿利市场上没有象牙出售，但王室驻地的一些房间里却堆满了象牙，这表明统治者可能实施了垄断，或者至少是对市场有一定的管理规制。显然，卢安果人和他们的贵族们是卢安果繁荣经济的受益者。

卢安果王室权威的力量在早期欧洲人的经历中也有表现。在卢安果湾或者马云巴，必须有王室的同意才能开展贸易。实际上，卢安果人就住在离卢安果湾的主要贸易点不远的地方，在那里做生意的人必须服从他们的指示和安排。在这方面，卢安果人有很大的优势，不像刚果人那样首都在内陆的圣萨尔瓦多（San Salvador）。卢安果人很早就秉行自由贸易的原则，对所有欧洲人开放贸易，这样就使得它可以用荷兰人来制衡葡萄牙人。卢安果人为什么更欢迎荷兰人？其实原因很明显。首先，荷兰人带来了大量的欧洲商品，而葡萄牙人主要是在罗安达开展贸易；其次，卢安果人也看到了刚果王国和恩东戈王国的统治者被葡萄牙人控制的事实，不想自己也落得这种境地。有两件事可以用来说明卢安果人的态度。

临近1608年时，一些葡萄牙军官阴谋害死了卢安果港的几位主要的荷兰商人。维利人被这一举动激怒,一致决定对一名葡萄牙象牙商人进行打击,并让另一人缴纳了一大笔罚款。为了对抗荷兰人的影响,1624 年葡萄牙驻罗安达总督写信给卢安果统治者,要求卢安果关闭荷兰人的商站,只与葡萄牙人做生意。罗安达总督还声称要派传教士去卢安果。卢安果统治者拒绝了传教士,并回复说将平等对待荷兰人和葡萄牙人,与两者都做生意。

1670 年前卢安果贸易的一个显著特征是奴隶贸易的量很小,特别是在与同期的罗安达和 18 世纪的卢安果相比时。最初,葡萄牙人似乎集中精力要开发安哥拉的资源,而荷兰人在 1630 年前并没有占据需要奴隶供应的领地。17 世纪 30 年代,情况发生了变化。1630 年至 1636 年间,荷兰人占据了巴西东北部的佩纳姆布科(Pernambuco)和帕拉伊博(Paraibo),那里的甘蔗产业有巨大的劳动力需求。这时,卢安果就被当作了一个潜在的奴隶供应地。1637 年,荷兰方面向在卢安果的商站派出了一名官员,负责发展奴隶贸易。葡萄牙人似乎也对卢安果开辟奴隶贸易新空间有兴趣。1636 年到 1644 年,葡萄牙官方发出了一张特许证书,支持在安哥拉、刚果和卢安果开展奴隶贸易。

这些举动收效甚微。1639 年,荷兰人代表向西印度公司的管理人员汇报说,在卢安果每年只能获得约 200 名奴隶,在刚果可以获得约 100 名。荷兰人在卢安果的地位高于葡萄牙人,因此葡萄牙人在奴隶贸易方面应该不会比荷兰人做得好。17 世纪 40、50 年代的荷兰货物记录表明,奴隶贸易持续低迷,象牙和铜仍是荷兰与卢安果贸易的主要商品。

考虑到荷兰需求的力量和维利商人精明的事实,人们很容易就会产生疑问:为什么这一时期卢安果的奴隶需求如此弱?显然,卢安果的情况并不支持所谓的"欧洲人带着廉价的制造商品到非洲海岸来换取供应充足的奴隶"这一理论。非洲人的反应绝不是无意识的,至少,在卢安果,贸易明显是由非洲人掌控局面。要确定卢安果统治者的态度和动机并不容易,因为缺少关于这一时期的资料。

可能的是,能供给维利人象牙和铜的地方不能供应奴隶。17世纪中期之前,卢安果内地的人口可能并不是很密集,在马永贝地区和尼亚里河谷的掠奴活动并不是很有成效。17世纪时,进入尼亚里河谷的基本只有刚果人,他们占据了维利人王国和特克人王国之间的地区。维利人要想获得奴隶的话,就要开辟建立新的贸易关系,这需要时间,尤其是在像刚果河以南的地区,进入活动并不容易。不过随着时间推移,到了18世纪时它就成了奴隶的一个主要来源地。从扩展贸易的角度来说,奴隶是一个可与象牙密切关联的商品。

卢安果奴隶贸易不突出的另一种解释是卢安果人反对与欧洲人进行奴隶贸易,而当时他们的力量可以支撑他们的政策原则。刚果河两岸的王国之间有密切的传统联系和商业往来。卢安果的统治者可能也注意到了奴隶贸易对刚果王国的消极影响。一位在卢安果工作的嘉布遣传教士1663年记录说,卢安果人仍有足够的力量对臣民施加控制性影响。[①] 在与欧洲人贸易时,

---

[①] J. B. Labat, *Relation Historique de l'Éthiopie Occidentale*, Paris, 1732, III, 421–425.

卢安果王国政府也能保持主动性。1670 年,卢安果的荷兰人商站仍只被允许在非洲人政府控制的情况下存在,这与黄金海岸的欧洲人可以依靠堡垒发挥作用有所不同。

然而,卢安果的奴隶贸易还是逐渐地增长了起来。17 世纪 60 年代,维利商人已经发现贩卖奴隶比贩卖象牙更有利可图,然后他们从内陆带出来的象牙也开始越来越少。维利人这时可能也逐步加强了与刚果河南岸地区的联系。1651 年时,已有访客定期从圣萨尔瓦多前来。17 世纪 70 年代,在卢安果除了荷兰商人外,英国商人和法国商人也加入了进来,他们的主要活动就是为他们在新世界的殖民地搜罗奴隶。卢安果人可能也发现承受不了外国商人的压力,而最好的应对手段就是顺势而为,不要抵制。

1670 年,荷兰西印度公司在卢安果的商站的年奴隶输出量已达 3 000 人。[①] 1680 年,新成立的皇家非洲公司(Royal Africa Company)的董事对卢安果海岸的贸易前景非常看好,他们讨论了在那里设立商站的可能性。[②] 1686 年,一份法国报告估计称,卢安果的国王每月可以提供 500 名奴隶。[③] 卢安果及其南方邻居进入了一个新的贸易发展阶段。尽管奴隶船继续运送少量的象牙、铜和红木,特别是在马云巴的北部港口,但奴隶已经成为占据支配地位的货品。

18 世纪 40 年代,贸易竞争进入了白热化阶段。1742 年,

---

① GAR, 802, Report on the Trade of the West India Company. "GAR" is Gemeente Archief, Rotterdam.
② T70/78, fos. 113, 114. "T" is Treasury Records, Public Records Office, London.
③ BN, PIII, Div. 2, 12/1. The figures are given on a manuscript map by de Monségur.

法国的一艘船抵达卢安果海岸，发现已经有 14 艘船在那里了，它花了 4 个月的时间才装了 363 名奴隶。① 1749 年，一艘从米德尔堡出发的荷兰船抵达马伦巴（Malemba），发现它不得不面对 18 艘竞争的船只，其中 7 艘在马伦巴，6 艘在卡宾达（Kabinda），5 艘在卢安果。然后，它不得不花了 9 个月才装上 348 名奴隶，更不幸的是，在他们启航往苏里南（Surinam）之前，就已经死了 83 名奴隶。② 除了在"七年战争"（1756—1763 年）期间有所缓和外，奴隶贸易的竞争一直都很激烈。

1765 年至 1775 年间，卢安果海岸停泊 20 艘左右船只已是很正常的情况。如果按平均一艘船装运 400 名奴隶、每趟生意平均需要 6 个月这两个条件来算的话，20 艘船一年能带走 16 000 名奴隶。③ 这可能还是保守估计，因为很多法国船只能装运的奴隶数量远不止 400 人。一份关于法国在卢安果海岸贸易情况的报告称，1762 年至 1778 年间，法国每年贩卖的奴隶数量为 10 000 名，英国的数量为 1 000，荷兰的数量为 1 500。④ 关于法国的估计可能是准确的，但英国和荷兰的数量似乎太低了，特别是从在海岸发现的荷兰船只的数量来看。有学者估计 1786—1787 年法国在卢安果贩卖了 15 000 名奴隶，而该学者认

---

① AMM, 4JJ, 71/35, *Journal of the Flore*. "AMM" is Archives du Ministre de la Marine, Paris.
② MCC, 459, letter from Malemba, 12.2.1749, "MCC" is Middelburgsche Commercie Compagnie, Middelburg.
③ The figure is based on the journals, letters, and account books of the ships of the MCC which visited the Loango Coast in these years.
④ AC, C6/24. "AC" is Archives Coloniales, Paris.

为这只是最低估计。① 18 世纪 70 年代的一份葡萄牙人的报告估计卢安果奴隶贸易每年的数量为 20 000 名,② 另一份给 1789 年在英国召开的奴隶贸易质询委员会的报告则称在卢安果湾、马伦巴和卡宾达的奴隶贸易的数量是 13 000 人到 14 000 人。③ 综合这些数字来看，1765 年至 1790 年间卢安果海岸地区输出的奴隶年平均量应在 14 000 到 18 000 之间。

大部分奴隶由商队从内陆长途跋涉带到海岸。关于卢安果海岸奴隶贸易研究的一个最丰富的资料来源是法国人德格朗热（Degranpré）的一本书，他自己就是一个奴隶商人，在卢安果海岸做了 30 年的生意。德格朗热说，在卢安果、卡刚果和恩戈约的商人既利用 16、17 世纪已有的旧的贸易路线从事铜和象牙的贸易，也注意开发新的贸易路线。

三个港口的奴隶在来源构成上有所不同。卢安果湾的奴隶主要是特克人（Monteques）、马永贝人（Mayombes）和班吉人（Quibangues）；马伦巴的主要是马永贝人和刚果人（Congues）；卡宾达的主要是刚果人、索贡人（Sognes）和蒙东戈人（Mondongues）。④ 然而，这些名称并不一定指代奴隶的确切来源。这些名称可能指代提供奴隶的人，也可能指奴隶从内陆到卢安果海岸一路而来经过的某些区域。比如，马永贝奴

---

① L. Degranpré, *Voyage à la Côte Occidentale d'Afrique ... 1786 et 1787*, Paris, 1801, I, xvii.
② D. Birmingham, *Trade and Conflict in Angola*, Oxford, 1966, 157.
③ E. Donnan, *Documents Illustrative of the Slave-Trade*, Washington, 1931, II, 597 – 598.
④ Degranpré (1801), II, 12 – 13, 25, 37.

隶在卢安果湾和马伦巴最多,但他们不一定就是马永贝地区的居民。人们之所以称他们为马永贝人,是因为到卢安果湾和马伦巴的商队都会经过马永贝地区。同样,很多在马伦巴和卡宾达出售的刚果人也是如此,"刚果人"这一称呼是从刚果河以南地区来的所有奴隶的一个通称,而那些经过刚果人区域到大西洋海岸的奴隶有时也被称作"刚果人"。

很多卢安果的商队会继续沿着旧的贸易路线去斯坦利湖区的特克人市场。在卢安果湾出售的奴隶有四分之一是特克人,有六分之一是班吉人。后一个称呼非常重要,因为它意味着18世纪下半叶时海岸的贸易联系已经深入到了内陆非常遥远的地方。19世纪时,法国探险家溯刚果河而上越过斯坦利湖,发现"布班吉"(Boubangui)一词的指代非常广泛,它可以用来指刚果河、阿利马河(Alima)、桑加河和乌班吉河(Ubangi river)下游等多处河流沿岸的多个不同族群。被称作扬兹人(Bayanzi)、阿普弗鲁人(Apfourou)和班吉人(Bobangi)的多个人群,其实都是更大的班吉人族群的组成部分。他们有很多共同的特征,包括同样的语言、习俗和部落标记。班吉人来源于乌班吉河上游地区,根据他们自己的说法,因为有新的人群进入,他们就被推动着沿河而下。他们也被吸引到刚果河地区,因为那里有一些从特克人那里传过来的欧洲商品。他们持续推进,进至斯坦利湖,扩展到了斯坦利湖流入刚果河的河曲地带,然后特克人在这里遏制住了他们的势头。这件事似乎发生在1840年。从德格朗热的记录来看,到18世纪后半叶时,特克人就已经跟布班吉人有了联系。佩舒尔-勒舍(Pechuel-

Loesche）也发现有证据可以确认到达卢安果海岸的奴隶中有特克人和扬兹人。①

另一条从卢安果出发的贸易路线向东北延伸，越过尼亚里河和西比提（Sibiti）高原后到达亚卡。亚卡人可能是 16 世纪劫掠刚果王国的贾加人的后裔。通过这条路线，可以与奥戈韦河上游和阿利马河上游地区的人发生联系，还可以绕过特克高原到东南面的地区。19 世纪 70 年代，布拉柴（De Brazza）从奥戈韦河上游渡过，到达阿利马河，发现那里的人有从卢安果海岸来的盐、枪支和布匹。为了换这些东西，他们往海岸输送奴隶。还有一条沿着尼扬加河（Nyangariver）的贸易路线延伸到马云巴的海岸地区。从马云巴出发，奴隶商队可以往南到三个主要的港口。尽管奥戈韦河上游和卢安果海岸的这些联系在 19 世纪前没有文献记录，但它们可能在很早以前就已经存在了。布卡米尔这个 17 世纪的象牙供应来源地，可能就是在同样的区域。

18 世纪下半叶，卢安果在奴隶贸易的竞争中败给了卡刚果和恩戈约。德格朗热说，奴隶质量最好、数量最多的地方是在马伦巴。② 18 世纪时，为了垄断在卢安果海岸的贸易，有人进行了一些尝试，英国和葡萄牙先后试图建立堡垒。卡宾达不仅拥有海岸地区最好的港口，并且还靠近刚果河河口，这使它能够在刚果河以南的奴隶贸易中占据有利地位；它离马伦巴也不远，沿着海岸走的话只有几英里。马伦巴和卡宾达贸易的繁荣

---

① E. Pechuel-Loesche, *Volkskunde von Loango*, Stuttgart, 1907, 4.
② Degranpré（1801）, II, 5.

是因为南方的贸易路线经过卡刚果和恩戈约，而它们的统治者禁止商队进一步往北到卢安果。有一条重要的贸易路线从诺基（Nokki）通往圣萨尔瓦多，从刚果河北岸的博马（Boma）很容易进入这条路线。另一种走法是沿刚果河而上，越过伊桑吉拉（Isangila）的叶拉拉（Yellala）瀑布后进入一段可以通航的水域，然后到达马尼扬加（Manyanga）。马永贝人、刚果人、索贡人和蒙东戈人都可以用来指从南方来到马伦巴和卡宾达的奴隶。尽管卢安果国王对此形势不满，但他无力通过武力来让贸易有利于己，只能看着有利可图的贸易落入敌手。到1683年时，从卢安果海岸出发穿过刚果王国的商人到了宽果河（Kwango river）上游西边的姆邦杜人地区。他们引起了葡萄牙人的注意，因为他们用火器和火药交换奴隶。18世纪时，葡萄牙人开始越来越警惕从北方来的商人的活动，因为他们引走了本可以流向罗安达的贸易。一些从南方运到马伦巴和卡宾达的奴隶可能来自远如隆达王国这样的地域。

从卢安果海岸来的商人比罗安达的商人有优势，因为卢安果海岸的英国人、法国人和荷兰人愿意用比葡萄牙人在罗安达更高的价格来进行贸易，而且他们会没有限制地出售火器。将每艘贩奴船在前往非洲航程的货物中的火器比例进行比较的话，我们可以发现，荷兰人会将每个奴隶对应两到三支枪。法国人给的条件比荷兰人更具诱惑力，他们给出的价格是每个奴隶至少三支枪。如果按照每年 14 000 到 18 000 名奴隶来算，那么 18 世纪后半期每年就有约 50 000 支枪被运到卢安果海岸地区。然后，这些枪可能会从卢安果海岸地区扩散到整个中西部非洲。

奴隶贸易商队的组织需要很高的专业化水平。旱季是商队活动的高峰期。商队活动的主要问题是一路的顺利通行，尤其是进入不属于自己势力范围的地方的时候。比如在进入有多个刚果人族群的马永贝，或者在18世纪时已分裂成很多个小酋邦的刚果王国的地区后，商队必须跟很多群体预先达成安排。

如果内陆的酋邦堵住商队的路，那么海岸的奴隶供应就会枯竭。在通过各酋邦的地区或使用某个酋长控制的桥梁时，商队要支付数量不等的报酬，支付多少一般要看商队货物的价值。比如，运送象牙要支付的过路费就非常高。一些酋长会竭力利用自己在贸易路线上的地位，对商队进行盘剥，有的甚至会直接夺取商队的商品。一些酋长会专门针对比较弱势的商队，提出比较苛刻的通过条件。比如，从卢安果海岸到内地要穿越马永贝地区，那里路况差，要沿着山坡行进，还要经过稠密的热带丛林。一旦进入马永贝地区，选择路线的空间就比较小了，相关酋长会借此索要高额的过路费。他们会在路上设置障碍，安排专人看管，发现有商队经过就拦下来收费。渡口是另一个可收费的存在，酋长同样会派人守着收费，通常摆渡的人是出自专门的有传承的家族。

从卢安果海岸出发的商队会有配备枪支的人员护送，但这种做法似乎更多地是为了防范奴隶暴乱逃跑，而不是抵御沿路的敌对者。在没有当地盟友的情况下，卢安果海岸的商队不会靠武力开辟道路。枪支当时在中西部非洲已经比较多，所以想用枪在内陆开路是很愚蠢的事，特别是不在自己势力范围的情况下。商队的安全通行依赖的是商队领袖的能力，他们通常是到过很多地方的人，有相应的知识和智慧。

此外，商队领袖还是谈判专家，并且熟悉沿路各地区的风俗和收费要求等。他们要能和一些很难打交道的酋长谈判，尽管有时要花很多时间；他们要知道在合适的时候不惜以让队伍掉头回去或者宁愿绕另一条路来进行威胁，让某些酋长让步。一些酋长也担心如果太苛刻的话，商队就会不再走他们控制的路线，这样就没法收过路费了。显然，一个有手段的商队领袖是有牌可打的。商队可能面临的另一个问题是搬运工和护卫的不专业，商队领袖必须对他们进行约束，防止他们因受沿路村庄的安逸生活诱惑或对前路艰险的恐惧而开小差。

一旦过路费付给了一位酋长或者酋长的代表，这位酋长就会派一个手下的人在商队前面领路。这个人会摇着酋长的铃铛，护送商队直到进入下一个酋长的地区，这样商队就不会受到干扰，就能通过一个又一个地区。随着贸易的扩展，商队领袖就成了一个高度专业化并且待遇优厚的职业。

奴隶抵达海岸后，如何售卖这些奴隶也有安排。在卢安果湾、马伦巴和卡宾达三个港口，每一个港口都会有专门的行政管理系统，专门处理涉及量很大的奴隶贸易事务。港口的主管官员称为"马弗克"（Mafouk），他由国王任命，职责类似于商务部长，属于王室委员会的重要成员之一。无论是欧洲人方面还是非洲人方面，没有马弗克的同意，贸易都不能进行。欧洲船只在到达港口后，船长必须上岸建立一个临时商站并谈好贸易条件。贸易条件包括奴隶的价格、应付给国王和王室官员的关税、商队商人和欧洲买家之间中间人的中介费额等。在非洲人方面，没有商人会直接与欧洲船长交涉，他们只能通过由马弗克安排的中间人。所有的贸易规定均由国王制定，马弗克必须遵守。

在这种情况下，卢安果的非洲人及他们的邻居们似乎掌握了主动权，特别是在 18 世纪后半叶贸易达到高峰时。这一时期，需求似乎超过了供给，没有哪个欧洲国家能在卢安果海岸建立永久性的基地并垄断贸易。葡萄牙人试图巩固在卡宾达的要塞并垄断贸易，但没有成功，这不仅是因为有法国的敌对，还因为有非洲人的抵制。

法国的记录称，卡宾达的马弗克同意葡萄牙人建一座堡垒，但这只是因为他被葡萄牙人押上了一艘武装舰船并受到了很大的压力，而后面发生的事似乎证明了确实是这样。当葡萄牙士兵建筑堡垒时，卡宾达人进行了消极的抵抗。经纪人、商人和那些为欧洲商人做事的非洲人都逃入了内陆，拒绝与葡萄牙人合作。贸易几乎停止，任何进入堡垒的葡萄牙人都必须冒着生命的危险。次年，一支法国远征队抵达，摧毁了堡垒，卡宾达的马弗克向法国人承诺可以提供 800 名非洲人帮助法国驱逐葡萄牙人，并宣布卡宾达人支持自由贸易。

似乎可能的是，如果类似的情况出现在卢安果和马伦巴的话，非洲人的反应也将会是如此。缺乏永久性基地当然会给欧洲人的工作带来一些困难。在贸易谈判中，时间是一个关键因素。从欧洲到卢安果的航行可能得花二到六个月，如果竞争很激烈的话，一艘船的船长就必须打算好至少得半年才能装一满船的奴隶。不管怎样，如果想要船员和奴隶活过大西洋航程，贸易过程就必须在尽可能短的时间内完成。在这种情况下，欧洲人经常不得不向非洲中间人让步。一些欧洲人会与当地人达成定价协议，但由于竞争的存在，这种定价协议很难维持。总的来说，欧洲商人必须要做好在一个由非洲人占主导地位的贸易体系里开展工作的准备。

欧洲方面的竞争也反映在卢安果的对手崛起这一点上。18世纪末，卢安果对外围地区的控制力大大降低。17世纪初时，卢安果王国可以支配从刚果河到圣凯瑟琳角的整个中西部非洲地区，恩戈约和卡刚果都承认卢安果超强的军事力量，并承认卢安果是它们双方纠纷的仲裁者。但是，两个世纪后，形势却已完全不同。卢安果已衰落不堪，它所控制的范围既比不上卡刚果，也比不上恩戈约。尽管卢安果人仍旧被认为对南方的两个邻居具有宗主权，但卡刚果和恩戈约的国王已不再亲自去卢安果上贡，而只是派一些有王室血统的人去聊表敬意。在北方，马云巴曾一度是卢安果的一个省，但到18世纪末它已经有了自己的统治者。像卡刚果和恩戈约一样，马云巴也只是派代表去卢安果纳贡。

因此，从实际权力来说，卢安果已经萎缩到了海岸的南起卢安果河北至基韦鲁河的一个狭长地带。似乎可以肯定的是，这是奴隶贸易影响的结果。18世纪时，卡刚果和恩戈约在奴隶贸易中获得了比卢安果更多的份额。这给卡刚果和恩戈约带来更多的能力和信心，从而改变了它们对原宗主的态度。同时，卢安果本身也在不断地衰落。它曾试图控制通过马永贝的商队路线，但马永贝酋长却以不再向卢安果效忠来进行回应。尽管马云巴并不是很关注奴隶贸易，但英国人和葡萄牙人的船只仍继续来这里收购象牙和红木。马云巴的统治者发现自己已比较强大，也可以像其他实体那样裂地自立。对于这些臣属的行为，卢安果因为内部的种种问题——部分是由奴隶贸易造成——而无力制约。同时，对外围权威的削弱也引起了内部的不尊重，从而进一步加剧了王国内部的紧张。

奴隶贸易给卢安果王国的政治和社会结构带来了根本性的变化。新的发展和独立的机会削弱了传统的体系，那些依靠传统结构才能保住地位的人无法抵挡新的压力。

17世纪时，卢安果社会的权力似乎是牢牢地掌握在国王和贵族手中的。这些"贵人"或者"土公"在17世纪大部分时间里的地位都非常突出，他们来自一些维利人部落的领导者家族，这些部落联合起来形成了卢安果王国。按母系继承是这一群体的一个特殊之处，只有那些母亲是公主或者父亲是王子的人才拥有传统的特权。

各省和各地区的长官都是由国王从王室中挑选任命，所以他们在维利人社会中既拥有传统的地位，也掌控着行政职位。传统上，平民要在一年中特定的时节在贵族的田地里劳作，就像在国王的田地里劳作那样。贵族以国王的名义掌管司法和搜集贡赋。早期欧洲人与卢安果人之间开展的象牙、红木、铜和棕榈布的贸易，就是在这种体系中运行。因此，在早期与欧洲人的贸易中，获利最多的是国王和贵族。他们拥有巨额的财富，贵族在日常生活中处处模仿国王，生活奢侈，衣着光鲜，养一大帮仆人和奴隶，还心安理得地接受平民的尊重和敬献。在社会的另一端，是自由人和奴隶，但其实自由人和奴隶之间的差别只在于前者可以自由流动。

18 世纪的奴隶贸易规模不小，其主要影响是扩大了政治、经济和社会权力的基础。维利人社会变得更加开放，贵族阶层之外的男性可以找到上升的机会。首先，奴隶贸易的系统涉及的人比传统贸易更多，包括中间人、商人、商队领袖、翻译、小艇驾驶员、运水工、欧洲人的私人仆人等。权力大小的衡量不再只看传统地位，更多地开始与人在奴隶贸易体系中的地位和他通过奴隶贸易获得的财富相关。新的机会打破了贵族和平民的地位分野。在很多情况下，贵族会以中间人和商人的身份参与奴隶贸易。而同时，贫民也能找到机会。甚至一些奴隶都有可能积累财富，他可以先做一个富有的中间人的仆人，然后再利用个人的声望展开自己的业务。理论上来说，一个奴隶仍然是奴隶，但他新获得的财富会给他带来一些保障。

卢安果人可能也对自身的行政体系进行了一些改革，以适应奴隶贸易的要求。17 世纪时，王室委员会最重要的成员是各省长官。然而，到了 18 世纪，这些长官的重要性似乎降低了。王室委员会的主要成员是那些直接与欧洲人打交道者，比如马弗克，还有负责对外事务和在王廷引介陌生人的"曼格瓦"（Mangova）和"曼普图"（Manpoutou）。卢安果国王仍保留任命这些官员的权力，但不再只是委任那些贵族出身者，而是会把油水大的差事交给那些出价最高的人。国王这么做，可能也是为了加强自己的经济地位，毕竟他的很多臣民正在从奴隶贸易中获利乃至致富。当然，国王不会随意提升那些新贵，只有当他们能付给国王很多财富时国王才会给他们位置。一旦坐上一个重要的行政岗位，那些人就会尽可能地利用职位的便利来捞取利益，从平民手中榨取土地、牛和奴隶。

然而，国王也不会输给新贵。他不仅继续保持他的传统地位，还能从奴隶贸易中获得税收收益。每艘在卢安果从事贸易的船的船长或者主管人都要拜访卢安果国王，向他进献价值不菲的礼品。更为重要的是，每艘船都要缴纳一笔钱才可以获得自由贸易权。这些礼品和税金合起来所带来的财富使国王的收入不输于其他人，尽管最有钱的可能是马弗克。不过，国王虽然不穷，但也算不上特别富了，他只是众多富人中的一个。

18世纪末之前，卢安果政府发生的最引人注目的变化与王位继承相关。17世纪，王位继承遵循世袭原则。国王去世后，继位的会是他姐姐或者妹妹的儿子。国王在位时，他的侄子们会受封四个头衔：马尼卡耶（Manikaye）、马尼博克（Manibock）、马尼萨拉格（Manisalag）、马尼卡班古（Manicabango）。到17世纪60年代，王位争夺者中出现了一些摩擦，可能没有哪一个人敢说自己就一定能成功继位。

到了18世纪末，卢安果传统王位继承体系已非常不稳定。国王会委任马尼卡耶为其继承人，但通常会有很多争议。在这种情况下，会有一个由主要大臣组成的摄政委员会来临时接管权力，然后再选一个继位者。摄政委员会把政治权力掌握在自己手中，然后利用王位空位期来为自己谋利。摄政委员会的组成人员中有很多人是拿钱买的职位，奴隶贸易的发展极大地影响着卢安果的政府体系。一些人会通过贿赂来上位。一旦坐上王位，他的传统权威就可以施展出来，他可以根据情况来处置那些把他送上位的人。

可以确定的是，17、18世纪的与外部世界的贸易联系推动了卢安果社会的变化，这种变化并不全是"变坏"，而是体现为一种互动和对新形势的适应。17世纪的卢安果王国是一个有活力的王国，它有能力适应新的贸易联系。在新的贸易联系的影响下，卢安果人在提升经济和社会地位方面有更多的机会和途径。从政治上来说，权力得到了重新分配，传统的国王、贵族和新兴的通过贸易获得政治影响的人士都找到了自己的位置和空间。

卢安果王国中央权威的真正崩溃似乎与19世纪上半叶的一些事件有关。拿破仑战争和反奴隶贸易运动直接导致了卢安果奴隶贸易的衰退，本已被削弱的中央权威又受一击，它已没有能力应对新形势。拿破仑战争后，卢安果的奴隶贸易有所恢复，葡萄牙人、西班牙人、巴西人和美国人又带来了一些机会，但此时已非往日，因为海上出现了打击奴隶贸易的军舰，为了躲避检查，沿海出现了很多小规模的奴隶交易点。在奴隶贸易被视为非法时，一些海岸的商人却早已只会依赖奴隶贸易。马弗克开始到处都是，他们各自自成一体，已不再像以前那样是受命于国王的商业代表。不过，关于这些变迁，还有待于对19世纪的卢安果历史做进一步的研究。

第八章

安哥拉及其内陆地区的早期非洲人贸易

大卫·伯明翰

15世纪末,葡萄牙人首次抵达安哥拉海岸,他们当时是为了寻找贸易机会。有人提出,这个时候葡萄牙人实际上已经在进行奴隶贸易了。但事实显然不是如此。那时,葡萄牙人对一切经济活动都感兴趣,只要有利可图。也有人说,葡萄牙人第二看重的是贵金属。这种观点同样过于简单化。当然,16世纪时最吸引人并且也最能拿到投资的是发现贵金属,但早期的葡萄牙商人还是会把目光投向一切可以做的业务,毕竟把从欧洲到中部非洲海岸的巨额成本赚回来是最迫切的需求。为了收回成本,这些早期的欧洲冒险者不得不去了解各种能在非洲开展的业务的信息。他们要寻找贸易机会,这方面他们有业务能力,也有拿得出手的产品。总体上来说,在面对非洲人时,葡萄牙人的进取心和业务能力是很突出的,但产品相对来说差一些。葡萄牙人善于航海,能组织开展比以前规模更大的航行和沿海商业活动。葡萄牙人对非洲贸易模式有自己的适应能力,这从他们到安哥拉海岸后的早期活动可以看出来。比如，在上几内亚（Upper Guinea），葡萄牙人会使用非洲劳工，会发挥非洲人在纺织品制造方面的特长，然后他们在佛得角群岛发展起了棉花种植业和织布业。葡萄牙方面能给出的启动资金通常并不多，部分会以铁条给付。葡萄牙人会建立一个海洋集散网络，用于把劳动力带到岛上，把成品布分销到沿海各港口。葡萄牙人把从这门生意中获得的利润用来购买可以在里斯本出售的非洲产品，比如黄金、蜂蜡、木材、奴隶和胡椒。在资金较少、依赖业务能力较多的基础上获利，是葡萄牙人400余年的殖民事业推进中的一个重要特征。葡萄牙人海外开拓的另一个特征是它能够把自己的贸易设施和能力整合进当地既有的商业体系，在此基础上寻求革新，这在位于现代加纳的米纳海岸（Minacoast）的表现最为突出。15世纪70年代前，从米纳海岸地区输出的黄金似乎都是向北往苏丹地区的市场，特别是杰内（Jenne）。如果有与尼日尔河下游地区的贸易的话，那可能也只是些溪流中的独木舟的活动。葡萄牙人和其他一些欧洲人到来后，很快发现阿坎人的采矿活动最缺的是劳动力。然后，这些欧洲人发现他们很容易获得劳动力，并且运送劳动力的成本也很低，以此经营的话也能获利，甚至比追寻黄金更划算。欧洲人也发现贝宁的布匹、食物和珠子在米纳海岸有很大的需求，而他们可以比操独木舟的非洲人成本更低、更有效地运输这些商品。因此，葡萄牙人既没有建立新的贸易体系，也没有引入新的成规模的商品，他们只是在运输方面发挥了一些自己的独特优势。

葡萄牙人在沿着海岸到达安哥拉时，发现那里在欧洲人到来之前最重要的贸易应该是盐的贸易。本书中有几篇文章也指出，盐是最重要的一种商品，每一个群体都会努力去寻求，用他们维持性经济活动的剩余去与别人交换。在宽扎河以南、离海岸约 30 英里地方的基萨马盐矿采得的盐质量最佳。这些盐会以盐块的形式出现，以便于运输，并且盐块标准化的尺寸也有利于交易实施。在邻近的恩东戈王国——可能还有更远的地方，这些盐块会被当作货币使用。1 块盐可能可以换 6 只鸡，3 块可以换 1 只羊，大概 15 块可以换 1 头牛。19 世纪时，安哥拉沿海及内陆地区使用基萨马盐作货币的情况仍然比较普遍。盐块成品是经过了一些提纯的，一块成品盐一般是 9 英寸长 1 英寸厚。为了提高作为货币的稳定性和便于处理，盐块一般会被装在用甘蔗皮编的箱子里。盐块不光是发挥等价交换物的作用、作为不同产品的价值衡量标准，还可以作为财富储存手段。大部分维持性生产的产品——主要是食物——不能保存很长时间，但成块的岩盐却能储存起来，作为一个人富有的象征，还可以作为年景不好时的保障。基萨马优质盐产品的大量供应可能成了一个重要商业体系的基础。一位耶稣会士在 1563 年的记录中称盐是安哥拉的主要财富，他说内陆有很多地方的商人过来买盐。他提到了一个叫"达姆比亚松热"（Dambia Songe）——可能是"松戈"（Songo）——的人群，他们居住在一个距离安哥拉海岸约 17 天路程的大王国里，来海岸买盐，似乎非常熟悉在遥远内陆的那些地区。① 100 年后，卡多尔内加（A. de O. de

---

① Francisco Gouveia, "Letter from Angola, c.1563" in Brasio, *Monumenta Missionaria Africana*, Lisbon, 1952 – 1968, II, 518 – 521.

Cadornega）记录了隆达商人来安哥拉边境地区买盐的情况，那时盐仍是一项重要的出口商品。①

从安哥拉盐产业的重要性来看，似乎盐的贸易是吸引葡萄牙人到安哥拉海岸的主要因素之一。葡萄牙人已经在非洲其他的一些地方展露了自己的商业能力，并在一些关键的地点建立了定居点，比如索法拉和埃尔米纳（Elmina），他们不可能忽略安哥拉的商业潜力。非洲人也留下了关于葡萄牙人活动影响的口述资料，这些口述资料强调失去沿海盐沼地的控制权是欧洲人到来后最严重的后果。他们说："白人吐着火，拿走了国王的盐沼地。"② 尽管外部的侵略遇到了抵制，但就对安哥拉经济的意义来说，沿海的盐供应似乎并不像内陆的岩盐供应那么重要，因此沿海盐沼地的失去可能并没有造成不可挽回的损失，所以非洲方面也没有必要不惜一切代价地去寻求收复。但到了晚些时候，葡萄牙人开始试图进入内陆并寻求控制内陆盐矿的时候，更大的抵抗才开始展现出来。16 世纪的最后二三十年里，在下宽扎河地区发生了一些争斗，这表明内陆的人们下定了决心要保持对盐矿和进入内陆的贸易路线的控制。葡萄牙人在这些争斗中并没有取得胜利，尽管并不清楚是谁战胜了他们。可能的情况是，贸易控制权总是在易手。但是，不管是哪一帮非洲人控制，似乎都有能力阻止葡萄牙人在宽扎河以南地区的入侵，葡萄牙人只能在河北岸缓慢而艰难地进行渗透。非洲人对基萨马的防护和对外部进入的排斥一直持续到 19 世纪——直到 19

---

① A. de O. de Cadornega, *História das Guerras Angolanas*, Lisbon, 1940, III, 219.
② G. L. Haveaux, *La Tradition Historique des Bapende Orientaux*, Brussels, 1954, 47.

世纪时，洛佩斯·德·利马（Lopes de Lima）还在说，这一地区最重要的财富之一是盐，而盐贸易控制在"野蛮的力量"手中。①

盐无疑是安哥拉海岸地区最重要的市场导向型产品。其他矿产的影响范围都比较有限。葡萄牙人经常提到白银，但这是为了吸引国内的人到安哥拉定居或者投资殖民事业，实际上白银在安哥拉的存在根本不突出。很难相信像安东尼奥·迪亚斯（Antènio Dias）和他的儿子保罗那样的有头脑的商人会把大量的资金投到某种不存在的虚无之物上。实际上，葡萄牙国王授予保罗·迪亚斯（Paulo Dias）征服安哥拉的特许状，部分地应该是因为看到了盐——而不是大家都在谈论的白银——的重要性；葡王还允准征服事业的资助者以晒制盐和采掘盐的垄断权，这种垄断将非洲人排除在外。

铜是另一种需求量很大的产品。葡萄牙人发现铜从很早以前开始就是常用品，特别是铜镯，因此付出了很大的努力想要寻找和控制铜产地。本格拉殖民地于1617年建立，其公开宣扬的目的就是开发当地的铜矿资源，但结果令人失望，因为在一些小型水体储藏资源中发现的铜矿非常少。大规模的铜矿储藏地在刚果南部的本贝，当时在那里的一处河谷发现了含铜孔雀石的矿藏，含矿河谷延伸长约一英里。在河谷地带开挖宽度为约3英尺、深度最高约30英尺的矿坑，就可以找到铜矿石。这一采掘过程非常危险，特别是在那些矿石储藏丰富因此有多个

---

① J. J. Lopes de Lima, *Ensaiossobre a Statistica das PossessõesPortuguesas*, III: *Angola e Bengula*, Lisbon, 1846, 24.

矿坑的地方，矿坑之间的距离比较近，经常发生塌陷，夺走矿工生命。在雨季没有办法进行采矿活动，每个旱季都必须重新开挖矿坑，因为先前的已经淤塞了。控制矿区的村庄会允许邻近地区的一些人进行采矿，后者需要缴纳一定费用；但是有些人——比如安布里兹人（Ambriz）——会被排除在外，他们必须到卢戈阿河（Luqueia river）畔去买成篮装的孔雀石。这些小型的铜矿在19世纪时一度繁荣，但在此之前的情况却仍有存疑的地方：它们的规模是否能满足整个安哥拉地区的需求？它们持续了多长时间？早期到这里的葡萄牙人看到的铜似乎有可能是长途贸易运至。距离安哥拉海岸最近的成规模铜矿位于刚果河下游北面的明多利，在那里进行开采转运的可能是来自卢安果海岸的维利人和来自刚果河南岸地区的恩松迪人。有可能的是，一部分铜是通过多重交换进入安哥拉的，主要是为了补充当地储藏的不足。至少在19世纪时，已有加丹加地区的十字形铜锭通过隆达人的中转到了本格拉海岸。如果说安哥拉海岸的铜有很多是输入的的话，那么葡萄牙人在17世纪找不到铜产地就可以理解了。19世纪前，葡萄牙人没能渗透进入本贝地区，这可能是因为姆索隆戈人（Mussorongo）或者其他利益相关人群有效地保持了对铜矿的控制，他们成功地将葡萄牙人压制在了罗安达地区。

除了铜之外，铁也是安哥拉的一项重要物产。铁矿储藏最丰富的地方似乎是离罗安达约100英里的内陆高原的边缘地区。在葡萄牙人到来之前，这里的铁工业就已经初具气候。关于恩东戈人统治王朝起源的口述资料提到了一个开创者通过制铁获得了财富和名望,而恩东戈王国大部分时间的首府是在高原边缘区。这一地区的铁矿石质量不错,以致 18 世纪时葡萄牙人在这里建立了两个制铁厂,并请了巴斯克人(Basque)的铁匠来进行运营,但这些努力并没有取得很大的成效,因为存在劳动力短缺和欧洲人高死亡率这两个大问题。

  16 世纪时,并不是只有葡萄牙人在积极开发安哥拉。16 世纪中期,从隆达地区来了一拨又一拨的英班加拉人,他们也在想开发安哥拉海岸的潜力,并且可能比葡萄牙人做得更全面、更深入。有研究者会考察,到底是什么样的力量推动着英班加拉人离开他们的故土。有人把英班加拉人看作被"挤出"的移民,他们在中部非洲的高原地区流动,寻找新的土地;有人把他们看作难民,他们因不愿忍受隆达霸权——这是由狩猎者国王基宾达·伊伦加(the hunter-king Kibinda Ilunga)缔造的——带来的重压而逃离。也许更现实的路径应是去考察是什么吸引英班加拉人去往安哥拉,而非是什么导致他们离开加丹加。首先,英班加拉人之所以对安哥拉有兴趣,可能是因为那里有葡萄牙人。这两群人从不同方向抵达安哥拉,二者之间的互动仍有待细致的研究。基本可以确定的是,约 1500 年时葡萄牙人就已经在宽扎河口地区开展贸易;而另一方面,没有证据表明英班加拉人在 16 世纪中之前到达安哥拉,一些研究者甚至会把这个时间进一步往后推。也就是说,葡萄牙人在沿海活动的信息经过了至少 50 年的时间才传到开赛盆地,然后英班加拉人在掌握相关信息后开始向海岸移动。这种推论并不是没有道理。没有证据表明在安哥拉和开赛之间存在定期的贸易商队往来,但商业信息的交流和传播肯定是有的，特别是一些关于葡萄牙人带来火器的信息。葡萄牙人活动和英班加拉人流动之间的关系涉及很多问题。英班加拉人的迁徙是加丹加地区政治联盟崩坏的一个结果，这一政治混乱最终导致了隆达人的中部非洲大帝国的崛起。另一方面，也可以考虑，能不能把这一政治混乱归因于葡萄牙人贸易的影响？我们也许可以得到这样的答案，但相关口述资料并不能提供很多的证据。但口述资料似乎能说明在开赛—加丹加地区确实发生了一场"突兀"的变迁。不过，这很容易产生误导。然而，似乎可能的是，面向西方的开放在16世纪就已经开始并不断扩展，这种来自西方的海外新因素的影响在随后的三个世纪里逐渐扩展，最开始是卢巴人的移动，他们给他们的西方新邻居带来了新的政治力量和领导模式。到18世纪时，这些变化导致了隆达帝国的崛起，隆达帝国的力量有很大一部分就是来自与西海岸地区的贸易联系。

另一个推动英班加拉人迁移的因素可能是前面已经讨论过的盐贸易。隆达人原先所在的地区曾有严重的盐短缺问题。在崛起后扩张的早期阶段，隆达帝国的一个重要目标似乎就是与寻找盐资源相联系，比如卡曾伯向东的扩张就是如此。后来到了19世纪后，进入隆达、柯克韦和巴斯兰热地区的商队都会带上盐，用它可以购买象牙、橡胶和奴隶。宽果地区东部对盐有需求，安哥拉海岸地区有丰富的盐资源。把这两个条件放在一起进行考察的话，研究者当然有理由认为英班加拉人的开拓扩张是与盐贸易有关。关于卢巴人到隆达地区的传说称，卢巴猎人向西进发寻找盐，盐来自安哥拉海岸可以说很早就为人们所知。内陆与西方海岸地区盐贸易的存在可以证明,当葡萄牙人抵达安哥拉海岸时,相关信息肯定也会比较快地传入开赛地区,然后导致一些人出发往西去寻找机会。

早期关于英班加拉人的文字记录也提及他们对盐特别感兴趣。最详细的关于英班加拉人的记录将他们与基萨马地区相联系。英班加拉人的酋长在 1602 年的一场战役中打败了葡萄牙人,然后抵达了一处被称作卡弗舍(Kafushe)的盐矿,而"卡弗舍"这个称谓正是一个与英班加拉人统治集团关联的名字。其他关于英班加拉人的记录描述他们成功地将姆邦杜人逐出卡夸克(Cacuaco)——这是当时海岸地区的一个还比较繁荣的晒盐村庄。这一记录再次证明了英班加拉人对盐的兴趣。17 世纪 30 年代,一群从安哥拉海岸离开的卡桑热人建立了一个王国,这个王国将英班加拉人纳为臣属。但英班加拉人这个时候仍想着要占领宽果河畔的霍洛人(Holo)地区的盐泉,为此他们赶走了控制这些盐泉的本德人。卡多尔内加记录说,17 世纪后半叶时,隆达商人来这一地区就是为了获得盐。[①]

葡萄牙人在安哥拉海岸地区的存在可能推动了英班加拉人向海岸地区的流动,但英班加拉人的到来也提升了葡萄牙人对安哥拉海岸地区的兴趣。葡萄牙人注意到这些人是来自数百英里外的内陆地区,因此他们自然地觉察到了安哥拉海岸对于开拓内陆地区的意义。但是,除了在赞比西河口外,葡萄牙人在非洲从沿海进入内陆的尝试都不是很成功,即便是在赞比西河

---

① D. Birmingham, *Trade and Conflict in Angola*, London, 1966, 62, 66–67, 69, 98.

口，葡萄牙人也遭遇了很多障碍。从1575年开始，葡萄牙人就想着要征服安哥拉，然后找一条路线进入内陆。宽扎河河谷是一条老的盐商和新的隆达—英班加拉移民都使用的路线，因此葡萄牙人选择这条路线来进行开拓并没有错——至少在理论上来说是如此。实际上，路线正不正确，还得看可能会遭遇的抵抗有多强。这种抵抗既反映在商业方面，也反映在军事方面。

  在商业方面，葡萄牙人取得的成果比不上在上几内亚和贝宁湾。在上几内亚和贝宁湾，葡萄牙人很好地融入了当地已有的贸易体系，并为这一贸易体系注入了新的积极元素，因此当地人对葡萄牙人持欢迎态度。葡萄牙人可以用棕榈布来开展并开拓贸易。这种布在安哥拉以北更湿润的可生长棕榈的地区制造，在卢安果最受欢迎。葡萄牙人把棕榈布带到安哥拉进行零售，那里的人们不但消费这种布，还把这种布当作货币使用，葡萄牙人自己也认可这一点，并将这一模式奉行了很多年。但在其他方面，葡萄牙人作出的贡献就很少了。宽扎河并不容易通航，无法形成有效的能与传统的头顶搬运相竞争的河道运输体系，因此葡萄牙人的优势就发挥不出来。而且，这种头顶搬运直到20世纪时也还占据重要地位。葡萄牙人带来的外国商品对当地贸易的促进也没有预想的突出。因为葡萄牙人能供应的商品仍比较有限，并且商品的价格也很贵。葡萄牙制造布匹和珠子的能力不足，因此葡萄牙人不得不从北欧、地中海的一些国家乃至印度进口这些东西，然后再从里斯本输往非洲。在早期与刚果王国发生联系时，葡萄牙人克服了很多困难，充当刚果王廷的办事员、工匠、记账员、教师乃至科学专家，以此来偿付部分的产品和奴隶。在安哥拉，葡萄牙人也试图跟恩东戈王国建立类似的联系机制，但成效并不明显。

1575年时，葡萄牙人在安哥拉海岸已待了近一个世纪了，但仍无法确立在商业上的优势。葡萄牙人之所以在那一年发动征服战争，可能也是因为想试一试新的更激进的政策，看是否能改变葡萄牙的不利地位。葡萄牙人可能觉得，只有通过征服建立宗主权并构建一个贡赋收纳体系，才能获得利润回报。通过一个从臣属到酋长再到大酋长、国王的等级制贡赋收纳体系来积累贸易商品，这是刚果王国和恩东戈王国共有的核心模式。当葡萄牙人想要从这些地区获取产品时，他们就得找国王，国王通过这种模式积累了很多的商品和奴隶。葡萄牙人面临着为这些产品找偿付物的困难，如果只是依靠技能和提供服务，那他们就赚不了多少钱，他们发现能做的就是建立自己的政治结构，同时按照非洲人的模式获取贡物从而积累商品，以此才能有利可图。因此，当征服战争打响时，葡萄牙人会让征服者成为相应的被征服地方酋长的主人。这些酋长以及他们的臣属必须满足征服者的所有需要，同时还要以奴隶作为税金上缴，这些奴隶可以转给垄断奴隶出口的奴隶商，在奴隶商那里变现。在约50年的时间里，通过武装当局获取贡税是葡萄牙人在安哥拉获取奴隶的一个主要途径。

从长期来看，葡萄牙人要在安哥拉的经济体系中获得一席之地，军事手段的效力并不比先前的合作路径强。葡萄牙人的行动遭遇了越来越多并且越来越有力的武装抵制，这种抵制最开始是来自恩东戈王国，恩东戈王国在17世纪20年代走向衰落后，葡萄牙人又不得不面对新的更有力的马坦巴王国（Matamba）和卡桑热王国的挑战。葡萄牙人想开辟一条通往非洲内陆的大道，甚至希望找到一条可以不用绕行好望角而直接通往印度洋的"捷径"，但这种希望很快破灭了。葡萄牙人不得不再次改变政策，这次是希望尽可能地关注贸易本身。此时，巴西已建立了一系列发展状况还不错的殖民地，葡萄牙人已经能够在那里获得一些可供应非洲的产品。朗姆酒和糖浆加工的巴西烟草特别受欢迎，这两项产品使葡萄牙的贸易达到了此前通过袭击和军事征服才能达到的高度。

17世纪非洲人对贸易发展的反应比之前对征服的反应要有意思得多。在面对外部势力的全面挑战时，姆邦杜人可以建立有效的军事壁垒，它据说拥有成千上万的武装人员，即便是没有一个中央供应系统，姆邦杜人也能将这些武装力量比较好地组织起来并维持持久的行动能力。但是，比军事能力更令人关注的是姆邦杜人对17世纪商业变革的适应。马坦巴和卡桑热的贸易壁垒体系很复杂，也很有效，比过往所有军事能力的效果都强。他们成功地阻挡了葡萄牙人的商业扩张。当时，葡萄牙人会在卡桑热统治者的宫廷派驻一个代表，但这个代表除了解决不同商人之间的纠纷外没有其他的权力；而且，如果这个代表的活动不符合卡桑热的利益，那他就会被毫不留情地遣送回罗安达。在宽果河谷屏障的后面，一些国家已经逐渐形成了自己的商业网络，那里的人们在非洲中部的广阔土地上搜集可出口的产品，然后用这些产品换取从海岸过来的外国商品。非洲人对17世纪的新机会作出的反应似乎非常引人注目。非洲的商人能成功地抵挡外来的竞争者，同时也能保证这些人的供给满足自身的需求。而且，非洲的商人还能构建灵活的商业体系，以应对不断变化的情势。17世纪末，卢安果海岸的奴隶需求上升，传统路线继续发挥作用，同时新的路线也出现了，这些新的路线穿过旧刚果王国所在的地区通往罗安达，后来又有了直接连接罗安达的路线。

  以上对与安哥拉历史相关的资料进行了一些分析，这些分析似乎表明贸易在较早时期扮演了非常重要的作用，这种作用可能比我们以前认为的更突出。至少在16世纪时，安哥拉的人们就已经在使用货币，即便可能还不是刚果贝币这种标准的货币，但这已是经济发展的重要一步。安哥拉在整体上也得到了发展，他们已能用必要的外交和军事手段保护自己的资源和商业活动免受外部势力的蚕食。然而，最重要的是，一些安哥拉人已能掌控自己的政治和经济体系，使之在不受毁坏的同时推进贸易的繁荣。我们仍不是很清楚17世纪中期后的奴隶贸易的情况，也仍不是很清楚葡萄牙庞贝罗和卡桑热商人在筹集贷款、协商利润、争夺贸易路线等方面的情况。至于贸易对相关人群社区的影响，我们的认识更加不够，谁失败了，谁成功地生存下来并成为体系的掌控者，还有很多未知。但我们可以明确的是，控制贸易国家的上层人士中有很多商业精英。这些商业精英的商业能力植根于长久的贸易专业化传统，他们能够在长达数个世纪的时间里应对不断变化的经济条件。

第九章

19 世纪柯克韦人的贸易与征服

约瑟夫·C. 米勒（Joseph C. Miller）

19 世纪 30、40 年代，在安哥拉海岸活动的欧洲人对非洲产品的需求发生了变化，这导致了通往内陆的长途贸易模式的变化，也改变了安哥拉东部地区和刚果西南部地区很多人的命运。柯克韦人的扩张是这种新形势的一项重要内容，它挑战隆达帝国的权力，与有经验的英班加拉商人和奥文本杜（Ovimbundu）商人正面竞争，塑造了这一地区在现代所呈现的族群分布地图和政治格局。柯克韦人的社会和经济机制为他们权力的扩张和财富的增长提供了基础，但同时，为了从变动的环境中获利，柯克韦人的酋长和商人们也改变了他们习惯的行为模式。

尽管 18 世纪的奴隶贸易在很大程度上绕过了柯克韦人，但他们仍努力供应了少量的奴隶，此外还有蜂蜡和象牙。在蜂蜡和象牙方面，柯克韦人有自己的独特优势：他们是内陆地区最好的猎手，他们所在地区的大象也非常多；他们的森林充满了蜜蜂，他们可以设置人工蜂巢，然后收割蜂蜜和蜂蜡。到 1803 年，柯克韦人已将这些产品通过比埃和卡桑热出口。当时，柯克韦人的一位酋长姆斯科（Mushiko）曾拘留阿马罗·何塞（Amaro José）和佩德罗·若奥·巴普蒂斯塔（Pedro João Baptista）这两位庞贝罗，就是因为他想要拿回此前通过卡桑热送出的一批产品的货款。也是在 1803 年，一位佚名人士在本格拉报告说，他在"基博科"（Quiboco）的土地上做生意。但那时，奴隶出口仍是安哥拉经济的支柱，从柯克韦人那里买象牙和蜂蜡的商人仍相对很少。象牙和蜂蜡在海岸的价格很低，使得从遥远的内陆输出这些商品赚不了多少钱，因此这些商品的数量一直很低。

不过，柯克韦人对进口火器很上心，买了不少枪支。作为优秀的铁匠，柯克韦人对欧洲人提供的刀具和其他金属制品没有太大的需求，而且他们似乎更喜欢自产的蜂蜜酒而不是欧洲人的烈酒。即便是布匹这种在中部非洲很多地方都属大宗的东西，柯克韦人也不是很关注——直到 19 世纪中期，欧洲人的纺织品在柯克韦人村庄仍属于新鲜引人注目之物。这种经济上的相对独立自给使柯克韦人可以把尽可能多的钱用于购买枪支。在得到枪支后，他们又有足够的技术能力来对枪管之外的任何其他破损的部分进行修复。他们可以在很多年中使用数量相对较少的枪支，而不用像一些在相关技能上有欠缺的邻居那样总是换新枪。这样一来，柯克韦人在开始进行大规模长途贸易活动之前就有了一个"兵工厂"。

奥文本杜人早在 1661 年就拥有火器了，1700 年时，火器已广布于整个比埃高原地区。因此，在贸易互动开始后不久，奥文本杜人就能为柯克韦人提供火器了。柯克韦人掌握的第一条枪是火绳枪，他们似乎一直很青睐这种枪。欧洲人在 1635 年首次将这种火器送到非洲，1820 年前后这种枪在欧洲停产。几乎可以肯定的是，火器到达柯克韦人地区的时间最晚是在 18 世纪末，最早可能是 18 世纪初，大致可以说是在 18 世纪中期。18 世纪中期，葡萄牙人通过本格拉输入了很多枪支，而英国人和法国人在刚果河以北的地区卖枪。1767 年，葡萄牙政府开始限制枪的输入。

不管怎样，柯克韦人在获得枪支的途径方面没什么大问题。但是，在 1840 年前，柯克韦人通过蜂蜡和象牙没赚到多少钱，这意味着在 19 世纪中期前他们不会有很多枪。事实上，直到 1850 年，柯克韦人也仍只是在自己的地盘上猎象，这也很能说明问题。如果柯克韦人的枪支够多，那他们应该早就把大象猎光了——也就是在 1850 年后的五年时间里，柯克韦人真的猎光了自己地区的大象。可能是在 18 世纪末 19 世纪初的某个时节，奥文本杜人还能侵袭柯克韦人以掠取奴隶，由于他们带走了很多柯克韦人，以至于巴西还能找到一支具有明确的柯克韦渊源的人群。

只要奴隶贸易主导安哥拉经济，柯克韦人就无法从与海岸之间的长途贸易中获利。然而，19 世纪 30 年代，柯克韦人找到了机会，当时葡萄牙人废除了安哥拉的奴隶制，奴隶贸易的黄金时代开始逝去。奴隶贸易的废止进程在 1850 年加快，当时巴西对奴隶贩子关闭了港口，从而也关闭了奴隶的主要市场。

到 1854 年，奴隶贸易急剧萎缩，以致罗安达出现了严重的经济衰退。一名年轻奴隶的价格从 70—80 美元降到仅 10—20 美元。① 葡萄牙人于 1878 年废止了所有的奴隶贸易活动，尽管其真正绝迹还要等到 20 世纪上半叶。

从 19 世纪 30 年代开始，葡萄牙政府持续地寻找能替代奴隶的产品。蜂蜡和象牙首先受到重视。1836 年，葡萄牙政府放开了对象牙的垄断，原来人为限定的低价一下子飙升了三倍。价格的攀升意味着海岸的商人和内陆的人们都可以从中获利，象牙卖出的钱现在已可以担负运输的成本。从在罗安达合法出口的象牙来看，内陆的象牙资源地范围正在扩展，象牙的产量从 1832 年的 3 000 磅增加到 1 844 年的 105 000 磅。② 柯克韦地区进入了一个前所未有的繁荣时期。从 1844 年到 1859 年，罗安达的象牙出口又增长了 80%，通过这些数据也能估计本格拉的情况，柯克韦人正是在这里脱手他们大部分的象牙。③

从 17 世纪开始，蜂蜡在本格拉的重要性还要高于象牙。1832 年前，蜂蜡是除奴隶之外的唯一比较重要的产品。19 世纪 50 年代奴隶贸易走向衰退后，蜂蜡出口的势头一度比象牙还强劲。在罗安达，蜂蜡出口量从 1844 年的 52 690 磅增加到 1857 年的 1 698 248 磅。④ 这种增长的规模对柯克韦人的经济产生了影响。到 1846 年时，蜂蜡是柯克韦地区唯一可算充足的产品，当时卡尼伊卡（Kanyika）酋长通过卡桑热和比埃输出了大量的蜂

---

① David Livingstone, *Family Letters, 1841–1856*, London, 1959, I, 252–253.
② Allen Isaacman, "An Economic History of Angola, 1835–1867", Wisconsin M A thesis, 1966, 17–20.
③④ Isaacman, M. A. thesis, 1966, 96.

蜡。在罗安达和本格拉输出的蜂蜡大部分是来自柯克韦人和卢卡泽人（Luchaze）。1851年，从基博科输出的蜂蜡享有盛誉，被称作南部非洲最好的蜂蜡；1855年，基博科的主要出口产品就是蜂蜡。

柯克韦人在1830年至1850年间的蜂蜡贸易中占据支配性地位，其中一个原因是他们处于优越的地理位置。其他离海岸比较远的地方能生产比相对较小的基博科多得多的蜂蜡，但它们在遥远的内陆，高昂的运输成本使蜂蜡出口无利可图。柯克韦人和卢卡泽人住在离比埃东部地区约12天路程的地方，奥文本杜人可以以比较低的成本运送蜂蜡。其他人群如勒维纳人（Lwena）在1850年后也开始出口蜂蜡，因为需求急剧增长，单靠柯克韦人已无法满足。而且那时，还有一些人在大象资源仍比较充足的地方——比如隆达帝国东部——猎象，这些人还没有介入蜂蜡贸易，因为象牙价格较高，象牙出口也更为有利可图。

然而，柯克韦人拥有的独特优势使他们也能利用象牙需求增长的机会来获利。他们的信仰赋予狩猎以极大的荣耀，狩猎被认为与神职一样高贵。因此，柯克韦人很容易就把财富与狩猎联系在一起，他们对猎人从海岸象牙价格上涨中获利表示认可。从通过狩猎获取食物转变为通过狩猎获取利润，这并没有给柯克韦人的社会结构平衡带来多少严重的冲击。

至迟在1803年——庞贝罗在这一年访问了姆斯科——前，柯克韦人就已经在基博科地区从事小规模的猎杀大象的活动。火器使他们在面对猎物时拥有明显的优势。当象牙需求增长时，柯克韦人也获得了更多的枪支，于是他们很快就猎光了自己地区的大象。到1854年时，大象已消失于柯克韦人地区的东部和北部。而早在1850年时，由于自己地区象牙供应的萎缩，柯克韦人就已经不得不到更远的地方去寻找大象。小队的柯克韦人沿着赞比西河上游河道推进，还有一些人则在隆达首都东部和北部的丛林中游走。此时，象牙价格已上涨到即便是从这些内陆地区出口也仍然有利可图的程度。

与此同时，隆达帝国也开始对柯克韦人的狩猎能力进行利用。隆达帝国的经济主要是依靠奴隶出口。因此，当安哥拉的奴隶市场萎缩时，隆达就不得不转向象牙生产，以维持他们对枪支、布匹和其他欧洲商品的需求。这种情况吸引了柯克韦人，他们为隆达人猎象，每猎一头象可以获得两根象牙中的一根，另一根则交给隆达人。柯克韦人将自己手中的象牙卖给英班加拉人，这些人同时也会从隆达人手中收购象牙。这样一来，柯克韦人和隆达人就都能获得好处。象牙出口快速增长，到1850年时，从隆达输出的象牙的货值已超过了奴隶。姆瓦塔·亚姆沃规定臣属可以用象牙作贡赋，从而使新的象牙贸易得以巩固。在这种情况下，如果不雇佣柯克韦人猎象的话，隆达人就得自己动手做这件事。

柯克韦人村庄的劳动分工以及他们的族系结构使得组织一个6人左右的猎象队并外出数月开展活动比较容易。柯克韦人的村庄以一个按男系计算的亲族体系为核心，这个亲族体系通常包括一帮兄弟和他们的甥侄，这群男人可以形成一个凝聚力强、能比较有效地开展经济合作的团队。村庄里的妇女来自其他族系，她们与柯克韦人男性的婚姻具有一定的临时性，不能再生孩子后可能就不会再跟丈夫在一起了。居住点的稳定性和亲族识别独立于这些女性之外。经济上，一旦男性整好了土地，女性就会承担下大部分作物的种植和收获工作，其中木薯最为重要。女性还负责加工蜂蜡。柯克韦人狩猎队带着他们老式的火绳枪，一走就是几个月，但他们所在村庄的社会和经济结构并不会因此而发生大的变动。

柯克韦人可以在村庄之外自立，他们也不需要依赖沿途经过土地的居民。他们可以吃自己猎的象的肉，同时可以拿剩余的肉与当地人交换素食。柯克韦人轻装活动，他们可能会把一部分象牙出售，然后换一些奴隶，再让这些奴隶运送剩余的象牙。至于住宿，他们可以搭建简易的草屋，有时甚至能发展起新的定居点。作为自给自足的经济单位，狩猎队不会给他们的隆达东道主添麻烦，他们也会小心地用慷慨有礼的行动维持与隆达人的友好关系。

从 19 世纪 30 年代末开始，蜂蜡和象牙生产和贸易的利润开始流向柯克韦人地区，柯克韦人的力量开始稳步地加强。柯克韦人会用一部分从贸易中获得的财富来购买枪支，从而提高象牙产量；他们也会花很多钱去获取妇女。尽管英班加拉人和奥文本杜人的奴隶商队常年经过基博科，但柯克韦人一直缺少购买奴隶仆从的资本。

柯克韦人中一直有对女奴的强劲需求，因为他们社会结构中的母系部分总是存在内在的紧张。他们的居住模式倾向于将男性与妻子和孩子分开，母亲族群容易面临缺少新生女性的威胁，这会影响整个亲属组织。这种内在的紧张促使柯克韦人去利用一个涉及范围更广的人员吸纳体系，把非柯克韦人的妇女整合进柯克韦人族系。在这种体系中，妇女会受到来自丈夫的更有力的控制，同时又能通过女人质或者女奴的额外生育加强整个亲族群体的力量。这种做法以及它带来的好处使柯克韦人对女人质和女奴有巨大的需求。有记录说，20世纪初，柯克韦人的一些妇女中约有80%是女人质或女奴。

这种体系给柯克韦人的扩张带来的最重要影响是他们可以利用相邻族群的人力资源，或者从常年经基博科去往海岸的英班加拉人或者奥文本杜人手中获取女奴劳动力。在柯克韦人的社会里，有多少女人并没有限制。婚制是一夫多妻，每个男性都有权获得很多妻子，只要他有能力。柯克韦人的村庄以男性亲族群体为核心，所以即便是外来妇女数量很多，也不会对村庄的内在稳定构成危害。1830年前，柯克韦人获取女人质的体系是以互利为基础的，一些群体之间还可以互相交换女人质。这样一来，整个体系的人口并没有明显的净增长。然而，在柯克韦人掌握了越来越多的财富后，他们开始从其他人群那里买女人或者用枪抢女人，这样就无法再遏制人口增长的趋势了。19世纪中期，这种状况开始出现。

1830年后，蜂蜡和象牙带来的财富为购买女奴提供了资本。柯克韦人对女奴的需求与海岸地区对男奴的需求形成很好的互补。去比埃或者卡桑热的贩奴商队会在柯克韦人的地区停留，用女奴跟柯克韦人换蜂蜡和象牙，然后继续前进到海岸。大量妇女进入柯克韦人地区导致了当地人口的大量增加。19世纪 40 年代，有报告说基博科食物供应不足，这表明人口可能是过量了；1850 年，基博科的人口密度已超过了非洲内陆的其他所有地方。

这时，柯克韦人已经将运输业务交给了英班加拉人和奥文本杜人，他们很早就发展起了大规模的商队，这些商队可以很好地完成运输奴隶、蜂蜡和象牙的任务。他们在承担运输的同时实际上也是在依赖柯克韦人的生产。19 世纪 60 年代初，这种分工安排消失了，因为上开赛地区的象牙资源已经耗尽。19 世纪 60 年代中期，莫纳基姆本杜（Mona Kimbundu）周边的柯克韦人开始陷入贫困，因为大象往北远遁到麦姆内内（Mai Munene）之外的地方。在濒临饥荒边缘时，一位叫姆夸迪安加（Mukwadianga）的著名猎手在绝望中去开赛东北的贝纳卢卢阿（Bena Lulua）和卢巴人的地区碰运气。那里的大象仍然很多，因为柯克韦人此前从未越过开赛河狩猎；此外，那一地区的卢巴人也没有火器。姆夸迪安加与一位叫姆肯基·卡兰巴（Mukenge Kalamba）的贝纳卢卢阿酋长联系，后者需要枪支，柯克韦人刚好能够供应；后者能提供奴隶，柯克韦人则需要奴隶。在这种情况下，一个新的贸易体系出现了，用奴隶——后来是大量的橡胶和象牙——交换枪支和欧洲产品的活动发展起来。与柯克韦人此前打交道的隆达人不同，贝纳卢卢阿人会为自己猎象取牙和搜集橡胶。因此，柯克韦人在这里只能承揽运输的业务，于是他们就成了与比埃和卡桑热的商队竞争的中间商。

1875 年后，几乎所有在安哥拉内陆地区活动的商队都采用了新的从莫纳基姆本杜到贝纳卢卢阿的北南贸易路线。在卡兰巴的首府出现了一个重要的市场，柯克韦人在这个市场的贸易中占据支配性地位。在 1882 年至 1883 年的一段持续约 14 个月的时间里，有四个柯克韦人的商队到达那里，此外还有几个来自比埃、蓬戈安东戈（Pungo Andongo）和卡桑热的商队。1880 年，从卡兰巴的市场输往柯克韦人地区的产品主要是妇女和儿童。柯克韦人非常看重妇女商品，他们会根据妇女的肥胖程度来支付货款，如果看中哪一个，他们甚至会用一大根象牙来购买。四到六个孩子可以换一根象牙，男性则还要便宜一些，当然具体的价格要看具体的商人怎么做生意。其他比较有代表性的价格模式包括：一个女孩可以换一支滑膛枪或者 24 码印花布，一个成年妇女可以换一份 4 磅的火药加 8 码印花布，一个八到十岁的孩子可以换 16 码印花布。

卡兰巴市场的兴起意味着贸易路线和体系的转变，旧有的从比埃和卡桑热出发的两条平行贸易路线通往内陆的体系变成了一个新的更复杂的体系。象牙和蜂蜡在很大程度上已经取代了旧的通往海岸的路线上的奴隶，但内陆地区的奴隶贸易在数量上并没有减少。从非洲人方面来说，奴隶贸易的数量实际上有所增加，因为奴隶贸易禁令排除了欧洲人和他们在内陆的代表，广阔的出产奴隶的地区就留给了非洲人奴隶贩子。库巴人（Kuba）中开始出现对奴隶的需求，卡兰巴市场的开放也制造了一些需求。其实这些需求可能之前就已经存在，但由于海岸奴隶价格的下跌导致整体奴隶价格的下跌，库巴等地方的需求就得到了更大的满足。卡兰巴土地上的象牙供应不久也出现了衰退，一些商队开始带着布匹和枪支往北到贝纳卢卢阿，在那里他们可以获得奴隶，然后这些商队带着奴隶继续往内陆走，到卢巴人那里换象牙。由于对奴隶的需求非常强劲，一些商队带着被掳获的人一路往北，从勒维纳到开赛。还有一些商队则把布匹卖给隆达人，换取奴隶，然后带着奴隶去卢巴人地区的市场。

东北内陆地区奴隶市场的兴起与近海地区象牙供应的枯竭有关。柯克韦人往北往东搜寻大象，最后与一群接纳奴隶的人建立了联系，正好这些奴隶在海岸已找不到市场。在很多方面，新的贸易模式其实与以前的并没有什么不同，还是用奴隶交换枪支和布匹；新的变化在于出现了卢巴人的市场，这个市场吸纳了勒维纳和隆达以前供给欧洲人的奴隶，而欧洲人要的东西则从奴隶变成了象牙。这种新模式仍然是脱胎于旧的模式，柯克韦人以前是生产者，现在则不仅是生产者，还是中间商。

在开赛河以北的奴隶和象牙市场兴起之前，柯克韦人并没有运作商队的经验。他们模仿学习英班加拉人和奥文本杜人的做法，很快就取得了成功。尽管在1877年前很少在安哥拉见到柯克韦人，但很快他们就开始在通往海岸的贸易路线上与他人展开竞争，到1880年时他们已非常熟悉海岸的商品价格情况，以至于其他人很难在基博科跟他们讨价还价。运作的成功也推动了商队规模的扩大。1878年，欧洲旅行者称柯克韦人的商队非常小，但四年过后，一些柯克韦人商队的规模已超过了奥文本杜人，其中有一支商队光搬运工就有约250人。到19世纪90年代，柯克韦人已能向开赛河以北地区派出数百人规模的商队。

除了自己组织商队活动外，柯克韦人也经常与比埃和卡桑热的商队合作组成大商团，前往更遥远的内陆。对于柯克韦人来说，这些经历相当于做学徒，特别是学到了一些管理大群奴隶的经验。卡梅隆在卡松戈的卢巴人酋邦遇到了一个商团，他们当时正掠奴归来。这个商团包括逾 700 名搬运工，有柯克韦人，有奥文本杜人，也有勒维纳人，他们共同投资了一次冒险远征，在加丹加一路劫掠。商团的各组成部分各自独立，但在被攻击或者展开攻击时进行协作。这种合作商团为一些柯克韦人提供了便利，使一些小的团体也能参与到整个大的贸易体系中。即便到了后来更大规模的商队变得更加重要，小队伍的活动也仍能持续。

在一些主要的市场，大商队的到来总是会带来兴奋和热闹。1882 年，一支柯克韦人商队抵达卡兰巴的市场，在离市场比较远时就先通报了消息。一个旗手跑进市场，挥舞彩旗并让所有的人都能看到，然后这个旗手再跑回商队，用夸张的鹅步姿势大摇大摆地引导搬运队伍的前锋进入城镇。在旗手后面，是商队的首领，他穿着华丽布匹做的服饰，后面再跟着一群旗手。商队进入市场时，还会敲鼓放枪。周边所有的人都会会集过来，看着卡兰巴酋长和他的重臣们以合适的礼仪欢迎商队的到来。然后，在商业交换活动开始之前还会有一系列的歌舞宴饮活动。

商业交换活动开始后，卖家和买家在最终完成交易之前会进行充分的讨价还价，然后达成一个双方都接受的价格，价格会用小橡胶球来计量，双方坐在地上，按照十进制的规则来计算具体的橡胶球数量。他们把橡胶球十个十个地排成一排，排满十排后就归拢成总数量为一百的一堆。当买卖涉及金额比较大时，商人会以一千个橡胶球为单位来计算价格，这相当于可以买到一名妇女或者一支枪的价格。他们会弄断一根小的植物秸秆，以此确认一笔交易完成。由于一些卖家把橡胶球越做越小，橡胶球就出现了"通货膨胀"。1876年，8到10个橡胶球的重量可以达到1千克；到1882年，要40个橡胶球才能达到1千克的重量。然而，由于一些商人调整了价格，"通货膨胀"问题似乎也得到了遏制。①

柯克韦人的奴隶贸易商队会把每四到八个奴隶锁成一组，锁落在奴隶的手腕上。如果商队首领害怕奴隶哗变或者逃跑，他可以在夜里给他们加上脚镣，但他很少惩罚奴隶，因为这些奴隶往往非常虚弱，经不起虐待。如果一名奴隶死亡，商队首领会把他从锁链上取下，弃置路边，任其腐烂。有时会出现奴隶逃跑的情况，特别是在临近柯克韦人村庄的时候，因为一些奴隶有亲属已在某些村庄，他们发现自己可以得到这些村庄头人的欢迎。其他一些村庄头人也会乐意接纳逃跑的奴隶，但他们的目的无非是把他们卖回给奴隶的原主人，通常会要一个与原价一样高或者高于原价的价格。商队首领供给奴隶的食物主要是木薯粉，但在旅程的早期，奴隶总是会挨饿，因为商队首领想尽可能地省钱，只会在快要卖奴隶时才会给他们多吃些以把他们养肥一点；而且，少给食物也能削弱奴隶的体能，降低他们逃跑的欲望。如果食物越靠近目的地就越便宜，那商队首

---

① Paul Pegge, "Die Wissmannsche Expedition", *Mittheilungen der Afrikanischen Gesellschaft in Deutschland*, IV, 1886, 187–188.

领就总是会采取这种办法。如果奴隶死亡,商人就会亏钱;但商人总是尽可能地省钱,只要让奴隶活着,然后卖出,这样就能把恢复奴隶健康和体力的成本转移到买主身上。因此,经济学的算计会决定奴隶受苦的程度。

19世纪末叶的"橡胶繁荣"(rubberboom)使长途贸易模式的变化更加明显,这些变化源于葡萄牙人对蜂蜡和象牙的需求。从本格拉出口优质橡胶的消息出现于1869年。到1874年,橡胶出口在总出口中已占据重要位置;1886年,橡胶出口金额超过了象牙出口金额和蜂蜡出口金额之和。柯克韦人再次占据了有利位置。基博科的森林贡献了早期出口橡胶的大部分,因为这里是离海岸最近的橡胶资源富集区,而且橡胶搜集也非常契合柯克韦人善于狩猎和饲养野禽的经济模式。在最初的一些年里,柯克韦人可能控制了送往本格拉的橡胶的供应,但他们开发资源的方法很粗放,到1875年,莫纳基姆本杜南部的橡胶资源已耗尽。由于找不到替代植株,柯克韦人会把一些胶树采到汁液枯竭,最终就毁掉了胶树。这一过程与三十年前灭尽基博科的大象一样。也正如当年大象资源枯竭后一样,柯克韦人采取同样的战略,把目光投向北方,意欲在北方的森林中寻找橡胶。通往卡兰巴的贸易路线的开辟推动了柯克韦人向北的移动,柯克韦人早年在这些地区狩猎和行商的经历使他们掌握了相关的地理和生存条件信息,也有助于他们与当地人打交道。与之前向北的扩展不同的是,在这一时期的扩展中妇女和儿童可以像男人一样有效地参与采集橡胶,这使此前小规模狩猎队和商队的移动转变为整村的迁徙。

柯克韦人扩张的早期阶段表现为人群的迁徙，而推动人群迁徙的压力来自柯克韦人从经过基博科附近的英班加拉人商队手中购买的妇女。1866年后，柯克韦商人除了把妇女引入自己的地区外，还把很多从北方的卡兰巴市场上获得的卢卢阿妇女和儿童送回。这些活动极大增加了柯克韦人地区的妇女流入。1850年时，基博科的人口就已经很稠密了。由于柯克韦人不把他们自己的妇女卖给外部，人口压力找不到疏解的出路。柯克韦人的农业生产能力并不是很高，他们故土的沙性土地也不算肥沃，柯克韦人原有的地区很快就无法再支撑增长的人口。到19世纪70年代，人口拥挤又不可避免地带来了营养不良和疾病的问题，当时可能还发生了一次天花疫情。

柯克韦人社会和政治体系的特质也有助于推动大规模迁徙。柯克韦人村庄会有定期的分裂，一些人会带着自己的家当成群地从一个地方到另一个地方。只要旧村庄周边的可利用土地充足，新的村庄就会环绕着旧村庄出现。但是当人口过量造成土地短缺时，建立新村庄的空间就不存在了。由此，村庄内部的紧张会加剧，最终促使村庄头人走出基博科，寻找新的土地。

迁徙中的柯克韦人有非常强的行动能力。柯克韦人带着自己所有的可移动财产，沿着柯克韦猎人和商人踏出的路，一路往北。男人、妇女、儿童一起行动，他们带着种子、猪、山羊和其他在一个合适的地方长期定居所需的用品。在迁徙过程中，他们居住在圆形的草屋里，新村庄建立后，同样的圆形草屋会建立起来；一些人会在途中逗留较长时间，以种植作物并收割。他们会带着一些新吸纳进来的妇女，不同的人带的数量不同，总之是在尽可能方便的同时力求有助于在后续定居点的立足和壮大。因此，柯克韦人的迁徙可以说差不多是已有模式的一种外向延伸，而这种外向延伸的动力是妇女的引入和对橡胶资源的追求。

单个的村庄可能不会迁移很远。少数村庄可能就只迁移到柯克韦人定居点边缘的地方后就停下来。然后，持续的人口压力会导致又一波的迁徙，最终使移民越过边界。迁徙呈现一种波浪的状态，一拨又一拨的柯克韦人向外而去，最终整体地覆盖某一个地区。

移民群体的凝聚性特征与之前的猎人和商人的活动有比较明显的不同。移民之间会长久地维持彼此间的联系和互动，没有哪一群人会脱离前一群人到很遥远的地方。村庄内部有很强的互相归属感和忠诚感，对某一个个体的攻击会被视作对整个群体的攻击。内部凝聚赋予柯克韦人力量，行动能力和自给能力也有助于他们开展其他形式的扩张。

以较小的亲族为单位进行的迁徙在进入一个新的地区后，不会对当地的生态造成破坏，柯克韦人的单个迁徙群体不会达到成千上万的规模。柯克韦人的文化围绕丛林中的居住和生活展开。他们的经济主要是依靠在高原的落叶林中狩猎、从树上的蜂巢中搜集蜂蜡和蜂蜜、从北面林地的某些植物的藤和根中取胶。柯克韦人喜欢居住在林木环绕的地方，即便这意味着他们要花力气去清除植被才能获得村庄空间和田地。柯克韦人的超自然力信仰体系重视树木、泉水和在林中穿行的河流。柯克韦人习惯了丛林中的生活，他们往南往北都不会脱离丛林，而北方更为茂密的丛林决定了他们主要是向北扩张。此外，柯克韦人的邻居隆达人居住在稀树草原上，他们并不反对柯克韦人居住他们不住的丛林中，早前他们还欢迎柯克韦人猎手，让柯克韦人帮忙猎象取牙。尽管柯克韦人进入的一些地方已有别人居住，但柯克韦人仍能找到足够的空间，因为他们会住在居民相对较少的丛林中。

最先进入一个新地区的柯克韦移民总是很谦卑很小心，他们会尽力处理好与当地居民的关系。附近的村庄发现柯克韦人是熟练的猎手、偶像崇拜者和制铁工，邻居需要这样的人，因此经常与这些人开展贸易。柯克韦人甚至还会通过为临近地方的村庄工作来获取食物。由于生存空间广阔，已有居民也对自己的先到优势有一定的自信，柯克韦人进入时，往往很少遇到抵制。当柯克韦人与当地人通婚、后续迁徙居民抵达从而造成柯克韦人口快速增长时，当地人才会明白过来。但柯克韦人已经控制了当地的经济，并开始挤走原来的居民。

对当地原有的居民来说，最具毁灭性的是柯克韦人会吸引当地村庄的妇女。隆达妇女认为加入柯克韦人的村庄是有好处的，当柯克韦人吸收她们时，她们很少不从。柯克韦人给吸收进来的女眷的待遇并不差，她们可以得到比自己原来村庄更好的食物。每个村庄的主体家族凝聚力都很强，这能加快文化同化，被吸纳进来的妇女很容易就接受了柯克韦人的服装、发型、生活习惯、仪态和语言。她们对柯克韦人文化的吸收非常彻底，当她们有孩子时，就会以柯克韦人而不是隆达人的方式来进行抚养。因此，只需要一代，柯克韦人社会就能将这些妇女和她们生育的子女吸收进来，只保留一些细微的非柯克韦人痕迹。

柯克韦人群体移民也对柯克韦人商队活动产生了影响。故土橡胶资源的枯竭和海岸地区对橡胶需求的增加推动柯克韦人从生产者转变为中间商。他们贩卖奴隶和象牙的商队也可以带橡胶，这并不需要对商队组织进行改变；而且，他们已经有途径进入卢卢阿和开赛河以北的其他卢巴人地区，因此他们很快就成了橡胶和象牙的主要输出者，而随着这两项商品价格的上涨，他们也大获其利。为了承接增加的运输量，一条新的贸易路线出现了，这条路易路线从卡兰巴的首府出发，通过麦姆内内，再向西南通往卡桑热。1880 年时，柯克韦人的商队已在频繁地使用这条路线，而与他们一道的还有来自安巴卡（Ambaca）和蓬戈安东戈的英班加拉商人和安哥拉商人。

柯克韦人的扩张有的也采取了武装袭击的方式。他们像商队一样，足迹遍及广大区域，其中一些袭击队伍可能就是脱胎于商队，因为从购买妇女到抢掠奴隶其实只有一步之遥。而一些商队的活动本身就更像抢掠者而非商人的方式，他们与完全的劫掠者的区别可能只是理论上的，实际上可以说没有区别。柯克韦人的袭击队伍有的规模很小，有的人数达 600 人甚至 2 000 人，他们不会用从事贸易来掩饰自己，不管是合法贸易还是非法贸易。他们居住在某个国度的边缘，抢掠时会放火烧村，有机会就抢劫路过的商队。他们的流动性非常强，既可以集结起来进行防御，也可以分散开来展开进攻。

当面临强敌威胁时，柯克韦人会集结人手，在一座小山顶上围圈扎营布防。他们会把营地一定距离内的所有灌木都清除。他们通常不会费力使用要塞防守的方式，因为他们主要依赖自身的灵活性，并利用设置在一小时路程外的岗哨来实施预警。当攻击临近时，他们可以把俘获转移到丛林中的某个安全点，战士们则在营地里等待敌人来攻。一旦敌人进入营地周边的空旷区域，他们就立即开火，尝试将敌人击退。如果敌人顶住了第一波打击并试图突破营地，柯克韦人不会去通过近身肉搏来顽强抵抗，他们会散入丛林，然后在另一个地方结成阵地。这种战术要依赖优势火力，这表明柯克韦人手中有很多枪支。这些枪支保证柯克韦人在避免致命打击的情况下能承受暂时的失败，也使他们的敌人很难将他们彻底赶出。

小股的柯克韦袭击者会从一个大本营出发，在周边地区活动，搜寻妇女和给养。如果他们需要物资补充，他们就会出现在一个村庄，然后对天放枪。由于凶名昭著，只需要略施威吓，相关村庄的人们就会逃进丛林，留下空村任由柯克韦人劫掠并焚烧。如果想抓俘虏，柯克韦人会将一支较大的队伍分成多个30 人到 40 人的小队，让他们在一片广大的区域内分散开来。这些小队会安排 10 人负责在丛林里巡逻，通过"打林打草"的方式搜寻人丁。这些巡逻队在一番巡逻后通常都能带回十来个俘虏。

在开赛这样的地区，当时火器还相对较少，柯克韦人的枪支对当地人来说具有极大的震慑性，因此只要拿枪吓一吓，柯克韦人就能获得自己想要的妇女和给养了。偶尔他们会设局索要"罚款"（milonga），比如制造某种情境让自己受到冒犯之类。当面对装备更好的对手时，柯克韦人的优势就在于他们的行动能力。与大部分对手不同，柯克韦人总是把他们的女人和孩子留在家。他们会毫不犹豫地包围敌人并展开攻击，然后轻易获胜，得到大量俘虏。

待在村庄里的酋长们从商队贸易中获得的利益跟商队首领和袭击队伍首领不相上下。他们会卖蜂蜡、象牙和橡胶，但他们的财富并不全是来源于此，因为还有很多其他的机会，比如某个酋长的村庄附近有一个大的商队活动时。因此，一些酋长会强迫或者以贸易机会引诱商队待在他们的村庄里，以此从中获利。为了让商队多待几天，一些酋长会使一些复杂的诡计，让商队认为他们有很多的象牙或者蜂蜡。在象牙确实很丰富的年代里，隆达人和柯克韦人的酋长们把一些象牙埋在地里存了起来，若干年后，大象消失了，他们就会把这些象牙拿出来给商队看，骗商队说他们还有很多象牙可卖。

满怀希望的商人会盘桓很长时间，围绕虚幻的象牙进行无谓的讨价还价，而村民们就会在这个时间里想尽办法从商队身上榨取利益。妇女和儿童在商队营地周围活动，向商队出售木薯粉、鸡和其他食物，铁匠则收费为商队修理装备。商队人员和村民之间还会开展贸易，贸易的商品多种多样，包括护身符、武器、小饰品等。一些酋长甚至专门安排妇女供商队人员享乐。这样一来，普通的村民实际上也通过为商队提供食物和娱乐服务参与了长途贸易。

酋长将能作为交易标准的商品控制在自己手中，以此保持对贸易的控制，停留在柯克韦村庄附近的商队领导人也只能与酋长进行贸易。在实际的交易进行之前，会有复杂而冗长的仪式性活动，酋长总是尽可能地想办法延长商队停留的时间，商人当然也希望赢得东道主的好感。商队也都知道柯克韦人喜欢拉长商队停留时间以对自己有利。酋长和商人互换礼物，这其实也是一种对酋长有利的交易，因为酋长送出的礼物经常价值一般。酋长为了自己的尊严，也总是倾向于要求得到高价值的礼物回赠，而事实上他通常也能得偿所愿。酋长还通过掌控度量衡标准来获利。在各个方面达成一致并确定商品价格后，酋长会仔细挑选布匹、检查火药是否掺沙、查验枪支。他会因为一些形式上的问题而拒绝某些商品，然后重复整个选货流程，这时商人和他的商队就只能等待。有时光为了一根象牙，就得花几天的时间。

大部分商人会让酋长进行赊购。一个酋长，尽管很富裕，但仍会在买了很多商品后只付一部分的款。这就使商人不得不再次回来收债，而那时酋长又会故伎重演。不过，由于这些债务是很正式的，事关酋邦荣誉，酋长也很少赖账。但是，酋长通常会欠债很长时间，以此也能让商人受到牵制。

柯克韦人仍然实施征收过路费的办法，即便他们自己同样开始从事长途贸易之后也是如此。商队过河或使用港口都需要缴费，但柯克韦人除此之外，还会以某些人违反当地习俗为由征收罚款，这似乎就是专门用来压榨过路商人的。欧洲旅行者愤恨这种体系。比如，利文斯顿在1854年就遇到过这种事，当时一个柯克韦酋长拦住他的队伍，要求利文斯顿交一名男子、一支枪或者一头牛的罚款，因为利文斯顿队伍的一个搬运工不小心让一滴口水溅到了一名柯克韦人的腿上。利文斯顿发现罚款的数量无法谈判,并且他也无法心平气和地交罚款,因此拒绝了酋长的要求并大发雷霆,双方差点爆发一场战斗。[1] 另一方面,英班加拉人愿意接受过路费这种安排,他们把这当作与柯克韦人做生意的一笔正常的成本。过路费也能起到留置一些商队的作用,这样当地的村民就可以在搬运工中贩卖商品,也能为酋长获取罚款等提供机会。

索要罚款的理由通常比较勉强。一个酋长把木薯粉撒在商队要走的路上,然后坐在路边,当商队的搬运工踏上去时,酋长就可以索要罚款。而一旦有人有冒犯的行为,酋长的法官就会根据柯克韦人的规矩进行裁决。只有纠纷官司得到圆满解决,贸易才能进行,所以酋长们总是能让商人就范。商人唯一能做的应对就是对自己的财富和重要性进行"贬低",因为这样就可以少交一些罚款。当然,柯克韦酋长也总是清楚应该对过往商队收多少钱。

这些贸易和经济活动加强了柯克韦人的实力,但在 1830 年至 1880 年间,同样的发展却给隆达帝国带来了消极影响。1830 年前,隆达通过奴隶出口积累了财富,但在通往海岸的奴隶贸易衰退后,隆达人就不得不去寻找新的产品。尽管隆达人在比较遥远的内陆地区,在出口蜂蜡方面无利可图,但他们找到了象牙作为暂时的替代,用它可以换取欧洲人的布匹和枪支。橡胶繁荣在 19 世纪 70 年代初带来了一段短暂的繁荣,但到 1875

---

[1] David Livingstone, *African Journal*, London, 1963, 92-93, 116-117.

年前不久，橡胶资源就耗尽了，象牙也在这一时期枯竭。

由于处在贸易体系的末端，隆达人无法像柯克韦人那样做中间商，其实当时柯克韦人也遭遇了象牙和橡胶资源耗竭的问题。在找不到有利可图的活动的情况下，隆达人重操旧业，又开始贩卖奴隶。不过他们不是像以前那样把奴隶送往海岸，而是供应北方新兴的卢巴人市场，但即便是这些活动，也仍然无法阻止隆达帝国的经济衰退。19 世纪 70 年代的欧洲旅行者记录了内陆地区的贫穷景象。他们说隆达人是贫穷的猎人和商人，他们找不到蜂蜡或者橡胶出口，只能把从奴隶贸易中赚来的一点可怜的钱用来买不能作生产资料的小饰品，而这又进一步加深了经济衰退。这一时期，商队开始避开隆达在卡拉尼伊（Kalanyi）的首府。为了获得生意机会，姆瓦塔·亚姆沃给西部地区的长官们下令，要他们强迫商人访问他的首府。当柯克韦人向北迁徙的人群沿着通往卡桑热的贸易路线停留居住时，他们实际上打断了英班加拉人与隆达人之间的联系，这种联系在过去逾两个世纪的时间里将两个国家结合在一起。19 世纪初，英班加拉人与奥文本杜人进行斗争，抢夺与隆达人的贸易权，而现在，他们却不再在意相关贸易路线是否开放。实际上，他们已将目光转向了卡兰巴的市场，他们拒绝挽救与隆达人之间已经松弛的贸易关系。

19 世纪 80 年代，经济崩溃打倒了隆达帝国。旅行者把在同一地区内贫穷的隆达人与富裕的柯克韦人相比较，他们发现可以在柯克韦人的村庄里买到充足的食物，但在隆达人的村庄里却什么都买不到。那时，内部冲突正撕裂着隆达帝国，敌对各方都需要武器来开展斗争。为了解决武器短缺的问题，隆达人选择雇佣柯克韦人，就像19世纪40年代因象牙短缺而雇佣柯克韦人猎象一样。这种做法直接导致了柯克韦人对隆达帝国的征服。19世纪末，王朝争夺仍然侵蚀着隆达帝国，这种争夺不光发生在姆瓦塔·亚姆沃的朝廷，也发生在各地总督的驻地。柯克韦人雇佣军把某个人扶上位，然后就在这个人的土地上定居，掠取这个人土地上的妇女，最终篡夺这个人的权力。

柯克韦酋长和上层人士——并非猎人或者亲族头人——掌控雇佣兵队伍，介入隆达内政。他们会以掠取妇女为诱饵集结人员，因为袭击队伍的首领有权分配被虏获的妇女。一个战斗队伍领导人的能力强弱就看他能掠得多少奴隶，如果他在这方面能力强，那么集结人员就不是难事，并且这种队伍不需要依赖传统的酋长或者亲族这种政治单位。19世纪80年代末，柯克韦人对隆达帝国广大地区展开劫掠，一些原本地位低下的酋长开始壮大起来，人们也不再按照传统的等级架构来对他们进行衡量。到了后来，一些战斗队伍领导人可能连最低的传统地位都没有，只靠他的力量和影响来挣得一个传统的头衔。在一些老辈的酋长看来，新权力精英的崛起无异于一场政治革命。

柯克韦人的扩张进程与中西部非洲贸易经济的变化进程相交织。隆达人的口述历史称他们的酋长与柯克韦猎象者的首次正式接触大概是在1840年。19世纪40年代，新一代酋长中有一位叫西森热（Cisenge）的，他试图控制从卡桑热到隆达的主贸易路线；但是，隆达的姆瓦塔·亚姆沃在英纳基姆本杜建立了一个新的地区首府，将柯克韦人排除在贸易之外，因此西森热没有达成自己的目的。然而，十年后，基博科的人口压力推动柯克韦人进入了莫纳基姆本杜周边的地区。19世纪50年代，柯克韦商人也到了北方的麦姆内内，并在那里把生意做得风生水起。1866年，柯克韦人首次越过开赛到了卡兰巴。这为柯克韦人的扩张设定了北向的指针，这种扩张最开始依赖象牙，后来则立足橡胶。柯克韦人的村庄向北慢慢地扩展，进入莫纳基姆本杜周边地区，到19世纪70年代早期柯克韦人已在这里稳固立足，到约1875年时柯克韦人的力量已非常强大并且扩展的速度更快；在之后的十年里，柯克韦人的移民已向北远至本德。

往南的迁徙在19世纪70年代末达到高潮，当时有旅行者发现很多柯克韦人混居在基韦托河（Kwito）和宽瓦莱河（Kwanvale）之间的卢卡泽人中。当时，柯克韦人往南方的迁徙才开始不久，但很快他们就到了靠近达里奥（Dario）的基韦托河和库班果河（Kubango）的交汇处。这一股迁徙潮开始的时间可能比向北的还要早一些，他们最初的目的主要是寻找蜂蜡，后来则因为人口压力加剧而加快了迁徙的速度，但已有的证据无法支撑我们给出一个确定的起始时间。但不管怎样，柯克韦人向南的迁徙在1877年达到了高峰。

1875年，隆达帝国内部发生了一场继承权斗争，柯克韦雇佣军首次越过开赛河，进入隆达帝国的腹地。当时，一个隆达皇位觊觎者将西森热和西尼亚马（Cinyama）的柯克韦人武装带进了卡拉尼伊，然后柯克韦人扶助他成为姆瓦塔·亚姆沃。作为回报，柯克韦人获得了很多赠礼，并获准可以在一个隆达省区抢掠奴隶。最终，柯克韦人心满意足地带着很多俘虏回到了家乡。其他柯克韦人酋长也跟上了这些人的步伐,很快柯克韦雇佣军就开始在北方和东方为隆达的某些皇位觊觎者作战,一些彼此敌对的王位觊觎者雇佣的都是柯克韦人,只是带领的酋长有所不同。到19世纪80年代,战斗已成寻常之事,从隆达帝国到海岸的贸易被打乱了。隆达的统治者们也意识到了他们对柯克韦人武装的依赖,一些人开始寻求葡萄牙人的帮助,并宣称不再使用柯克韦人的武装,试图打破对柯克韦人的依赖。但是,这些努力在1884年遭遇了一场失败,当时一个隆达贵族召集了一支柯克韦人军队,并成功地登上了姆瓦塔·亚姆沃之位。

1885年,柯克韦移民开始越过开赛河,由此开启了他们在这一地区长达数年的武装侵袭和从事雇佣军营生的岁月。柯克韦人的这种非和平的扩张促使隆达人加强了抵抗,姆瓦塔·亚姆沃的武装和柯克韦人的武装进行了一连串的战斗,最终隆达人大败。这些战役使一些不受控制的柯克韦人在开赛河以东地区大肆劫掠。他们洗劫主要城镇,将那里的居民掠作奴隶。而在开赛河以西,柯克韦人则继续对隆达人的村庄实施抢掠,获取妇女,并控制了范围广大的地区,成功地将原来的隆达帝国分割成一块块的小飞地。在这一过程中,有少数的隆达地方长官会通过献上妇女来跟邻近的柯克韦人讲和。莫纳基姆本杜和西森热就通过这种方式达成了和平,还有少数人也获得了成功。

柯克韦人通过袭击和贸易而推行的扩张在1890年达到高潮。在此之后,柯克韦人遭遇了一系列的反攻,他们的扩张受到遏制,并被迫退到开赛河以西。在加丹加,隆达人在一个被放逐的姆瓦塔·亚姆沃的领导下重新联合起来,到1896

年，他们赶走了相关柯克韦酋长。在北方，本德人、姆邦达人（Mbunda）和奎舍人（Kwese）联手，于1892年在基韦鲁与柯克韦人作战，当时一场大雨让柯克韦人的火器失效，联军最终取胜。刚果自由邦成立后，欧洲人军官和刚果人部队对自由邦区域内的柯克韦人实施打击，终结了他们的经济权力和军事优势。

  柯克韦人政治和军事力量的脆弱性与其扩张的性质有关。柯克韦人之所以能集聚大队的战斗人员，是因为战事的持续使他们一直有俘获妇女的机会。隆达人被彻底击败，欧洲人加强控制，这使武装侵袭失去了理由和空间，柯克韦人的军事组织也随之崩溃。以前武装袭击队伍的一些成员分散回到了小村庄，当面临攻击时，有时他们连自保都做不到了。文化因素也发挥了一些作用。掠夺妇女做妻妾的机制在征服的时候很受推崇，这已是柯克韦人吸收同化相邻族群的唯一路径。当袭击停止时，柯克韦人就没有其他办法整合与他们一道的隆达人和其他族群的人了。并且，隆达人有强烈的自我认同感，他们不认为自己是柯克韦人，这也是1896年他们聚集在复兴的姆瓦塔·亚姆沃的旗帜下的一个重要原因。在19世纪90年代最终走向失败之前，柯克韦人已经历了多次挫折，他们无法将周围的村庄和平地整合入自己的统治体系。

  从移民的角度来说，向北和向南的人口流动并没有减弱。尽管柯克韦人控制的边界停止了移动，但在1905年时仍有一些村庄移进了开赛地区，那里早已有柯克韦人和隆达人混杂居住。移民仍然继续进抵安哥拉南部，这种情况一直持续到1914年。

19世纪80、90年代，往东越过开赛的移民要少于往北和往南的移民，而在隆达复兴时，很多去往东方的人又回到了西部。然而，往东的移民停止脚步只是暂时的。20世纪20年代，这种情况又出现了，当时柯克韦人和柯克韦化的隆达人进入了刚果和北罗得西亚，这些人主要是为了逃避安哥拉的葡萄牙人的统治。

柯克韦人的扩张导源于海岸欧洲人活动发散的经济影响和柯克韦人自身的特质——这种特质潜藏在柯克韦人的社会、政治和经济机制中。显然，19世纪30、40年代从奴隶贸易向蜂蜡和象牙出口的转变使柯克韦人的经济命运发生了关键的变化。他们的地理位置使他们能选择蜂蜡和象牙资源来作为新经济活动的开始，他们的社会和经济结构则使他们易于根据象牙——后来是橡胶——供应变化的情况来调整活动。村庄的社会和经济结构能够承受男性猎人和商人的长期在外，而这些在外者的技能也使他们在其他地方受人欢迎。

柯克韦人的价值观和他们的社会体系为柯克韦人的扩张提供了关键支撑，其中迁徙是一个重要的组成部分。没有这些价值观和社会体系，柯克韦人可能只会成为一个商帮，就像英班加拉人和奥文本杜人那样。掠妻的传统做法使柯克韦人能够通过吸收足够的异族妇女来创造新的人口，亲族的头人也总是能把正常的村庄迁移能力和经验转用于大规模的迁徙。而到了后来，侵袭和贸易又提供了更多的妇女，这又进一步加强了柯克韦人定居点的扩张。

在迁徙扩张阶段，柯克韦人的酋长们做的协调工作并不多，但他们领导了对隆达政治体系的打击，他们应隆达人的需求，一而再再而三地介入隆达人的继承权斗争。隆达人之所以引入柯克韦人，是因为隆达帝国自身的经济衰落，这使他们火器缺失，而火器在与对手的斗争中至关重要。在这种情况下，隆达人就不得不依赖柯克韦人的武装。各地的战斗和混乱为新一代的柯克韦人酋长创造了机会，他们以牺牲众多传统统治者的地位为代价，自己掌控了权力。

第十章

卡曾伯与坦噶尼喀—尼亚萨
走廊（1800—1890 年）

克里斯托弗·约翰（Christopher St. John）

坦噶尼喀湖和尼亚萨湖（Lake Nyasa）之间的"走廊"是一个具有催生重要专业贸易的潜力的地区。走廊区当地的贸易涉及来自多个方向的多种产品的长距离交换，这些产品是由有技术的工匠利用特定地区的自然资源生产的。在这一贸易活跃地区的西部边界上，有一个在经济和政治上都很复杂的卡曾伯[①]王国，它与西方的姆瓦塔·亚姆沃统治的国家、东方的比萨人和尧人相联系，并通过以市场为导向的贸易最终与西海岸和东海岸关联。走廊区有发达的当地贸易，并且处在卡曾伯王国与东海岸之间贸易路线的中间段，它似乎是职业商人群体发展的一个理想地点。

[①] 卡曾伯源出隆达，后逐渐发展为独立实体，长期与姆瓦塔·亚姆沃的隆达国家有密切联系。"卡曾伯"一词既指国家，也是对该国家统治者的称呼。根据上下文情景，当指国家时，译文使用"卡曾伯王国"；当指国家统治者时，则使用"卡曾伯"。——译注

当地贸易与维持性农业相联系，从当地贸易发展到以市场为导向的贸易所需的一些条件在走廊区似乎并不明显。走廊区到底能不能进入更高级的贸易体系？走廊区的居民能不能跳出当地维持性商业的圈子？这两个问题并不容易回答。但不管怎样，后来的发展似乎在早前已有些端倪。外来人士的快速进入带来了新的商业机会，他们在很多地方获得了垄断的地位，而本土的有企业精神的人发现他们其实也可以胜任相关工作。然而，尽管走廊区的经济潜力逐渐显现，但有活力的职业商人却并没有如期产生。这种情况可能有助于我们对前殖民时期东部和中部非洲的贸易发展形成一些理解，也能使我们对一些更具正面性的范例有一些认识。

在海岸贸易的影响到达之前，走廊区的经济情况到底如何？很遗憾我们无法很好地回答这一问题，因为我们能依赖的资料是大卫·利文斯顿于1867年的记录，但这时外部世界的职业商人在走廊区已经很普遍了。从一定意义上来说，只有口述资料能给我们提供一些信息。但口述资料其实主要包含的是政治方面的内容，它们是为了政治的目的而记忆并传承，其中关于商业的信息很少，而且编年也不可靠。但是，我们也可以在警惕编年错乱可能的同时获得一些信息，从而大致地知道在专业贸易活动产生之前的关于交换的粗略情况。

在卡曾伯王国的东北部，在姆韦鲁湖（Lake Mweru）畔和姆韦鲁瓦恩提帕（Mweru wa Ntipa）沼泽地区，贝纳卡布韦勒人（Bena Kabwile）和塔布瓦人（Tabwa）能生产盐。在殖民时代，这些地方的盐会被贩运到罗斯贝里堡（Fort Rosebery）、姆博罗科索（Mporokoso）、卡萨马（Kasama）等地。姆韦鲁湖出产的鱼，在太阳下晒干或者用火烤干，对于利文斯顿时代的当地居民的生活非常重要，这些鱼也会被贩运到很远的地方。塔布瓦的男性还会制造垫子和篮子，它们会与鱼和盐一道贩出。

伦古人（Lungu）是塔布瓦人的东邻，利文斯顿在 1873 年初经过伦古人地区，发现那里有蕴含质地优良的黑铁矿的矿场，一些村庄还有很多炼铁炉。伦古人的铁匠为他们南面的奔巴人制造铁锄、斧头和矛头，他们的铁制品无疑也会输往其他方向。在乌伦古（Ulungu）的东部酋邦中，人们养牛并且种植棉花。利文斯顿对伦古人村庄劳作繁忙的景象有深刻的印象，那里的人们总是在编垫子、纺棉、织布。居住在坦噶尼喀湖畔的伦古人会用干鱼与高原上的伦古人以及东面 40 英里外的芒布韦（Mambwe）酋邦的人们交换小米。[①]

芒布韦人的地区比乌伦古还要知名，那里的牛、绵羊和山羊广为人知。这些牲畜资源可能也招致了恩戈尼人的攻击。1870 年后的某个时间，奔巴人赶走了一群恩戈尼人，一些芒布韦人就送牛给奔巴人作贡赋，而牛的贸易似乎在比较早的时期就已经开始了。芒布韦人还有铁，他们能制造铁锄、斧头、矛头和箭头。

菲帕人（Fipa）在芒布韦人和伦古人北方，他们住在鲁夸

---

① A. Roberts, "A Political History of the Bemba", Wisconsin Ph. D. thesis, 1966, 230; D. Livingstone, *Last Journals*, ed. H. Waller, London, 1874, II, 259; I, 219; E. C. Hore, "Voyage to the South end of Lake Tanganyika in 1880", and A. Carson, "Journey from Quillimane to Niamkolo, 1886", both in the Archives of the London Missionary Society, Central Africa Mission Journals, Box 3; W. V. Brelsford, *The Tribes of Northern Rhodesia*, Lusaka, 1956, 67.

湖和坦噶尼喀湖之间的高原上。他们的铁工业实力是走廊区最强的，进入殖民时代后菲帕人的铁工业也仍然在延续，而其他地方的都已经消亡。铁矿石在沼泽地蕴藏丰富，与这一地区其他地方的工匠不同，菲帕的冶炼工会在冶炼过程中使用石灰石作助熔剂。他们能制造有螺旋纹的长箭头，这种箭头易于蘸毒；他们还能制造矛、多种形式的锄头、长形斧和小斧、长柄大镰刀以及锉木刀。菲帕人的棉纺业也很出名：伯顿1857年从塔波拉的阿拉伯人那里听说过这方面的情况，利文斯顿和卡梅隆在19世纪70年代访问乌菲帕时也都记录过当地人织土棉布的事，19世纪末时华莱士（Wallace）也说那里几乎每个人都在做手工，并且他们的黑白条布比进口的印花布还要结实。另一项产品是来自鲁夸湖的烟熏鱼，现在它可以出口到远至姆旺扎（Mwanza）和恩多拉（Ndola）的地方，这门生意应该也是以前就有的。此外，乌菲帕的物产丰富的田园也能贡献一些剩余产品用于出口。①

　　既然乌菲帕有如此丰富的资源，那么菲帕人似乎不会对买他们东西的人有太多的需求。不过，菲帕人还是会需要一样东西，那就是盐。旺达人（Wanda）居住在鲁夸湖畔邻近伊乌纳盐泉的地方，他们没有铁匠，会从菲帕人手中获取铁制工具和武器。更往南一点的尼伊哈人（Nyiha）会带着一种在鲁夸谷

---

① R. G. Willis, *The Fipa and Related Peoples of Southwestern Tanzania and Northeastern Zambia*, London, 1966, 25; R. F. Burton, "Lake Regions of Central Africa", *Journal of the Royal Geographical Society*, 1859, 381; Livingstone (1874), II, 239; V. L. Cameron, "Southern Half of Lake Tanganyika", *JRGS*, 1875, 212; L. A. Wallace, "The Tanganyika-Nyasa Plateau", *Geographical Journal*, XIII, 1899, 601 ff.; Hore, L. M. S, A, loc. Cit.

地搜集的植物的球茎，与菲帕人交换箭头，这种球茎可用来制箭毒。其他与菲帕人贸易的人群往往只是简单地复制菲帕人的产品。不过，鲁夸湖北端的荣格瓦（Rungwa）酋长们据说会从菲帕人酋长处寻求生产某些产品的授权，而获得授权的代价就是一些铁锄、土布和一名奴隶。

从菲帕人、芒布韦人、旺达人的地区沿着走廊往东南方向，住着纳姆旺加人（Namwanga）和尼伊哈人。纳姆旺加人的大酋长所在的酋邦是由来自比萨的一个叫姆斯亚尼（Musyani）的人建立的，据说"姆斯亚尼"这个词在纳姆旺加人和尼伊哈人的语言中就是指"铁匠"。姆斯亚尼从比萨带来了锄头和种子，据说还教会了纳姆旺加人炼铁和耕种的技艺。在殖民时代早期，纳姆旺加人据说要向奔巴人缴纳贡赋，贡物包括谷物、牲畜和锄头。可以推断这些物品应该也会进入贸易，有记录在描述奔巴人设在边境地区的酋长的职能时，提及一个纳姆旺加商人要在边界地区交纳一名奴隶或者一头牛作过路费。

纳姆旺加人和尼伊哈人种植烟草和棉花，D. 科尔-克罗斯（D. Kerr-Cross）在1890年旅行时看到每个尼伊哈人村庄都有两到三架织布机，所有的人都穿着体面的衣服。尼伊哈人地区的铁也比较丰富，尼伊哈铁匠向不会冶炼的萨弗瓦人（Safwa）提供铁制品。上面提到的尼伊哈人的箭毒也被萨弗瓦人所用。尼伊哈人还有一项比较特殊的技艺，就是猎象，某个猎人必须通过成名的猎象师傅的推介并经过一定仪式后才能成为猎象人。虽然象牙出口可能在较晚时期才成为一个专门行当，但菲帕人、布恩古人、恩贡德人的政治传说中都提到过尼伊哈猎人，这表明尼伊哈人的狩猎在很早的时候就已经比较引人注目。纳姆旺加人、尼伊哈人会将伊乌纳的盐运出，萨弗纳人也会做这方面的工作，而盐可能主要是用来换铁器。此外，奔巴人的口述资料也提到了与姆皮卡（Mpika）附近的奇布韦（Chibwe）盐泉关联的盐贸易的情况，这一贸易沿着现在的大北路所指示的方向扩展，这表明奇布韦盐泉是韦瓦（Wiwa）和纳姆旺加南部用盐的一个出产地。①

在鲁夸湖东南端、尼伊哈人地区以北，居住着布恩古人。根据口述资料，布恩古人地区最初的定居者是来自乌萨加拉的移民。萨加拉人穿着皮衣，发现鲁夸谷地的人们种植棉花并且会织棉布，于是他们就用一种叫"马温古"（Mawungu）的昆虫制作的食物来换棉布，直到最后他们征服了这些织棉布的人。在之后的历史中，两群人之间的贸易也仍然存在。口述资料记载了一次持续八年的饥馑（明显是在18世纪末期），当时布恩古人到乌萨弗瓦、乌尼伊哈、乌马利拉（Umalila）、乌纳姆旺加（Unamwanga）、乌旺达（Uwanda）和乌菲帕去寻找食物。尽管口述资料称布恩古人在这些地方"乞讨"，但也提及布恩古人带着锄头、斧头、棉花去乌菲帕，以保证一名被驱逐的合

---

① D. Kerr-Cross, "Geographical Notes on the Country between Lakes Nyassa, Rukwa, and Tanganyika", *Scottish Geographical Magazine*, 1890, 289; E. Kootz-Kretschmer, *Die Safwa*, Berlin, 1926, I, 180, cited by W. Cline, *Mining and Metallurgy in Negro Africa*, Menasha, Wis., 1937, 24; B. Brock, "A Preliminary Description of the Nyiha", Leeds M.A. thesis, 1963, 50 ff.; Mgr. Lechaptois, *Aux Rives du Tanganyika*, Algiers, 1913, 46; MweneIlongo II, *Story of Wawungu*, trans. F. G. Finch, *Tanganyika Notes and Records*, 52, 1959, 86; K. R. Robinson, "Recent Archaeology of Ngonde", *Journal of African History*, VII, 2, 1966, 170; Robert, Ph. D. thesis, 1966, 161 ff..

法首领回归,这名首领因应对饥荒不力而遭篡位。这些带到乌菲帕的物品可能用来购买食物,也可能是为了维持与乌菲帕的关系。约翰斯顿1890年访问布恩古地区时,发现那里正在经历长时间的干旱,一些人把野生动物肉晒干,到北方和东南方地区交换谷物。①

布恩古人在东南方获取谷物的地方可能是走廊区靠近尼亚萨湖的地方,那里的主要居民是尼亚库萨人(Nyakyusa)。从初有欧洲人到访的时候开始,尼亚库萨人就被认为是一群非常孤立的人,这可能是因为他们所在的地方三面是山,同时那里的土地也很肥沃,牛、香蕉、谷物等物产丰富,每个家庭都能靠自己的生产满足自己的需求,所以贸易的空间很小——但这种空间很小的贸易实际上也涉及多个人群的多种产品。按照口述资料的说法,尼亚库萨人酋长的祖先来自金加(Kinga),在尼亚萨湖东北岸的利文斯顿山区(Livingstone Mountains),他们掌握制铁的技艺。尼亚库萨的铁匠能制造矛、铁制工具、牛铃等,但乌金加(Ukinga)仍是他们用铁的一个来源地。乌金加的传统宗教领导人会参加尼亚库萨人在鲁巴加举行的致敬某位共同的英雄祖先的仪式,而这样的场合也是贸易的场合,主要是用铁器换牛。

金加人还带着贝纳地方出产的盐。在金加人地区和尼亚萨湖之间的狭长沿山地带,基斯人会利用一种质量优异的粘土制作陶器,他们靠陶器贸易来贴补农业生产的不足。汤姆森在

---

① MweneIlongo II (1959), 84; H. H. Johnston, "Journey to the North of Lake Nyassa", Proceedings of the Royal Geographic Society, 1890, 225.

1879年时发现普潘干达（Pupanganda）的市场在相邻的尼亚库萨人中享有盛名，在姆班德（Mbande）进行的考古发掘证明基斯人的陶器被用来与金加人交换铁器，还与跨山区居住的潘格瓦人（Pangwa）交换农产品。

尼亚库萨人会经马哈斯（Mahasi）从北方的桑古输入一种用于印染和化妆的红色的植物根茎，从西边的恩达利（Ndali）则输入树皮布。对尼亚库萨人来说，运输的距离越远，商品的价值就更高，特别是一些"魔药"。"战斗魔药"（war medicine）出自金加人和桑古人之手，"姆瓦韦"毒药（muavi poison）来自恩贡德或者尼亚萨，其他的"魔药"则来自恩达利乃至更远的地方。似乎可能的是，尼伊哈人的铁——也许还有伊乌纳或者奇布韦的盐——也被运到尼亚库萨人的地方。

对走廊区的商业调查肯定是不全面也不均衡的，这主要是因为资料的原因，但从走廊区的一端到另一端的基本画面还是可以呈现的，多种多样商品交换的情况也能说出一二。有人可能会问，把走廊区当作一个"经济区域"或者一个"贸易网络"来进行考察是否合适？把上述种种的交换汇整成一个网络，首先是想表明不同的交换模式是同时存在的，其次是想说明这些交换模式是彼此关联的。尽管与多种交换模式相关的证据所产生的年代跨越过去的数百年，但这些证据描绘指向的仍是同一种类型的贸易，如布里安·费根所言，这种类型的贸易已持续了几个世纪。像盐和铁这种基本商品的供应模式在很大程度上取决于物质性的因素，并且它们是人们生活不可或缺的东西。因此，没有理由认为大部分乃至所有的贸易模式发端于

19 世纪初。

说各种贸易模式互相关联并不意味着塔布瓦人知道尼亚库萨人的一切，也并不是说塔布瓦人的产品一定会到尼亚库萨人手上。但在整个区域里，从塔布瓦到尼亚库萨，从卡曾伯到乌布恩古（Ubungu），贸易可以说是没有边界的，如果在某一方出现明显的经济变化，那另一方就会有所感应。因此，如果塔布瓦人获得了一件新产品，他们可以用它——也可以用盐——来买伦古人的铁器，而伦古人就会带着从塔布瓦人手中获得的东西到菲帕人那里换谷物，诸如此类。显然，如何对这一网络的边界进行划定大有争议，比如，我忽略了南方奇辛加（Chisinga）的制刀者、比萨的渔人、森加（Senga）的织工，还有北方乌鲁阿（Urua）和马伦古（Marungu）的牧羊人、基姆布的铁匠等，他们的产品也进入了走廊区贸易网的边缘。

已有的资料表明存在这种当地贸易的网络，但这一网络的组织到底如何，相关信息却很少。要想合理地描述走廊区的经济状况以及其对专业化、市场导向的贸易产生的推动作用，就不仅要描述贸易的流向和交换所涉及的商品，还要搞清楚贸易的频率、机制以及其在个体和社区的经济生活中的作用。除了汤姆森观察并记录了基斯人的陶器市场外，走廊区似乎没有利文斯顿在尼耶马人地区发现的那种每四天举行一次的繁忙的市场。走廊区的很多族群——比如菲帕人、尼伊哈人、纳姆旺加人——的口述资料都提及了收受以物品和劳务为形式的贡赋的事。有证据表明，就像奔巴人和隆达人那里的情况一样，走廊区的酋长会给臣民们派发礼物，也会收他们的礼物，因此实际上是产生了贸易。但当海岸需求出现时，这些传统存在的活动可能就变得更加重要，比较有代表性的就是当时酋长会从每对从他辖地上获得的象牙中抽一根的机制安排。

在没有确切的关于走廊区本身的相关证据的情况下，米拉克尔的关于兰巴（Lamba）和森加的研究可以为探讨走廊区贸易网络问题作一个参照，这两个族群分别与走廊区西部和北部的族群相邻，与走廊区族群多有共同之处。森加人的当地贸易不正式也无规律，但也不是不常有。一些人会带着他们的物品去他们以前做过生意的村庄。没有一方能主动发起贸易，只要有商队或者小股的商贩到访，兰巴人就不会到离家很远的地方，除非歉收年景迫使他们到外面去找人交换食物。①

不同族群对贸易依赖的程度不同。对所有的群体来说，基础必需品只有极少数要靠进口提供，出口则只在对抗饥荒时才重要，他们的主业似乎仍然是维持性农业。奇斯霍尔姆（J. A. Chisholm）认为，纳姆旺加人没有劳动分工，每个人都自产所需。但奇斯霍尔姆也补充说，一些有技能的人会制造锄头卖给同乡。贝弗利·布洛克（Beverly Brock）称尼伊哈人中有技术的猎人、织工和制铁工中的能手是"兼职的专业人士"。莫尔（R. J. Moore）在谈到卡布韦勒和塔布瓦的盐工时说，尽管这些人是农民，但他们所在的土地并不肥沃，所以他们在很大程度

---

① M. P. Miracle, "African Markets and Trade in the Copperbelt", in P. Bohannan and G. Dalton (eds.), *Markets in Africa*, Evanston, 1962, passim.

上会靠卖盐来补贴生计。①

尽管一些个体的生产者会依赖他们的技能满足部分的生活所需，但他们仍不能被称作"职业商人"。他们的生产和贸易仍然与农业相联系。尽管他们——或者他们的酋长——可能会充当中间人，但这只是发挥一种一般的功能，他们并没有专门把自己的精力投入这个方面。这些生产者也算得上经济精英，就像尧人的铁匠那样，有些人可以发展成为职业商人，但必须要有进一步的刺激因素。

走廊区的本土贸易网络一般被认为是与周边地区隔绝的。专业化贸易产生的前提条件之一似乎是海岸对像象牙和奴隶这样的商品有需求，并且有新的奢侈品可以流通，这些会使专业化贸易有存在的价值。19世纪初，职业化的尼扬姆维齐商人在走廊区的东北部活动，而比萨人则在西南部活动。他们的活动可能在走廊区有发散性影响，其他的一些专业化商人会跟进来。但是由于隆达人所处的地理位置，并且他们很早就参与了市场导向的贸易，有理由推测最先模仿开展专业化贸易的人应该是来自卡曾伯王国。

有明确的证据表明卡曾伯王国的隆达人在18世纪后半期就已经在参与市场导向的贸易。口述资料则指向卡曾伯王国最初的建立与商业利益有关。葡萄牙人的记录表明，隆达人

---

① J. A. Chisholm, "Notes on the Manners ... of the Winamwanga and Wiwa", *Journal of the African Society*, IX, 1910; B. Brock, "The Nyiha of Mbozi", *Tanganyika Notes and Records*, 65, 1965, 5; R. J. Moore, "Industry and Trade on Lake Mweru", *Africa*, X, 2, 1937, 131.

复杂的政治组织可能也具有商业意义，特别是在涉及贡赋事宜时。佩雷拉记录了被卡曾伯征服的比萨酋长进贡的情况，他们向卡曾伯国王进献食物，卡曾伯国王则还赐象牙。贡赐的双向互利在庞贝罗的记录中也有提及，他们在从姆瓦塔·亚姆沃的国家到卡曾伯王国的路上遇见一位叫姆津加·姆森达（Muginga Mucenda）的酋长，这位酋长由卡曾伯任命，职责是向所有带着贡品从姆罗普（Muropue）到卡曾伯王国和从卡曾伯王国到姆罗普的人提供食物。因此，进贡并不是一种简单的带有负担性质的税务，而是一个国家组织的交换体系。

卡曾伯王国组织了多少商队仍不清楚。似乎比萨人是大部分东向贸易的实际承担者，而隆达的运输队伍则来卡曾伯取盐然后连同其他商品一起带往西方。隆达人的贵族曾在 1798 年、1814 年和 1830 年三次带队去海岸找葡萄牙人；卡曾伯提到了拉塞尔达（Lacerda）的队伍，称自己为他们打开了比萨人封闭的道路，他派自己的臣属去购买布匹，并将携带丰厚财富的白人领到了他的王国。

有一些证据表明，卡曾伯没有忽视走廊区与邻近东方地区的繁荣贸易。根据隆达人的口述资料，第三任卡曾伯卢克维萨（Lukwesa）（应是在约 1760 年登位，逝世于 1805 年）离开他在卢阿普拉的臣民，往东方和北方行进，他说："我将去捉克拉（Kela）（一名芒布韦酋长）、钦辛塔（Chincinta）、恩腾达（Ntenda）、坦古（Tangu）和楚恩古韦·提姆布韦（Chunguwe Timbwe），因为我听说他们有很多牛。"卢克维萨带着他的队伍前往塔布瓦人和伦古人的地区，在奔巴人的一个叫姆旺巴

(Mwamba)的酋长处停了下来，这主要是因为要尊重隆达人和奔巴人有亲近关系的传统。但最终卢克维萨的队伍还是到了远至恩贡德的地方，然后又在芒布韦人和纳姆旺加人的阻力下返回。在这次行动之后，卡曾伯开始接受进贡，贡物包括卢森加（Lusenga）的蜂蜜、姆普韦托（Mpweto）的鱼、普塔（Puta）的盐（姆普韦托和普塔在姆韦鲁湖东北岸）以及从芒布韦人、塔布瓦人和伦古人那里来的男奴、贝壳和很多其他东西。1830年，加米图（A. C. P. Gamitto）访问卡曾伯王国时，一个隆达贵族被派往一个伦古酋长处收贡物，然后带回了一些瘦牛、少量奴隶和一些铁丝镯。贡赋的性质上面已经讨论过了。在这里所说的例子中，所谓贡赋显然不可能是说卡曾伯王国在政治上控制了伦古人或者芒布韦人，贡赋所体现的应该是一种互利关系。根据隆达人的口述资料或者更早时期的奔巴人的口述资料，在加米图访问之后不久，著名的奔巴大酋长奇莱谢（Chileshye）访问了卡曾伯，他从卡曾伯那里收到了很多礼物，包括"战斗魔药"、一件圣器、种子、布匹和珠子，有的口述资料说还有宫廷歌手和工匠。利文斯顿在经过相关地区时，有人告诉他在靠近奔巴人地区和伦占人地区毗连处的奇布韦有一处隆达人的冶炼坊。隆达的工匠真的会在离故土如此远的地方开工吗？没有足够的资料证明这一点。但已有的证据表明，伦古人和隆达人之间的铁产品贸易肯定是存在的。[1]

---

[1] A. C. P. Gamitto, *King Kazembe*, trans. I. G. Cunnison, Lisbon, 1960, II, 35; Roberts, Ph. D. thesis, 1966, 172, 115 ff.; Mwata Kazembe XIV, *Historical Traditions of the Eastern Lunda*, trans. I. G. Cunnison, Rhodes-Livingstone Institute, Livingstone, 1961, 70; Livingstone (1874), I, 201.

上述的证据表明,卡曾伯王国是走廊区当地贸易网络的一个组成部分。但卡曾伯王国在走廊区贸易网络中并不占据支配地位,它也未将走廊区贸易带入一个专业化的贸易网络。隆达人与他们东部邻居的关系似乎与他们与走廊区其他人群之间的关系具有同样的特征。走廊区居民向卡曾伯提供的"贡物"主要是当地产品——比如牛和铁制品,而不是专业贸易所关注的货物——比如象牙或者那种卡曾伯可以从比萨人手中获取的欧洲产布匹。隆达的专业化贸易主要指向比萨人和姆瓦塔·亚姆沃。专业化中间人的观念与技术似乎都没有在走廊区的居民中传播。但即便是卡曾伯王国没有将走廊区引入一个新模式的商业体系,走廊区也不会长久地与专业化贸易体系隔绝。海岸贸易的影响似乎是从东方进入走廊地区的,特别是通过桑古和布恩古。

桑古人在 19 世纪 30 年代时似乎已经是一个有中央集权机制和能力的酋邦,他们因通过袭击夺取牛——后来是奴隶——而为邻居所知。在大酋长梅雷雷一世（Merere I）统治时期,桑古人在 19 世纪 40 年代初遭到了恩戈尼人的打击,但他们的力量仍然保存了下来并继续扩大自己的活动范围。在此之前,乌桑古（Usangu）东北面的伊桑加和伊森加（Isenga）是海岸来的阿拉伯商人行进的西部终点。海岸的贸易触角向东北延伸进尼扬姆维齐人地区,然后再继续穿过伊桑加和伊森加。1837年,居住在伊桑加和伊森加近旁的基姆布人受到桑古人的攻击,不得不向北迁移——这是伯顿在 20 年后听到的说法。由于贸易路线受到桑古人的扰乱,海岸与尼扬姆维齐人地区之间的贸易路线向北移动,形成了一条穿过乌戈戈的新路线。①

但是桑古人也没有断绝与海岸贸易的联系。1857 年,伯顿发现有一条路,从塔波拉出发往南,经过伊桑加和伊森加,抵达乌桑古和乌贝纳(Ubena)。那时,商队取道乌桑古去塔波拉是比较不正常的事,更常见的是在从塔波拉回程到海岸时走乌桑古这条路。桑古人攻击贝纳人(Bena)、基姆布人、赫赫人(Hehe)和科农戈人(Konongo)以获取奴隶,然后赶着奴隶去海岸或者卖给乌萨加拉的奴隶贩子。此外,一些商人还发现乌桑古有牛、象牙和铁产品。②

桑古人的崛起是否因为他们靠近早期的贸易路线?这很难说。或者说,是乌桑古的商业潜力引导了贸易路线的延伸,它既有牛和铁产品,也有奴隶和象牙,这些都是吸引力。桑古人可能通过攫取走廊区的财富加强了自己的力量。如珠子等海岸商品以及如象牙等被认为具有高价值的财富都在乌桑古集散流通。但伯顿没有提及走廊区酋邦遭受桑古人袭击的事,认为桑古人与走廊区酋邦有定期的专业化贸易联系的证据也很薄弱。

如上所述,布恩古人是从乌萨加拉迁徙而来。乌基姆布的尼伊通巴(Nyitumba)诸酋邦的创立者在迁徙的过程中与布恩古人有联系,他们被认为是连接内陆与海岸的路线的开辟者,他们带着海岸的物品去到内陆,把贝壳当作酋长地位的象征,

---

① Burton (1859), 145, 300; A. Smith, "Historical Introduction" to *Maisha ya Hamed bin Muhamad* (Tippu Tip), trans. W. W. Whiteley, supplement to the *Journal of the East African Swahili Committee*, 1958/1959, 10; M. Wright, "German Evangelical Missions in Tanganyika 1891–1939", London Ph. D. thesis, 1966, 60; A Shorter, "Ukimbu", Oxford D. Phil. Thesis, 1968, 435–442.
② Burton (1859), 299–302.

这吸引了内陆的人们，推动了内陆的人们到海岸去。布恩古人在 18 世纪中期前开始迁徙，他们是不是从这时候起就有了与海岸的商业联系？这一点还存疑。但在 19 世纪，在从海岸到北面的桑古人、基姆布人、尼扬姆维齐人的贸易中，布恩古人肯定是处在一个有利的位置。

从塔波拉到乌布恩古南部的一条路线在 1857 年前建立，有人跟伯顿说，布恩古人是一群好战者，富有牛和象牙。在伯顿绘制的地图上，有一条路线连接到鲁夸湖东面的一个点，这个点被标为"象牙市场"。伊隆加（Ilonga）酋长在 19 世纪 30 年代到 1856 年间统治乌布恩古，他曾请恩戈尼人帮他反对桑古人，但后来却一度无法说服恩戈尼人离开，好在恩戈尼人最后去了北方。乌布恩古继续维持了一段时间的富足繁荣，据说伊隆加派人去乌尼亚尼耶姆贝买牛，这些人派头很大，结果被丰迪基拉酋长杀了。伊隆加的继任者基兰加（Kilanga）威胁开战报复，但他可能并不希望危机影响更加有利可图的活动。基兰加有战士之名，根据布恩古人的口述资料，他攻击乌尼伊哈、乌纳姆旺加、乌旺达、乌基姆布、荣格韦（Rungwe）、乌科农戈和乌萨弗瓦，收取奴隶贡赋。菲帕人的口述资料记录了布恩古人在 19 世纪中期的一次入侵，这次入侵抢走了菲帕人酋长家族的一些妇女；本德人的口述资料提及乌布恩古是枪支来源地，一些失意的酋长位觊觎者会去那里找机会。①

与海岸的联系对桑古人和布恩古人的影响可能也传播到了

---

① Ilonga (1959), 88; Lechaptois (1913), 35, 38.

走廊区，基姆布人的传统歌谣提及 19 世纪 30 年代末在乌基姆布有一场大饥荒，歌谣唱道："我们被扫出，……让我们去那些有食物的地方……让我们去乌布恩古……让我们去乌奔巴（Ubemba）……让我们去乌戈戈……让我们去乌加拉冈萨（Ugalaganza）。"① 提及乌奔巴可能是把时代搞错了，或者可能是指有一条早已开辟的道路从尼扬姆维齐人地区、乌基姆布和乌布恩古——三个地方都参与了与海岸的贸易——经过走廊区延伸到奔巴。遗憾的是，长途贸易通过当地贸易网络对走廊区发挥影响的路径并不清楚。在更直接地面对海岸力量之前，走廊区的居民实际上几乎没有时间对海岸贸易的前锋影响进行反应和适应。大致在与前面提及的桑古人和布恩古人中发生变化的同时，阿拉伯人、斯瓦希里人、尼扬姆维齐人已经在走廊区推进并且已经到了超越走廊区的地方。因此，在菲帕人和本德人的口述资料中，阿拉伯人的出现与布恩古人的出现是在同一时期。

很难精准地确定外国商人首次进入的时间。在一份比较混乱的记录中，庞贝罗称在 1806 年有一个叫"图恩加拉加扎"的人带着奴隶、铜镯、贝壳和棕榈油去卡曾伯王国。有人认为这应该是指尼扬姆维齐人，因为尼扬姆维齐人地区西部有一个地区叫乌加拉冈萨；后来又有人说，这一纪录涉及的应该是加丹加的尼扬姆维齐人。从关于背景环境的描述来看，这些人应该来自西部，这可能意味着他们是先越过坦噶尼喀湖、通过乌

---

① Shorter, D. Phil. Thesis, 1968, 448.

鲁瓦（Uruwa）到达加丹加，再从加丹加经卡曾伯返回。由于他们带的是本土而非沿海的商品，这似乎可以支持这种路线假说，也应该符合这一时期尼扬姆维齐人的情况。但情况仍然很模糊，是不是尼扬姆维齐人在活动还并不一定；即便进一步的考古研究和口述资料研究能证明尼扬姆维齐人在这一时期确实到了卡曾伯王国和加丹加，也似乎还是不能认定他们走的一定就是走廊区。①

在停止对庞贝罗的记录进行分析之前，有一点仍可以注意，那就是记录提到了铜，这应该是专业化贸易的一个标志物。如上所言，加丹加的铜已经通过隆达人和比萨人进入了往西和往东南的贸易体系。伯顿发现铜已经贩卖到了乌济济和坦噶尼喀湖北岸地区，大湖地区王国的口述资料则表明加丹加铜很早就已进入。可能在象牙获得重要的商业地位之前，铜就已经是专业化贸易中的一个重要组成部分了。

海岸商人在卡曾伯王国活动的第一项确凿的证据来自加米图的记录，记录提到他在1830年遇到了两个戴着穆斯林帽子的黑皮肤的人，而这两个"摩尔人"来自海岸。但也不能肯定说这两个"摩尔人"是从走廊地区过来的，即便他们可能是神秘的"图恩加拉加扎"。事实上，这两个摩尔人对莫桑比克非常熟悉，能用姆夸人（Mukua）的语言与加米图交流，这表明他

---

① Burton（1873），88；A. Verbeken and M. Walraet, *La Première Traversée du Katanga*, Brussels, 1953, 75; for the interpretation of Tungalagaza as Nyamwezi, see J. Vansina, *Kingdoms of the Savanna*, Madison, 1966, 227, and A. Smith, "The Southern Interior 1840–1884", in R. Oliver and G. Mathew (eds.), *History of East Africa*, I, Oxford, 1963, 265.

们可能走的是尼亚萨湖南面的尧人—比萨人地区这条路。①

然而，从奔巴人的口述资料中获得的证据表明，到19世纪第二个25年开始时，走廊区已不再孤立。1827年后的某一个时间，奇莱谢成了奔巴人的大酋长，他赶跑了苏苏鲁（Susulu）。苏苏鲁逃到芒布韦人处并在那里去世，奇莱谢不得不送礼物给芒布韦以求回苏苏鲁的遗体。口述资料记录，奇莱谢送的礼物是从阿拉伯人手中获得的布匹（也许还有枪）。还有一份口述资料称在奇莱谢对比萨人的战争之后，阿拉伯人来到奔巴人地区买奴隶。有一条比较曲折的证据是关于外部世界的商人经过走廊区的，这条证据来自利文斯顿。1872年，利文斯顿在塔波拉遇见一位60岁的尼扬姆维齐人酋长，他说自己小时候曾跟着自己的父亲去加丹加，他的父亲是一位大商人，当时走的是菲帕人地区，跟利文斯顿走的路一样。②

第一批外国商人具体什么时候进入卡曾伯王国多有争议，但一般都同意阿拉伯人和斯瓦希里人大举进入是在19世纪40年代。利文斯顿在卡曾伯王国遇见在那里定居的穆罕默德·本·萨利赫（Mohammed bin Saleh），他说是自己的父亲开辟了这个国家与阿拉伯人贸易的路。穆罕默德自称在加米图到访时就已经在卡曾伯王国了，但利文斯顿发现，穆罕默德有时会撒谎。他说自己被囚禁在卡曾伯王国，但在不同的场合，他说的

---

① Gamitto (1960), II, 119.
② Robert, Ph. D. thesis, 1966, 132 ff.; Ann Tweedle, "History of the Bemba from Oral Sources", in E. Stokes and R. Brown (eds.), *The Zambesian Past*, Manchester, 1966, 210; Livingstone (1874), II, 180.

被囚禁的时间分别是 10 年、12 年和 25 年。实际上，应该是贫穷迫使他在 1841—1842 年攻打伊塔布瓦的恩萨马（Nsama of Itabwa）失败后一直滞留在卡曾伯。利文斯顿在这一时期还在尼亚萨湖附近遇到了其他的一些商人，他们当时已在加丹加待了 14 年。萨义德·本·哈比卜（Said bin Habib）于 1844 年离开桑给巴尔，他从乌济济渡坦噶尼喀湖到西岸，再南下到姆普伦古（Mpulungu），然后从那里去卡曾伯王国和加丹加。①

姆斯里，这个尼扬姆维齐人后来建立了耶克国（Yeke），他的父亲在 19 世纪 40 年代绕过坦噶尼喀湖南端去了加丹加，并和一些加丹加酋长结拜。大约在 1856 年，姆斯里在得到许可后进入卡曾伯王国，他越过卢阿普拉河，在卡曾伯王国西部建立了自己的领地。姆斯里不久就成了兰巴人的加丹加酋长和桑加人的蓬德（Ponde）酋长的主人，这两个酋长之前是卡曾伯的臣属。大约在 1865 年时，卡曾伯的甥侄们去攻打姆斯里，但兵败被杀，这导致卡曾伯王国开始反对所有的外国商人，穆罕默德·本·萨利赫就是在这时被囚禁的，他一点一点积攒起来的财富被偷，一个儿子和一些追随者也被杀。

1857 年，伯顿发现有几条通往走廊区的路线。其中一条是从乌济济出发经乌菲帕到乌伦古。另一条是从乌尼扬格韦拉（Unyangwila）东南的乌尼亚尼耶姆贝出发，然后向西南通过乌基姆布的基韦莱和恩科科洛；从恩科科洛继续行进，路线

---

① Livingstone（1874），I, 247, 276, 287, 297; Burton（1859），256; Livingstone, *The Zambesi and its Tributaries*, London, 1865, 259; Sir John Gray, "Trading Expeditions from the Coast", *Tanganyika Notes and Records*, XLIX, 1957, 232.

往南经过鲁夸湖再到乌菲帕；然后从乌菲帕经伊韦姆巴（Iwemba）到卡曾伯王国。1860年，奇莱谢在奔巴逝世，这一时期这条路线可能对姆旺巴非常重要，他宁愿不当大酋长也要保住自己当时的地位，因为如果往东迁移的话，他就会处于一个贸易上比较不利的地方。伯顿记录的路线通往乌布恩古，因此它可能也会延伸进入走廊区。实际上，在坦噶尼喀湖畔有多个点，可以从这些点出发渡湖到乌伦古和卡曾伯王国，也可以到乌鲁瓦和加丹加。

1863年，提普·提布采用了另一条路线，它可以沿着从海岸出发的老路去乌桑古，然后再继续前进到菲帕人、纳姆旺加人、鲁恩巴人（Ruemba）和伦占人的地区。后来他又与他兄弟一道进行了第二次旅程，经过乌桑古到了奔巴酋长姆旺巴处。也就是在这个时候，他和其他阿拉伯人联合击败了伊塔布瓦的恩萨马，并遇见了利文斯顿。1870年，提普·提布从塔波拉和乌科农戈出发经乌菲帕前行，沿着坦噶尼喀湖再次到达乌伦古和伊塔布瓦，然后他在经姆韦鲁湖去乌鲁瓦之前又回到奔巴酋长处。利文斯顿于1867年在奇塔潘夸（Chitapankwa）遇见的马加鲁·马弗皮（Magaru Matupı）也是经乌桑古过来，然后又从乌桑古去了纳姆旺加酋长奇卡纳姆利罗（Chikanamuliro）处。马弗皮的人对利文斯顿说，他们是第一次从那条路走那么远。马弗皮描述了在奔巴人和伦古人处的阿拉伯人给梅雷雷和桑古人的财富的情况，表明走廊区的桑古延伸路线是广为人知的。[1]

---

[1] Livingstone（1874），I, 187, 212, 214, 218, 225; Roberts, Ph. D. thesis, 1966, 239.

利文斯顿 1867—1873 年旅行期间，姆韦鲁湖、班格韦鲁湖（Lake Bangweulu）与坦噶尼喀湖之间的地区到处都有阿拉伯人、海岸商人和尼扬姆维齐人；一些人准备从那里再往加丹加，一些人则要从那里回塔波拉或者海岸，还有一些人已在那里待了些日子甚至已经基本定居下来。尽管这里人流往来，已形成像卡曾伯—比萨—尧—基尔瓦或者乌济济—塔波拉—巴加莫约这样的贸易路线，但主体的大动脉似乎并没有在走廊区形成，原因之一是经走廊区往加丹加的路线与另外的两条路线冲突。1861 年和 1866 年，利文斯顿两次遇到比萨人，他们在南线地区开展贸易，尽管那里有奔巴人和恩戈尼人的扰乱。大约在 1870 年，比萨人似乎遭遇了失败，海岸商人进入，取代了他们的位置。利文斯顿 1861 年遇到的比萨人曾提及此事。1840 年前后，一个斯瓦希里人成了科塔科塔（Kotakota）的控制者，那里有一个渡口，可带奴隶渡尼亚萨湖到罗塞瓦（Losewa）。这名斯瓦希里人肯定也曾派人沿着比萨人的路线往西北活动。在北方的贸易路线上，伯顿于 1857 年发现桑给巴尔贸易的西部终端是在乌鲁瓦，从乌济济渡坦噶尼喀湖后再往西南即可到达。从乌鲁瓦出发，已有商人们往南到卡曾伯和加丹加。当姆斯里确立自己的地位时，这条路线由尼扬姆维齐人控制，但是阿拉伯人仍然继续在靠北方向的马尼耶马渡坦噶尼喀湖。

经过走廊区的贸易路线从未获得像尼扬姆维齐人路线或者比萨人路线那样的地位，原因之一是没有当地族群有足够的机会成长为像尼扬姆维齐人或者比萨人那样的经营者。卡曾伯王国和走廊区的居民似乎都没有在长途贸易中起到发起者的作用。

从卡曾伯方面来说，他其实不需要另一条到海岸的路，他致力于维持南方的贸易路线，因此对北方的路线关注得较少。奔巴人和恩戈尼人的入侵显然并没有阻挡比萨商人去卡曾伯王国，这种状况可能直到1870年才改变，而那时有很多尼扬姆维齐商人和阿拉伯商人去卡曾伯王国，所以卡曾伯也没有必要自己去开一条路。卡曾伯面临的问题不是商品的出路，而是他掌握的商品无法满足外部世界的需求。利文斯顿对卡曾伯有所记录，他称卡曾伯是一个"穷人"，因为他不得不承认自己无力供应足够的象牙，而他的一个叫姆维尼姆潘达（Mwenimpanda）的臣属更是欠阿拉伯商人重债。利文斯批评卡曾伯残酷，他驱逐了很多平民，他在象牙方面的吝啬使很多猎象者不愿为他服务。但更有可能的是，面对海岸商人的激烈竞争，卡曾伯无力应对，一些有经验的猎象者可以有很多机会；卡曾伯也无法对贸易实施垄断，而只有垄断了贸易才能获得收入并进而维持臣属的忠诚。

至于卡曾伯之外的其他人，似乎主要的问题是没有足够的时间，他们在面对专业化贸易机会的同时，也遇到了经过他们地区的外部世界商人的挑战，然后是外部世界的商人占到了先机。走廊区的当地人没有机会发展他们自己的事业，不过，在外部世界商人大举进入的形势下，也还是有一些人进入了专业化贸易的体系。

自然，外部世界商人也需要在当地有盟友。1857年，有人对伯顿说，菲帕人欢迎寻求奴隶和象牙的商人。利文斯顿的人在1873年前往乌菲帕的路上碰见了两支阿拉伯人的商队。一支商队驻扎在卡普菲（Kapufi）的首府，汤姆森说这支商队的首领是菲帕人酋长的"首相"，对酋长有"相当大的影响力"。进一步往南到乌伦古有提普·提布的商队，这里有与利文斯顿相熟的阿拉伯人，他们掌握的象牙很多。伯顿说马伦古是坦噶尼喀湖畔（除乌济济外）最重要的地方，汤姆森则更明确地称伊恩德韦（Iendwe）是最重要的地方，因为这里被阿拉伯人和尼扬姆维齐人当作活动总部。对从尼亚萨湖经走廊地区来的旅行者来说，乌伦古是整条路上最让旅行者印象深刻的地方，这里有大量的进口的布匹和装饰品，人们的生活方式也与众不同。①

有些时候，从走廊区来的人可能会成为独立的专业化商人。桑古人和布恩古人的例子前面已进行了讨论。1877 年，艾尔顿（J. F. Elton）发现，桑古人尽管受着赫赫人的压制，但他们装备着火器，已习惯与阿拉伯商人打交道，是商人苏莱曼的东道主，还聘了一个俾路支人（Baluchi）当军事顾问。后来，在赫赫人的强迫下，桑古人最终离开了故土，他们迁移到乌萨弗瓦，在经历了千辛万苦后，他们逐渐恢复了活力，开始袭击他们的新邻居，以此维持他们出口奴隶的"事业"。②

在口述资料中，布恩古人的酋长基兰加不仅征服了周边地区，还与到访的阿拉伯人做生意，交易象牙、奴隶、河马牙齿和犀角。基兰加和他的孩子们据说还成了穆斯林。基兰加有一

---

① Burton（1859），259 - 265；Livingstone（1874），II，334，336 ff.，180；J. Thomson，*To the Central African Lakes and Back*，London，1881，II，217；II，16，I，304；Tippu Tip（1858/1859），43.
② M. Wright，Ph. D. thesis，1966，62；J. F. Elton，*Travels and Researches among the Lakes and Mountains of Central Africa*，ed. H. B. Cotterill，London，1879，345 ff..

个外国军事顾问，是一个叫阿穆兰·马苏迪（Amran Masudi）的俾路支人，据说他怂恿基兰加攻击桑古人，结果招致灾难性的失败，他和基兰加在 1872 年至 1873 年被杀。八年后，基姆布的尼云古帮助布恩古王子祖恩达（Zunda）从他的兄弟旺古（Wangu）处夺得了王位。不过，贸易仍如往常，未受此事件影响。1890 年，约翰斯顿记录了布恩古人全心参与长途贸易的情况：酋长把子弹当货币、很多布恩古人能流利地说斯瓦希里语、奴隶和象牙继续向尼扬姆维齐人地区出口。①

布恩古人和桑古人不仅为外部世界的专业化商人当仆从，有的还自己做生意，至于其他人群是不是也如此，相关证据很少。1879 年霍尔在乌济济遇到了一小队从事贸易的菲帕人。在沿着湖岸的菲帕人地区行进时，霍尔觉得菲帕人是积习难改的奴隶贩子。霍尔的同伴斯万（A. J. Swann）在乌伦古遇到了大量的菲帕人的独木舟，舟里装满了谷物，而舟上的人只接受用奴隶交换。在伊塔布瓦，有一些猎象的菲帕人，其中一个是为斯瓦希里人服务，其他则可能是自主经营者。在塔布瓦人中，没有证据表明他们的酋长恩萨马组织了商队，但 1867 年（这一年，他被提普·提布击败）人们所见的恩萨马积累的铜和象牙财富表明他可能参与了一些专业化贸易活动。②

从已有的资料中找到的这些线索并不全面，无法证明当地的专业化贸易活动是不是对外部世界商人的模仿，但走廊区居

---

① Ilonga (1959), 89; Shorter, D. Phil. thesis, 1968, 492 ff.; Johnston (1890), 226.
② E. C. Hore, *Tanganyika: Eleven Years in Central Africa*, London, 1892, 91; id., I. M. S. A., loc. cit.; A. J. Swann, *Fighting the Slave Hunters in Central Africa*, London, 1910, 98; Brelsford (1956), 74; Tippu Tip (1958/1959), 47.

民的反应应该不是完全被动消极的。马尔西亚·赖特（Marcia Wright）提出，对纳姆旺加人的一项研究可能能为解读走廊区居民对专业化贸易发展的反应这一问题提供有价值的资料。纳姆旺加酋邦延续时间较长，它有中央化的机制，比较稳定。实际上，提普·提布、提普·提布的合伙人萨乌德·本·萨义德（Saud bin Said）、马加鲁·马弗皮都到访过纳姆旺加；科尔-克罗斯记录说纳姆旺加人跟很多阿拉伯人打交道，他们从阿拉伯人手中获取枪支，然后袭击自己的邻居；福斯（Fuchs）也指出，纳姆旺人接受了很多尼扬姆维齐人的词汇。这些都很值得深入研究。①

尽管当地人参与专业化贸易的范例很少，有些也没有被发现，但走廊区居民参与贸易的模式在大部分情况下仍与尼扬姆维齐人有所不同。提普·提布记录了他 1867—1868 年去海岸的情况。当时，伦古人与他关系友好，帮他把货物一直搬运到芒布韦。到奔巴后，他又找到了一帮人，奔巴的搬运工也能带着象牙去芒布韦，但这些人"互不信任"。一些芒布韦人带着象牙去乌纳姆旺加，然后再把象牙从那里运到尼伊哈。尼伊哈人则带着这些象牙，到远至乌萨法（Usafa）的地方再继续前行，到乌罗里（Urori）。提普·提布称，在他到乌罗里时，找不到愿意去海岸的搬运工，所以他决定去塔波拉，找尼扬姆维齐搬运工。提普·提布将他遇到的麻烦归因于恩萨马被击败后的不

---

① Personal communication from Marcia Wright; Tippu Tip（1958/1959），43，57；Kerr-Cross（1890），287；P. Fuchs, *Die Wirtschaftliche Erkundunge des Ostafrikanischen Sudbahn*, Berlin, 1906.

稳定,但尼扬姆维齐人不怕尼扬姆维齐人地区、乌戈戈和其他地方的政治冲突。走廊区的居民在很大程度上仍然只局限于当地从事维持性导向的贸易。

专业化贸易进入走廊区后,大部分并没有受到直接的影响,但当地贸易网络的持续还是要归功于此。新的商品沿着老的渠道流转,新的需求要利用老的生产技能。除了欧洲输入的珠子和布匹外,外部世界商人还把出自非洲本土的铜引入当地的贸易网络。

如上所言,铜很早就在专业化贸易中有突出的地位。一些铜可能在还没有专业化贸易活动的时代就从卡曾伯王国到了走廊区,但铜的真正流通还是由外部世界的商人推动的。在未能获得足够象牙的情况下,阿拉伯商人穆罕默德·博加里布(Mohamed Bogharib)就带着在卡曾伯王国南部地区获得的铜往北去,到乌维拉(Uvira)去换象牙。利文斯顿发现尼扬姆维齐人自己会炼铜,然后将炼出的铜运到马尼耶马的市场上去卖。铜也被运往东方。在奇塔潘夸的首都附近,一块铜条被卖给利文斯顿。奇塔潘夸自己身上佩戴了很多铜脚镯。在奇塔潘夸臣属姆旺巴的驻地,有专门的拉丝设备生产镯子,用来给姆旺巴的妻子们做首饰。在随后的数十年里,外部进入的人总是能在伊塔布瓦、乌伦古、芒布韦和尼伊哈发现用铜丝做的腿部和臂部装饰品。铜在从尼亚库萨延伸出来的一个广大的当地贸易网络中流通,而这里长期以来并没有外部世界商人。1877年,克特利尔(Cotterill)说,在尼亚库萨人的矛杆上有用铜丝嵌成的复杂图案。铜丝可能并不多,科尔-克罗斯在1893年时提到了用铜制作的腰带，当时从英国进口的铜丝已经进入了这一地区。L. M. 弗特林汉姆（L. M. Fotheringham）称尼亚库萨人地区以南的恩贡德人地区的铜丝是在 1889 年前从英国输入的，这一说法与艾尔顿和克特利尔的记录有出入。尼亚库萨人与走廊区居民有贸易联系，相关证据已在前面列出。铜从西方过来的说法也得到了汤姆森关于尼伊哈人的记录的佐证，这一纪录称，越往西走，铜装饰品和珠子就变得越多。①

外部世界商人对当地产品需求增加表现最明显的是食物，但也包括其他产品。阿拉伯人从芒布韦人处买的东西有铁锭，也有奴隶和象牙。丰加丰加（Fungafunga）是一名尼扬姆维齐商人，利文斯顿在卡曾伯王国东南部遇见他，当时他交换的商品既有锄头，也有铜和奴隶。实际上，很多专业化商人都会进入当地贸易网络，这样其实也便于他们通过相关地区。1868 年，尼扬姆维齐人被降雨阻留于伊塔布瓦，于是他们就在那里猎野牛，然后用野牛肉跟当地人交换谷物和木薯。利文斯顿在乌伦古碰到两个尼扬姆维齐商人，他们从卡布韦勒出发，带着盐，要去奔巴酋长姆旺巴处。1889 年，特利维尔（Trivier）遇到了一队人，他们带着从姆韦鲁瓦恩提帕获得的盐，要去乌伦古和芒布韦买奴隶。1883 年，吉劳德（Giraud）发现尼扬姆维齐人在奔巴酋长恩库拉（Nkula）处售卖铁器、树皮布和装盐的树皮盒。利文斯顿本人也参与了这种当地贸易。在卡曾伯

---

① Livingstone（1874），I, 298, 321, 184; Roberts, Ph. D. thesis, 1966, 242; Fotheringham and Kerr-Cross, cited by M. Wilson, *Good Company*, Oxford, 1961, 61 n.; Elton（1879），332 n.; Thomson（1881），I, 292.

王国附近地区,他用每把两三码布的价钱买了五把锄头,打算用这些锄头在卡布韦勒买一头山羊。在卡布瓦布瓦塔(Kabwabwata),他发现用一把锄头可以换一大锅花生油;而他的仆人苏西(Susi)用火药买了一把锄头,然后又用这把锄头换了很多高粱。在班格韦鲁湖,利文斯顿用锄头和珠子雇了一艘独木舟。他还从卡曾伯那里获得了不少鱼,于是他就用这些鱼在奇库姆比(Chikumbi)换面粉,而在那里他还发现在换食物时盐比珠子更受欢迎。

外部世界商人带入的商品在首次交易脱手后,会流通到更远的地方,因此它们对当地生产的影响范围会超越它们最初交易的地方。安德鲁·罗伯茨指出,19世纪,伦古人提供给奔巴人的武器在质量和数量上均有提升,奔巴人当时用进口商品给伦古人付款。罗伯茨说:"外国商人和工匠的存在、新商品的引入推动了高原地区的贸易交换,也推动了当地资源的开发。"①

专业化商人进入对走廊区当地贸易的直接影响是积极的,但从一个较长的时期来看却是有害的。外部世界商人制造了需求、带进了新的产品、扩大了当地产品的流通范围,这些因素推动了维持性贸易者的生产。但随着生产的扩大,最终的受益者仍然是外部世界商人。在当地贸易扩展的情况下,中间人应该发挥把当地贸易带向专业化的功能。但是,当外部世界商人大举进入走廊区时,他们并没有给当地人机会让他们成为专业化的长途贸易商人。外部世界商人自己直接介入了当地贸易的

---

① Roberts, Ph. D. thesis, 1966, 245.

网络，当地从事维持性贸易的商人没有机会向专业化发展。

大量外国商人的存在造成了政治方面的后果，这进一步限制了当地商人的活动。长途贸易带来毁灭性影响的一个例子是恩萨马的塔布瓦酋邦在1867年被一群阿拉伯人压服，提普·提布是这群阿拉伯人中的一个。同一时期，卡曾伯王国面临来自多方面的压力。姆斯里在加丹加确立了自己的地位，控制了一大片地区，掌控了贸易，堵住了卡曾伯与姆瓦塔·亚姆沃联系的通道。当封臣投靠姆斯里、多名甥侄被姆斯里杀害时，卡曾伯能做的也只是迁怒于碰巧在他掌控下的穆罕默德·本·萨利赫。1868年，尼扬姆维齐人在卡曾伯王国南部定居，尽管他们打退了恩戈尼人的袭击，保护了卡曾伯王国，但他们还是与当地人发生了矛盾，最终迫使当地人向北迁移。卡曾伯与他的邻居发生争执，但遭到了强硬有力的反击。1872年，卡曾伯被赶出自己的首都，后来又被杀害。不久后，他的继承人也遭遇了同样的命运，当时一个商人把一个隆达人扶上了王位。

其他人群失去独立的速度要慢一些，但终归是不可逆转的。如马尔西亚·赖特所言，走廊区的东端到19世纪90年代时已分成由恩戈尼人、赫赫人和桑古人分别控制的利益范围。桑古人立足于他们在乌萨弗瓦的新基地，从南面的库克韦人（Kukwe）（尼亚库萨人的一个分支）和东面的因吉人（Wainji）处抽取贡赋。赫赫人吞并了乌桑古的故地，还统治着一些没有逃亡东部的乌兰加（Ulanga）谷地的贝纳人。另一部分贝纳人被恩戈尼人统治，恩戈尼人还袭击潘格瓦人、金加人、基斯人和尼亚库萨人。①

在这些利益范围所在地区的西面是奔巴人的地盘。19 世纪末的旅行者在从尼亚萨湖北端进入走廊地区并向坦噶尼喀湖行进时，都能很清楚地发现，尼亚库萨人的定居点是开放的，而尼伊哈人和高原地区其他族群的村庄却都有着严密设防。这些村庄之所以设防，都是为了应对奔巴人的袭击。1872 年利文斯顿到达之前，奇塔潘夸发动了一次对伦古人酋长宗贝（Zombe）的袭击，但宗贝在其他伦古人酋长的帮助下打退了奇塔潘夸。1880 年至 1883 年间，奔巴人卷土重来。1880 年时，霍尔发现宗贝的地方很繁荣。但 1883 年时，乌伦古湖岸地区却一片荒芜。在随后的十年里，伦敦传教会在尼亚姆科罗（Niamkolo）的传教士试图建立一些避难地，以收纳因奔巴人不断袭击而形成的难民。从 1870 年开始，芒布韦人也开始受到奔巴人的攻击，当时奔巴人赶走了最后一拨恩戈尼人，然后就开始惩罚此前与恩戈尼人协同的芒布韦人。1886 年，卡尔森（Carson）发现芒布韦人的酋长坦加西（Tangasi）和旺班库拉（Wanbankura）与奔巴人结成了同盟，与自己的同胞克拉和富安博（Fuambo）作战，这两个酋长坚持要维护自己的独立地位。

在北方，纳姆旺加人和布恩古人仍然维持着自己的力量，尽管布恩古人已经面临着基姆布人的威胁。在靠近鲁夸湖的菲帕人地区，一个叫基马劳恩加（Kimalaunga）的冒险家在 19 世

---

① M. Wright, Ph. D. thesis, 1966, 65.

纪60年代时建立了自己的统治。基马劳恩加是桑古人统治家族的一名成员，他为了逃避梅雷雷一世死后的继承斗争而到了乌菲帕，并在酋长祖姆巴·皮罗阿（Zumba Piloa）的许可下定居下来。当时皮罗阿是想借助基马劳恩加的力量来反对敌对的酋长。但是，基马劳恩加的力量很快就壮大起来，以致两个敌对的酋长不得不联合才能抵挡他的袭击。

所有这些地区的控制者都有一个共同的特征，那就是他们都被称作"袭击者"而不是商人。现代欧洲人关于走廊区相关历史的研究强调欧洲人是当地的保护者，是将无辜的人们从邪恶的军阀手中救出的恩人。这种观点需要谨慎对待，但也确实有相当的证据表明那些袭击者的活动对当地贸易造成了非常严重的损害。

早在1867年，利文斯顿就说，在恩戈尼人开始袭击之前，乌伦古地方能制造出产很多的布匹，这意味着恩戈尼人的袭击直接扼杀了布匹的生产。纳姆旺加人的口述资料称，纳姆旺加人中最后一个制造锄头者是死于一场与基马劳恩加的战斗。摩拉维亚传教会（The Moravian）的贝克曼（Backman）发现乌尼伊哈的大部分炼铁炉都被废弃。约翰斯顿在1889年的一次走访后称，如果不是袭击者，高原地区的人们会成为养牛人。约翰斯顿发现从乌尼伊哈的卓瓦（Zowa）到坦噶尼喀湖没有可以直接通达的道路，每个村庄似乎都在跟下一个村庄打仗。① 因此，似乎平民很少有时间或者空间种植食物，更不用说生产铁

---

① Livingstone（1874），I, 207；Mbeya Districy Book；M. Wright Ph. D. thesis, 1966, 172；Johnston（1890），734.

器、棉布这样的产品了。

19世纪末走廊区的居民实际上处于一种被围困的状态，他们既无法从新机会中获益，也不能从事传统形式的贸易。如果说阿拉伯人的到来是打乱了当地企业经营力量的成长，那欧洲人的进入则是给了当地制造生产以致命的一击。传教站带来了商店，因为传教站需要建站物资和雇佣劳工。在很短的时间里，进口的金属制品、布匹乃至盐等大量涌入走廊区，当地的手工业无法与之竞争。到1902年，伦敦传教会输入商品的数量是每年超过15吨。到1911年，奔巴人似乎已经对贸易没有特别的兴趣，因为他们可以在当地欧洲人的商店里买到所有东西。[1] 值得注意的是，有些传统的技艺也发生了转变，以适应新的情况，比如铁匠不再冶铁，而是开始打制加工废金属、为火器和工具制造零配件等；但不管传统的残余如何维持，它们终究是在一个与之前不同的全新环境中运转。

对坦噶尼喀湖-尼亚萨湖走廊区当地贸易网络的考察再次否定了所谓的"东部非洲居民以完全自给自足的家庭为单位生活，不需要进口也没有出口"的旧观点，同时承认了当地贸易涉及因素广泛而多样并对维持性农业构成补充。尽管传统的当地贸易很复杂，但它仍然停留于维持性的层次，不能引领专业化长途贸易的发展。走廊区的人们没有像内陆其他地区的居民，比如尼扬姆维齐人和尧人那样抓住贸易的机会和主动权，这似

---

[1] R. I. Rotberg, "Rural Rhodesia Markets", in Bohannan and Dalton (eds.), 1962, 583; Gouldsbury and Sheane, *The Great Plateau of Notthern Rhodesia*, London, 1911, 284.

乎是因为它们没有足够的时间。长途贸易的影响传导到走廊区后，在数年的时间里，专业化商人就涌了进来。在当地人有机会之前，新的经营者角色主要是由这些外来者承担。

第十一章

18 世纪赞比亚与宗博的贸易

尼古拉·萨瑟兰-哈里斯(Nicola Sutherland-Harris)

18 世纪,从赞比亚到宗博(Zumbo)的弧状地带的很多居民——通加人、伦杰人(Lenje)、兰巴人、安博人(Ambo)、孔达人(Kunda)、恩森加人(Nsenga)——都与宗博有贸易联系。这一弧状地带在洛兹王国和卡曾伯王国之间,这两个王国所在的地区在贸易方面都非常知名。这两个王国之间地区的贸易的情况,少有历史学者进行研究,但其与葡萄牙和赞比西河畔的果阿人之间的贸易还是引人注意的,18 世纪从宗博——当时是葡萄牙溯赞比西河而上的最远的一个据点——发出的一些信件呈现了一些这方面的内容。宗博本身设立于 18 世纪初,当时昌加米尔破坏了莫诺莫塔帕(Monomotapa)地区的市场。在此之前,葡萄牙人与赞比亚只有零星不定的联系。宗博的主要目标是开发布图阿(Butua)的黄金资源,而之前黄金本来是走莫诺莫塔帕的路线,但 18 世纪时在北方也有一道比较活跃的贸易前沿。当时,贸易的主打商品是象牙——其实之后也是如此。

此外还有一些食物给养和牛，但最能帮助识别贸易所涉及区域的商品是铜、铁制品以及偶尔会出现的黄金。为了跟非洲人交易，布匹和珠子被运了进来，还有其他一些奢侈品，特别是可能还有火器。

在宗博，外国人的贸易活动有范围限制，像康巴人和尼扬姆维齐人那里的情况一样，重要的贸易活动的发起者似乎是非洲人。可以举两个例子说明：1762 年的记录描述了乌伦杰（Urenje）的人到达宗博的情况，1781 年则有曼巴酋长（Chief Mamba）的代表的到来。这两个例子似乎反映了一种总体的倾向。到了后来，宗博的商人才开始派出姆桑巴兹到这些地方，而且他们走的也是非洲人早已开辟好的路线。在早期阶段之后，没有记录提及非洲商人到宗博的情况，但可能他们仍然会去宗博，特别是在布图阿和宗博之间的贸易繁荣的时期，这种繁荣可能使人忽视了北方来人的活动。

我们对这个大弧区贸易的了解非常少，只有一些材料提到内陆地区的非洲人因这些贸易而受到了消极的影响，据说是贸易商品的大量流入激发了一些敌对酋长间的争斗。没有迹象表明有较大的国家在对外贸易的基础上建立，整个地区可能仍然是分成很多个小的酋邦。不过，有证据表明，一些族群——比如伦杰人和恩森加人——的商业进取能力得到了培育并发展起来，就像其他地方的比萨人和尧人那样。

在与宗博发生贸易关系的北部地区中，乌伦杰最为知名，它在赞比西河下游地区广为人知，地位也最为重要。根据 1762 年的一份记录，乌伦杰的人们"每年去宗博进行象牙贸易和铜贸易，他们带着铸好的铜条，这些铜条量非常足，质量也不错。送往塞纳（Sena）的象牙大部分来自这一地区……但商人们不会在这两种商品上投入很多，除非黄金供应短缺或者其他贸易商品告罄"。① 由于乌伦杰的重要性，搞清楚这一地区到底指哪里非常重要，但目前仍没有确定。这个词代指一个范围很大的地区，里面有很多酋长。有人说沿着"河流"[可能是卢安瓜河（Luangwa），也可能是赞比西河] 到那里要走 15 天，而到这一地区的东北部要走 40 天，再就是这一地区与马拉维的卡隆加（Caronga）的地界接壤；有人则称必须经过布鲁马（Buruma）才能到达。1862 年，帕切科（A. M. Pacheco）提到了一个地名，他说到了宗博以前与"阿伦杰"（Arenje）的贸易，明确说，"伦杰人"（Varenjes）居住在宗博西北面和西面，布鲁马的臣属与他们有联系。②

现代的伦杰人在临近宗博西北的地方有一个小聚居地，这无疑与帕切科的描述相符。伦杰人主体居住在更往西北的地方，在卡弗埃（Kafue）和伦森弗瓦（Lunsenfwa）之间。有人用"贝内-姆库尼"（Bene-Mukuni）来指代伦杰人的主体，以与小规模伦杰人聚居群体进行区分。现在，这两个称呼实际上是同义的，都是指伦杰人。不管怎样，这两群人肯定是有密切关系的。滕博族系（Temboclan）的伦杰人据说曾帮助安博人迁移到安博人的现居地，另有一些伦杰人则在比较早的时候受到过

---

① A. A. Andrade, *Relações de Moçambique Seiscentista*, Lisbon, 1955, 204.
② A. M. Pacheco, "Viagem de Tete a Zumbo 1861 – 1862", trans. In P. Guyot, *Voyage au Zambèze*, Paris, 1895, 301, 313, 320.

恩森加人的驱赶。有传说也将贝内-姆库尼与佩陶克（Petauke）的恩森加人相联系，称马拉维人的大酋长翁迪（Undi）曾从这里去姆库尼，回来后在恩森加人中建立了自己的统治。这一故事本身并不是很可信，但其所呈现的联系应该是存在的。另一方面，勒亚人（Leya）酋长姆库尼称自己是伦杰人酋长姆库尼的后裔。当时，伦杰人分布的区域可能相当广大，除了伦杰人居住的区域外，可能还包括一些有伦杰人贸易活动的地方。靠近宗博的伦杰人聚居地可能是一个伦杰商人的殖民地，他们可能是待在那里等待下一个贸易季节的到来。前述的1762年的那份记录描述了用布匹交换象牙和铜的事，如果伦杰人每年都带着象牙和铜去宗博的话，那宗博的商人应该是在维持与布图阿的贸易之外仍有充足的布匹。①

另一个被认为可能是乌伦杰的地方位置更远，在现在的刚果。伯顿和卡梅隆都提及利文斯顿发现了或者听说过乌伦戈湖（Lake Ulenge）或者"卡马隆多"（Kamalondo），这似乎是把基萨莱湖和另外一个更北地方的靠近班巴雷山（Bambarré Mountain）的湖混淆了。利文斯顿在塔波拉遇见过一个阿拉伯人，这个阿拉伯人当时正在往西去，要到加丹加西部的一个叫"乌兰杰"（Uranjé）的地方。而"乌兰杰"这个地方到底在哪里似乎有多种说法，斯坦利提到它在刚果河下游地区，不过这个"乌兰杰"肯定与我们这里要论述的无关。② 因此，单靠语

---

① Andrade (1955), 204; Letter of Manoel José de Sta. Anna from Zumbo, 24/9/1767, in A. H. U. Moç., Caixa 12.
② R. Burton, *The Lands of Cazembe*, London, 1873, 36.

言证据无法得出确定的结论。单纯从逻辑上进行推理的话，乌伦杰应该是指卡曾伯的隆达人王国，因为它占据着最著名的铜矿区。然而，帕切科的证据更支持乌伦杰实际上就是指伦杰人的土地，它跟现在伦杰人所在的地区基本一致。无疑，即便这个词最初的来源是这里，那它到了后来可能成了一个比较泛的词，用来指代一个比伦杰人实际居住的地区要大的区域。

1766 年至 1767 年贸易繁荣的时期，乌伦杰出产了大量的象牙、食物、牛和黄油，而在此之前和之后，铜都有被提及。1762 年，乌伦杰地方的人带来了大量的铜。1788 年，瓦雷拉（Varella）声称在乌伦杰有象牙、棉布、铜和加工的铁器。① 尽管研究者认为那里没有黄金，但 1751 年前有两个商人可能发现过一处金矿，不过金矿的开采并没有持续很长时间。②

在贸易中，乌伦杰的人们换回布匹、小珠子和较大的来自印度的朱砂珠。当姆桑巴兹进入乌伦杰时，他们要向沿路的每一位酋长支付大量的过路费，并且还常常被布鲁马阻截或者因乌伦杰的战事而无法前进。

没有证据表明伦杰人掌握比较高的制铁技艺，尽管他们能弄到质量不错的铁矿，后来他们还把铁矿石卖到通加高原地区。然而，索利人（Soli）（欧洲行政当局建立后才被看作一个部落）居住在同一地区并且也掌握高超的铁工技艺。在卢萨卡（Lusaka）（位于索利人地区内）有一些零星的金矿，还有铜矿，

---

① Andrade (1955), 204; L. F. Carvalho DIasi, *Fontes para a história e Geografia de Moçambique*, XVIII, Lisbon, 1954, 307.
② Fr. Manoel José (1767); Antonio Manuel de Mello e Catroto Jose de Vasconcellos de Almaida, Sena, 17/7/1780, A.H.U. Moç., Caixa 16.

尽管主要的铜矿区要往西到卡弗埃河曲地带（Hook of Kafue），那里现在居住着卡翁德人（Kaonde）。这些地方产出的铜量都不大，可能伦杰人会从更北方的现代被称作"铜带"的地区的兰巴人和塞瓦人（Sewa）处运一些铜出来。从生活供应的角度来说，伦杰人有良田，也有大量的牛。帕切科说伦杰人比较迟钝，没有什么技艺，但这也暗示他们是商人，因为他们所有的东西都从外面买。

曼巴或蒙巴（Momba）酋长有时指的是伦杰人地区的酋长，但更常指个体的商人。我没有在别的地方发现这样使用"曼巴"这个词的证据，而这在乌伦杰很明显。也许孔达人酋长芒布韦会用这种称呼，他可能是从奥士兰（Aushiland）来到卢安瓜东部地区的。然而，名称和其他类似事物往往比较宽泛，不同场合的具体内涵有很多种可能。曼巴的土地上被提及的唯一物产是象牙，就象牙而言，曼巴的土地是宗博的一个重要供应源，在好的年景，曼巴的象牙可以换回数量可观的商品。

另一个与乌伦杰地区相关联的是孔孔巴酋长（Chief Comcomba），但这个酋长不一定是在乌伦杰地区以内。他可能只是当时分布广泛的众多伦杰人中的某一支的小酋长，但这一名字肯定是与"坎孔巴"（Kankomba）有关；坎孔巴是尼恩德瓦（Nyendwa）部落的赞颂用词，尼恩德瓦部落是拉拉人（Lala）的酋长世系部落，他们的后裔分支包括安博人、斯瓦卡人（Swaka）、卢阿诺人（Luano）和孔达人。坎孔巴是离开兰巴兰（Lambaland）的人群的第一个首领的名字，它被用作酋长的荣誉头衔。约 1625 年时，兰巴兰的尼恩德瓦部落迁往奥士兰，随后坎孔巴就成了伦杰人地区的一个大人物，他慢慢地向南扩展。同时，布瓦士人（Bwashi）从另一个方向进入斯瓦卡兰（Swakaland），伦古人则与安博人一道进入恩森加兰（Nsengaland）。因此，18 世纪时坎孔巴的地盘可能意味着伦杰人地区，也可能指南方的"殖民地"。相关口述资料提到了对抢劫和损失的抱怨，但没有明确这一地区贸易的商品和组织情况。然而，拉拉人习惯了制铁，并拥有牛。在姆库施（Mkushi）地区的中部有一些铜矿，现在没有开采，在欧洲人到来之前可能也没有动过。尼恩德瓦酋长世系部落声称所有的象牙都是他们的，尽管象牙只是到了 19 世纪才变得重要。

可能的是，在迁徙或流动的过程中，尼恩德瓦部落的人是以"安博人"而不是"拉拉人"一名为别人所知，尽管现在拉拉人已经成为最大的一支。1798 年，比萨人曾提及他们南方的居民，称他们为"阿兰巴人"（Aramba）和"安博人"。当时，比萨人略去了现在居住在他们和现代安博人之间的拉拉人。这些安博人和阿兰巴人——显然应是指兰巴人——与卡曾伯和平相处，与宗博邻近地区的非洲人开展贸易。这里所谓的"宗博邻近地区的非洲人"可能是指姆桑巴兹，也可能是指宗博周边地区的恩森加人。多克（Doke）称，兰巴人持续地派遣贸易团去恩森加。猎象是一项受尊敬并且也很重要的活动。可能在 18 世纪时，兰巴人也像塞瓦人一样采铜；塞瓦人居住在现在的刚果，是兰巴人的后裔。兰巴人当时可能也与另一个方向的卡曾伯开展贸易。因此，铜和象牙可能都从这里出发进入了宗博地区。

所有这些贸易地区中最让人迷惑的是"安巴拉"（Ambara）。加埃塔诺·哈维（Caetano Xavier）1758年记录说，在宗博和太特地区看到的铜是来自安巴拉，象牙贸易活动也存在，但受到山峦阻隔。加工过的铁和锄头也是出自安巴拉，但价格昂贵。姆桑巴兹会被派到那里买铜和象牙，姆桑巴兹不买的象牙会被当地人用来建造设防场所。① 安巴拉具体在哪里，有两种推测。1768年时的情况表明，森加人和安巴尔人（Ambar）的地区靠近米松加（Mixonga）的金矿，从其他的资料可知，米松加是在宗博和太特之间的马拉维人地区内。平托·德·米兰达（Pinto de Miranda）记录了弗雷·佩德罗（Frei Pedro）发现的奔巴人的金矿，这座金矿在安巴拉控制之下，那里有铁和铜，靠近宗博。② 这些资料指向卢安瓜上游地区，拉内·普尔（E. H. Lane-Poole）提供的信息称佩陶克附近有一个地方叫"姆巴拉"（Mbala），那里的居民（尽管有一部分是恩森加人）有时被称作"安巴拉人"（Ambala），这似乎也提供了一条线索。佩陶克地区的这些恩森加人可能是从西部来的人和从马拉维来的人的融合体，他们可能与当时南方的恩森加人有所不同。在这

---

① I. Caetano Xavier, "Relacoes do Estado ... de Africa Oriental", in Carvalho Dias (1954), 197.
② Guyot (1895), 301; Pinto de Miranda, "Memoria da Africa Oriental (c. 1766)" in Andrade, 1955, 281.

一地区也明显有一处旧的金矿场。① 利文斯顿提到了巴托卡高原上的蒙泽酋长（Chief Monze），称其所在的地区是安巴拉人沿赞比西河寻找象牙的向西路线的最远端，其中有恩森加人被称作安巴拉人，他们的贸易活动与安巴拉人的表现一致。利文斯顿还提到了纳米兰加（Namilanga）的一个老头人，这个老头人说他的父亲曾两次去"班巴拉"（Bambala），那里有白人商人，而那时这个老头人还只是个年轻人；这也是指向佩陶克的安巴拉人。② 然而，最后一条记录更有可能是指伊拉人（Ila）北部的姆巴拉人，或者对伊拉人来说，实际上"班巴拉"只是泛指北方的居民。这些姆巴拉人拿铁产品与别的人群——比如高原地区的通加人——贸易，他们的聚居地离卡弗埃河曲地带的铜矿比较近。尽管他们也有可能是操班巴拉语言的通加人，但他们的故土不可能是宗博商人所知的安巴拉。

安巴拉可能是离佩陶克比较近的恩森加人聚居地，也可能与17世纪有人提及的"安弗阿斯"（Anvuas）或者"阿姆瓦斯"（Amuvas）有联系。巴雷托（Barreto）说阿姆瓦斯人居住在马拉维往北的赞比西河沿岸地带，有很多象牙（他们用来建篱笆），但到那里的交通很不方便。加埃塔诺·哈维关于安巴拉的记录可能只是巴雷托记录的某种翻版。弗雷·安东尼奥·达·冈塞松（Frei António da Conceição）1696年的

---

① E. H. Lane-Poole, *Native Tribes of the Eastern Province of Northern Rhodesia*, Lusaka, 3rd ed. 1949, 41; J. D. Clark, *Prehistory of Southern Africa*, London, 1959, 305 (map).
② D. Livingstone, *African Journals 1853–1856*, 2 vols., ed. I. Schapera, London, 1963, II, 350–351, 336.

记录称"安弗阿斯人"居住地靠近赞比西河并且在通往银矿区的路线上，他们拥有象牙，显然也有铜，据说有人从安哥拉进入了他们的地区。① 可能这些记录指的是一个往南往东延伸的地区，但到了 18 世纪后，同样的称呼可能并不一定就是指同样的地区。如果再往前追溯，安东尼奥·费尔南德斯（António Fernandes）还提到过"莫巴拉"（Mõbara），那里的人们会跨越一条大河，将铜卖给莫诺莫塔帕国家的人。②

如果佩陶克地区这一说法是正确的，那铜应该不可能是来自该地区本身，尽管象牙可能是。可能恩森加人和伦杰人之间早就有了一条贸易路线，铜可以从伦杰人地区或者更北方的兰巴输出。

显然，葡萄牙人与通加人有贸易联系，而通加人分布于赞比西河谷两边，覆盖远至卡弗埃河的高原地区。跟随利文斯顿的通加人去过班巴拉，他们也许参与了与葡萄牙人的贸易。在葡萄牙人的记录中，信息最明确的是弗雷·安东尼奥·达·冈塞松 1696 年的记录，这还是在宗博建立之前。弗雷·安东尼奥·达·冈塞松提到的最远的点是姆兹莫（Muzimo），阿克塞尔森（E. Axelson）认为这个地方靠近卡弗埃河与赞比西河交汇处。那里有非洲人佩戴着制造粗劣的珠子和铜镯。他们会卖铜和黄金给从太特过来的商人，但主要卖的还是象牙。一些非

---

① M. Barreto, "Informação do Estado e Conquista dos Rios de Cuama 1667", in *Records of South-Eastern Africa*, 9 vols., ed. G. M. Theal, Cape Town, 1898–1903, III, 481; Fr. Antonio da Conceicao, "Tratado dos Rios 1696" in *Cronista de Tissuary*, II, 65.
② Veloso's report in H. Tracey, *António Fernandes Descobridor do Monomotapa 1514–1515*, Lourenco Marques, 1940, 24.

洲人据说是从安哥拉到那儿的。① 在通加高原上显然有铜矿和金矿，十字铜锭在整个地区都有发现。

还有一条线索是来自一份讨论与比萨人贸易的资料。如果说这些商人带着卡曾伯王国的商品到了马拉维湖和太特，那么他们应该不可能不知道宗博。实际上，帕切科提到过这些人，并且称奔巴人是那里的商人的伙伴。然而，我还是无法找到他们在宗博存在的证据，也没有记录表明18世纪时他们与这一地区有贸易关系，似乎直到约1793年时他们才南下到像贾瓦（Java）矿区这样的地方。他们对拉塞尔达说，兰巴人和安博人宣称他们与宗博附近的人有贸易联系，这其实应该是二手消息，他们并不了解当时的实际情况。如果说奔巴人与宗博有贸易联系，那显然也应该是较晚时期的事，要等到奔巴人向南有实质性的扩展后才有发生。

涉及这些地区的贸易的量差异很大，而相关数据又很少，所以无法估计贸易的总体情况和趋势性特征。然而，我们仍可以看到相关贸易的重要性。巴雷托1667年的记录说，一个商人从"阿姆瓦斯人"那里买了50巴（bar）（根据1781年的情况，7根象牙约为1巴）象牙——但有一半后来被劫走；弗雷·安东尼奥·达·冈塞松1696年的记录称姆兹莫一年可产200巴象牙；1762年，运抵塞纳的象牙有一大部分来自乌伦杰，整段河流区域可出口40巴象牙；1800年，杰罗尼莫·佩雷拉（Jeronimo

---

① Fr. Antonio da Conceicao, in *Cronista de Tissuary*, II, 65; E. Axelson, *The Portuguese in South-East Africa*, Johannesburg, 1960, 190 – 191.

Pereira)称,数年前,曼巴每年可产 70—80 巴象牙。① 关于铜的情况,我能找到的相关证据是一份 1762 年的记录,该记录称整段河流区域每年可出口 200 阿罗巴 (arrobas) (200 阿罗巴约为 2—3 吨)铜。这些铜大部分自宗博转运,但也有的年份根本没有铜输到宗博。②

围绕宗博的贸易具有互利性,对相关方面也很重要。在葡萄牙人的记录中,赞比亚的作用是被低估的。布图阿被看作宗博的关键伙伴,因为它出产黄金。然而,宗博当地的商人更重视与北方的贸易,特别是与乌伦杰的贸易。1783 年,甚至有人说乌伦杰是专门给宗博量身打造的贸易伙伴,宗博总是能从与乌伦杰的贸易中获利。1767 年乌伦杰提供了大量的象牙,1762 年则是大量的铜。③

贸易对非洲人产生了什么样的影响还并不明确,但可以推断的是,两三吨铜的生产和运输肯定需要有相当规模的人力组织,其中运输涉及的路线也不是直通的。一些路线可以为商业信息提供传播渠道,甚至也可能带来文化的变化。尽管"乌伦杰"可能是葡萄牙人使用的一个泛指,但它可能表明伦杰人当时能够影响的区域范围要大于现在,而这种影响是以商业为基础的。在与葡萄牙人做生意方面,恩森加人也很突出,尽管相

---

① Barreto, in Theal (ed.), 1898 - 1903, III, 481; Fr. Antonio da Conceicao, quoted by Axelson, 1960, 191; Andrade (1955), 204, 219; J. Pereira letter of 1800 in "Fundo de sec. XVIII", *Moçambique*, 82, 79.
② Andrade (1955), 219; A. Lobato, *Evolução Administration e Economica de Moçambique 1752 - 1763*, Lisbon, 1957, 243.
③ Letter of 28/5/1783 in A. H. U. Moç., Caixa 19.

关证据并不完整，但他们应该是都在这一区域发挥了中介的功能。宗博商人早期打交道的重点对象是布图阿，所以就要求北方的人采取主动，也就是非洲人采取主动，这些非洲人应是来自今天赞比亚所在的广大地区。可以确定的是，18世纪这一区域的贸易是比较活跃的，其中核心的商品是象牙。这里的象牙贸易尽管没有卡曾伯王国实施的那种规模，但它在较久之前就已具备影响，比19世纪更为人知的贸易要早很多，并且它对贸易各方都很重要。

第十二章

贸易与罗兹韦曼博

尼古拉·萨瑟兰-哈里斯

数世纪以来，位于今罗得西亚境内的罗兹韦①国家的布图阿一直出产大量的黄金，这些黄金被运送到海岸，卖给印度人、阿拉伯人和葡萄牙人。17、18世纪时，数量可观的陶器、金属制品、象牙、食物等也在这片地区流通，一如之前时期一样。可以想见的是，这里的经济应非常繁荣，它的基础是发达的对外贸易和内部贸易。实际上，尽管对外贸易和内部贸易在数量上很可观，但贸易活动仍然是由统治者曼博（Mambo）②或者

---

① 本文出现了"罗兹韦"和"昌加米尔"两个词，这两个词的具体所指和相互关系存在模糊之处，早期的葡萄牙人记录对认识这两个词非常关键，但这些葡萄牙人的记录却多有混乱。一般情况下，有将这两个词当作同一个松散联合实体的两个不同时期，或者说同一个国家的两个"王朝"。但要注意的是，二者所对应的地理区域并不完全一致，它们内部所包含的实体也有系列和数量的不同，而"昌加米尔"有时也被用作对统治者的称呼。尽管可以进行这种粗略的区分，但有些场合仍存在混用，有的场合还有"罗兹韦-昌加米尔"或者"昌加米尔-罗兹韦"之类的称法。关于这两个词以及相应实体的历史情况，可参见：D. N. Beach, *The Shona and Zimbabwe, 900 - 1850: An Outline of Shona History*, Mambo Press, 1980, pp. 220 - 277。——译注
② 曼博，对罗兹韦国家统治者的称呼。——译注

昌加米尔严格控制并进行限制，他们垄断黄金这种主要出口产品的贸易，他们的贡赐网络构成了国内贸易发生的主要线路。这种国家控制的贸易服务于小规模的贵族群体而非整个族群。

曼博还有另外两个权力支柱：信仰和武力，这两种力量的作用对其臣民尤其突出。曼博被置于一种神秘的恐惧中，与世隔绝。作为土地的代表，他不可食外人的食物，甚至也不能接受外部的产品。有证据表明，曼博本身就是一个信仰象征，他会为臣民祈雨，罗兹韦人从整体来说也是被人们认为更接近姆瓦里（Mwari）的存在。然而，主要的宗教事务实际上是由姆瓦里的祭司掌管，曼博会派人给姆瓦里祭司送贡品，以作为祈雨的回报。与世隔绝的信仰世界度是一种有助于统一的因素，但到了19世纪，曼博和姆瓦里祭司之间开始经常出现纠纷。然而，广泛存在的姆瓦里崇拜却始终是一个促进"帝国"或者"联邦"统一的重要因素。

葡萄牙人的记录中充满了对昌加米尔军事力量的赞叹。尽管罗兹韦的建筑主要是为了日常使用而非设防，但他们的武器确实引人注目，这些武器包括战斧、短刀、棍棒和皮盾，其中战斧连恩德贝莱人（Ndebele）都表示印象深刻。罗兹韦人的"战斗魔药"也很受推崇。掌管军队的人似乎是被称作"通巴雷"（Tumbare），他还有一个主要功能是在空位时期担任摄政者。罗兹韦可能使用设防堡垒，会用象牙做栅栏，此外还有用石头做的房子。可能存在一些同龄团（age-regiment）形式的组织，但这应该是后来从南方学过来的。1758年，加埃塔诺·哈维提到一支军队被分为两个分队，一个分队负责战斗，另一个分队则进行追击。① 塞比纳（Sebina）提到了人们对曼博坚定不移的服从。作战的一种方法是派出武装队伍，并给他们一把锄头，意指他们被授权清理某片土地上的敌人并耕种这片土地。②

然而，罗兹韦国家并不是一个统一的中央集权国家，而是一个松散的联合体。政治关系主要靠每年的贡赐和曼博每年派员到各个下属酋邦点新火来维持。传说中，就是姆罗兹韦（Mrozwi）带来了火的秘密，而16世纪莫诺莫塔帕也有这种做法。一个下属地区的酋长死后，新酋长的上任要得到罗兹韦国家的确认。新酋长去找昌加米尔——如果姆瓦里刚好又求到一场雨，昌加米尔就给他赐药，然后他与昌加米尔的人一起回去，伸张自己的权力。近代，罗兹韦国家会正式地向新酋长明确其责任。大酋长不会否决下面的决定，因此新酋长的选定主要是看其家族的情况和民众的态度，有时还会求拜祖先来决定。

罗兹韦国家控制的地域范围是变动的。曼博可能没有一个长住所，他会在不同的地方停留，在像卡哈米（Khami）、德洛德洛（Dhlo Dhlo）、恩纳塔利（N'natali）、恩塔巴兹卡曼博（Ntabazika Mambo）等这样的地方跟他的重臣们（indunas）一起议事理政。重臣一般都是酋长家族的成员，包括酋长的妻子、母亲和儿子。一些被认为与罗兹韦国家有关的陶器遗物和石建废墟主要发现在现代罗得西亚③的西南地区，尽管根据

---

① I. Caetano Xavier, "Notìcias dos dominios Portugueses na Coata d'Africa Oriental" (1758), in L. F. de Carvalho Dias, *Fontes para a história e Geografia de Moçambique*, XVIII, Anais IX, Lisbon, 1954, 178.
② P. M, Sebina, "The Makalaka", *African Studies*, 1947, 86.
③ 指今津巴布韦。本书原版出版于1970年，当时津巴布韦仍为白人统治，称"罗得西亚"。——译注

口述资料来看罗兹韦国家的权力中心主要是在从马尼卡兰（Manicaland）到尚克韦（Shankwe）所在的地区。

尽管曼博的权力有宗教和军事力量做后盾，但他的权力从政治上来说仍算不上强大，必须记住的是，曼博对贸易的介入对他的地位和影响力非常重要。这种介入表现在三个方面。第一，在罗兹韦国家的势力范围里，贡赋以黄金、铜、铁制品、象牙和食物等形式缴纳，通过这些贡赋流动的网络，外部世界的商品比如布匹和珠子也会流入。在这一过程中，独立的商人能扮演的角色并不突出。第二，有与其他非洲人地区的贸易，比如与德兰士瓦、博茨瓦纳、赞比亚等所在地区乃至刚果地区的金属产品的贸易，这种贸易的发展水平不高，可能是因为有严格的控制。第三，有与非非洲人的贸易，这一贸易过程中的参与者有非洲人，但最终的贸易对象是欧洲人或者印度人。在与非非洲人的贸易中，黄金是大头，但也有一些象牙。进入罗兹韦国家的主要贸易路线有两条，一条是从赞比西河畔的宗博出发，另一条则来自马尼卡兰。在这两条路线上，曼博也会通过控制来为自己牟利，他会试图垄断黄金生产，还会尝试控制贸易活动。

内部贸易的组织主要由曼博本人掌控，其他的商人能发挥的作用很小，贡赐网络是大部分交换的基础。贡物由中央搜集，并没有等级化的组织。根据口述资料，每年会有四队官员出去搜集贡物。还有口述资料提及，曼博恩查兹克（Nechadzike）曾惩罚万基地区的巴夸（Bakwa of Wankie），因为他杀了前去搜集贡物的人。贡物应该包括谷物，至少在卡哈米是如此，因为在那里发现了规模很大的谷物储存设施，却没发现多少磨石。储存的谷物可能是用来供应首府驻地人员的日常所需，因为首府驻地周边没有多少好的农业土地；也有可能那里是一个集散中心，在粮食短缺的时节可进行调拨再分配。进贡谷物的筹集有专门的组织安排，像 16 世纪的基特夫（Kiteve）那样，每个村庄都有一块田地专门为国王生产。一些贡物会以向宫廷提供人力的方式呈现。比如，利利马（Lilima）和洪贝（Humbe）的妇女会专门去宫廷给曼博制作陶器，相关工作完成后返回。考古发现的属于罗兹韦国家的有装饰陶器的制造者可能就是这些人。另一方面，曼博自己也会外出，比如去万基附近的一个叫马古斯维尼（Maguswini）的地方，去搜集一种可提升矛品质的物质。可能是某种用于炼钢的碳，因为曾有记录说在河里有"钢矿"（steelmines），但更有可能只是某种"魔药"。[①] 曼博在收到各种贡物的同时也会回赐很多东西，在一个松散的政治结合体里，能够发挥维系作用的机制本身也不多。莫诺莫塔帕也会以贡赐的形式开展贸易，可能是按照固定的安排，比如送两头牛，可以换取 500 里斯（reis）[②] 黄金。珠子散布到各个角落，可能就是通过这种贡赐系统。因此，有足够的理由把进贡看作一种商品交换，可以把它当作贸易来进行研究。没有证据表明曼博参与了贸易通道的维护，但罗兹韦人似乎使用了牛来进行交通和运输。

---

① K. R. Robinson, *Khami Ruins*, Cambridge, 1959, 164; D. Mello e Castro, "Notìcias do Império Marave e dos Rios 1763", in Carvalho Dias（1954），126.
② 葡萄牙及巴西的旧货币单位。——译注

在经济体系的一些独立的部分，村庄间的贸易可能会不受限制地发展。没有存在市场或组织市场的证据。通常的情况似乎是消费者直接找生产者，比如，买主去找铁匠，下一个定制的订单；有的时候，买主会带着自己的铁料，去和铁匠一起工作，这样可以抵付一部分费用。然而，也会有一些流动的商贩，他们会进入别的族群的区域，但总的来说还是在罗兹韦国家的范围内。不过，这些流动商贩到底能走多远，得看政治权威的情况，但研究者在这方面的了解并不多。像泽祖鲁人（Zezuru）就是著名的流动商贩，他们带着锄头、斧头和刀具到布贾（Budja）去卖，这种活动很早就存在了。布贾的人们称他们是"乌恶苏罗"（Usesuro）的居民，"昌戈埃"（Changoe）（可能是"尚克韦"）的居民从他们那里获取铁制武器。伦巴人（Lemba）也以从事流动贩卖而知名，他们传统上就喜欢在赞比西河以南的地区四处漫游着贩卖奢侈享受性商品。

流动贩卖中的主要商品可能包括铁制品、铜制品、金制品、象牙制品、建筑石料、盐、药和牛，在一些当地贸易中可能还会有不同种类的烟草和皮张。铁制品是最常见的商品。武器作为应缴纳的税从各个地方汇集到卡哈米。内恩古沃（Nenguwo）在比基塔（Bikita）地方搜集的口述资料称锄头从"卡特夫"（Kateve）那里带到在布拉瓦约（Bulawayo）的王廷，而矛则从赞比西地区送过来。赫拉（Hera）和尼扬加（Njanga）向罗兹韦国家进贡铁制工具。他们居住在韦扎山（Mt. Wedza）周围，那一带有很多古老的铁作坊。而在弗克斯瓦山区（Vuxwa Hills）、姆隆格瓦尼山区（Mulungwani Hills）和马内斯山区

（Manesi Hills），人们发现了数量可观的铁矿石和铁矿渣，说明这些地方的铁供应量应该不小。关于铜，没有口述资料记录铜贸易或者以铜作贡物，尽管应该是有这种情况。在靠近塔提（Tati）的塞尔柯克（Selkirk），在洛马贡迪（Lomagundi），都有储量可观的铜矿，此外在其他一些地方还有一些较小规模的铜矿。要想获得黄金的话，就必须去很远的地方，才能找到能满足曼博、诸贵人以及出口需求的矿藏。所有的黄金贸易似乎都是由曼博来推动，而到了后来，更有可能的情况是曼博垄断了黄金贸易。学者罗杰·萨默斯（Roger Summers）把主要的古代矿场标在了地图上。有很多口述资料讲人们把石头作为贡赋带到曼博那里，这些石头被用来为曼博建造房屋，而建造服务的劳役可能也是贡赋的一部分。有口述资料讲到了"移山"，可能指的就是采石进贡。然而，石料出产地离曼博的驻地并不算远。17世纪时，昌加米尔在集市上带走了一些信奉基督教的囚犯，让他们修建宫殿。为了获得盐和象牙，在曼博的主导下，罗兹韦国家对尚克韦实施了入侵。之后，曼博可能开始收取以盐和象牙进献的贡赋。此外，围绕某些"魔药"的长途贸易也很普遍，遥远外地的"魔药"似乎总是更为有效。有一些"魔药"会用到一些输入的原料，比如一种被认为只能在弗克斯瓦山区找到的原料，这也说明了存在所谓的"魔药"贸易。无疑，上述诸种产品的贸易总是在变化中的。可能最有价值并能用来交换所有其他产品的东西是牛、装饰品和来自外部世界的贸易商品。因此，曼博会向姆瓦里进献珠子、布匹、锄头、黄金和黑色的牛——黑色象征雨云，黑牛会在宗教宴饮时宰杀。

曼博及其宫廷等对商品的需求促进了一定程度的专业化，也推动了相关资源的开发。陶器制造方面的专业化已经提及了。据说利利马人和洪贝人都是用他们制造的陶器作为贡赋。这主要是因为由于文化上的统一性，一个区域内陶器会有比较多的相似性，但有时可能也是因为贸易或者贡赋所带来的流通。① 19世纪90年代，有人跟本特（J. T. Bent）说，有的村庄专门从事陶器制作，② 而且这些村庄应该很早就已经存在了。在口述资料中，也似乎提及了利利马人是专业的建筑工，他们为南兹瓦（Nanzwa）建造了班布兹（Bambuzi）石建并因此得到了报酬。③

也是在19世纪90年代，本特在奇比（Chibi）的村庄里看到那里的人都很擅长制铁，他们会用铁去换基本的食物；本特还听说有其他的村庄也是如此。铁匠的技艺通过某种"灵"来进行传承，这种"灵"通常由前一个技艺保有者传到他的某个亲戚身上，所以一个以亲族体系为基础的村庄就成了一个拥有专门技艺的群体。可以通过回溯过去的情况来对这种模式进行一些解释，据说曼博的臣民中有专门的铁工，这些铁工为曼博提供劳动，曼博会给这些铁工报酬，而报酬是铁锄。④ 掌握技艺后，理论上制铁在任何地方都可以进行，但要考虑冶铁需要好的木炭，所以冶铁制铁常常要与采掘铁矿石的活动分开。有

---

① Robinson（1959），118.
② J. T. Bent, *Ruined Cities of Mashonaland*, London, 3rd ed. 1902, 45.
③ Robinson（1959），161.
④ Robinson（1959），164; Bent（1902），45, 272; H. Tracey, "The Mashavi", *N. A. D. A.*, 1934.

证据表明，在沙施（Shashi）、弗克韦（Vukwe）、曼博驻地、德洛德洛等地有规模可观的冶铁工业。

然而，罗得西亚的古代废墟仍是以贵金属的发现而知名。加埃塔诺·哈维称非洲人只是把黄金和象牙当作出口商品，① 这种看法显然并不适用于罗兹韦国家。霍尔（R. N. Hall）和尼尔（W. G. Neal）在德洛德洛发现了 700 盎司黄金，这些黄金很多是以装饰品的形式存在，并且常常与葬仪相关，其中最贵重的一件装饰品包含的黄金有 72 盎司。在马塔贝莱兰（Matabeleland），发现了 2 000 盎司黄金。② 尽管成色已经降低，但可以确定这些装饰品是在罗兹韦时期制造，这可以由卡哈米考古呈现的地层信息来说明，也可以得到相关口述资料印证，相关口述资料称曼博的妻子佩戴的金饰品是在废墟里拾到的。装饰品是在废墟所代表的建筑内部制造的，比如，金丝就是在德洛德洛拉制的。关于黄金的熔炼，在石建废墟里找到的证据并不多，但蒙迪（Mundie）石建废墟是个例外，霍尔和尼尔声称在那里找到了五座靠近地表的炼炉，在恩纳塔利和姆特莱夸（M'telekwa）可能也有相关遗存。③ 采金的方法跟在罗得西亚其他地方发现的类似，在塔提的老矿场似乎有地下通道，而其他地方的矿场都是露天的或者底部为铃形的竖井矿坑。然而，塔提可能是在后期被利用过，不像很多矿在很早之前就已被废弃。关达（Gwanda）的矿场矿坑有的达到 160 英尺和 120 英尺

---

① Caetano Xavier (1758), in Carvalho Dias (1954), 179.
② R. N. Hall and W. G. Neal, *The Ancient Ruins of Rhodesia*, London, 1902, 144 - 147, 94, 91.
③ Hall and Neal (1902), 85, 290 - 291, 149.

深，这些矿场是罗得西亚最大矿场的一部分。

铜也被广泛地用于制造装饰品和铜条，其中铜条可能是为了便于运输，或者是用作货币。青铜合金也有制造，这里会用到一些锡，在德洛德洛就发现了锡矿渣；但也有一些锡是通过宗博进口的，锡在那里是一种贸易商品。霍尔和尼尔记录了在卡哈米发现的铜金合金，里面可能掺了铜和铅，这些铜金合金可能是由南方的文达人带来的，尽管本地就有铅。[①] 至于白银，尽管在罗得西亚还没有发现白银矿，但在哈特利山区（Hartley Hills）能找到少量白银，那里可能是德洛德洛的原银、金属镯和珠子供应源。然而，大部分在德洛德洛发现的白银很明显是进口的。

其他技艺也得到高度的发展，特别是那些为宫廷服务的技艺。装饰品用贝壳和象牙制造，也会用到金属。鸵鸟蛋壳会被用来做珠子，在卡哈米石建遗址还发现了用象牙制作的圆盘状物、小狮子雕和珠子，其他地方应该也能找到这之类的东西。象牙与酋长地位有很强的关联。针对每一头被猎杀的大象，曼博都可以收取一根象牙，以充猎场租税。和很多其他非洲人酋长一样，曼博也是坐在一个象牙宝座上。象牙镯可能也只限于酋长和他的妻子佩戴，比如文达人就是这种情况。有证据表明在卡哈米用陶制锭盘纺棉是比较常见的活动，在东南非其他地方应该也是这样的情况。树皮布和皮张用于普通人的日常穿着，统治者则青睐进口的布匹。

---

① See Hall and Neal (1902), 151 – 152, 144 – 147; H. Stayt, *The Ba Venda*, London, 1931, 65.

尽管一些"产业"比同时期很多其他地方的非洲人要发达，但它们在当地维持性活动占主导地位的经济中仍处于边缘地位。大米和某种小米是昌加米尔的主食，但大米可能只能在萨比河谷（Sabi valley）种植。玉米可能已经被引进，尽管到19世纪晚期高粱仍是马塔贝莱兰的主食，而玉米则在邻近赞比西河的地带才被当作主食。不过，布图阿以牛知名，昌加米尔跟牛的关系也比较密切，昌加米尔在反叛独立之前可能是莫诺莫塔帕的牧牛者。也许这是指莫诺莫塔帕王国的一些牧牛站，他们的职责就是向莫诺莫塔帕进献牛只。有类似的口述资料也提到了17世纪早期的某群人对莫诺莫塔帕的反叛。有意思的是，罗兹韦有一位曼博的名字的含义就是"小牧牛人"（little calfherd）。罗兹韦人似乎也会较多地从事狩猎，因为在当地有比较多的大象和野牛。关于罗兹韦国家的记录曾提及有人带肉进献给曼博，当时曼博停留在布拉瓦约的一处驻跸地（可能是德洛德洛或者恩纳塔利），在一块平整的岩石上接受进献。

在维持性经济的基础上，还有金属加工、雕刻和制陶。这些产业主要是为满足当地需求——比如提供铁制工具，但它们的发展和发展的动力仍要归因于曼博及其宫廷的需求。这些需求有很大的一部分是由曼博自己的交换网络组织来满足，在这个网络上，曼博接受进献的贡品，然后回赐以外国贸易商品或者装饰品，抑或是承诺提供某种保护。在这种情况下，私人贸易的空间不会很大，曼博的经济地位则明显比较突出，而这样的地位又会进一步提升曼博的政治地位。曼博有资源可以酬报那些为他服务的人，这些人形成了一个贵族阶层，他们住在石建的围墙建筑里，统治着其他人。

与罗兹韦国家之外地方的非洲人的贸易可能并不是很重要。与东面的联系在很大程度上是与非非洲人的贸易，这部分贸易要在另一种框架下论述。与莫诺莫塔帕的联系可能比较突出，无论是经济的联系还是政治的联系。政治的联系经常是不友好的，这可能是贸易的一个主要破坏性因素。马尼卡兰地区有一段时间屈服于罗兹韦国家的霸权之下，但可能也只是处在外围，因为马尼卡兰更多的是海岸地区的一部分，属于葡萄牙人的贸易网络范围。罗兹韦国家的一些黄金会被运到马尼卡兰，似乎还有一些"鸟蛋"——应该是鸵鸟蛋——的蛋壳被送到马尼卡兰去制造珠了。牛可能也会被送到马尼卡兰，因为布图阿的牛在马尼卡兰有不错的名声。

在西面，政治关系和支配地位也是变动不居的，在从茨瓦纳（Tswana）到曼格韦（Mangwe）之间的地区有一些贸易，比如狗（主要是用于狩猎）的贸易。在卡拉卡人（Kalaka）和恩瓦托人（Ngwato）之间有用金属交换牛的贸易，这在史密斯1835年的日记中有记录，但那时很多卡拉卡人实际上是在罗兹韦国家影响范围之外的。后来，恩德贝莱人与卡拉哈里边缘的萨瓦人（Basarwa）有很多联系，恩德贝莱人用铁、大麻、矛、锄和刀跟萨瓦人交换鸵鸟蛋壳珠子、象牙、羽毛、兽角和皮张。罗兹韦人跟萨瓦人等可能也有类似的关系。

在北面，一些罗兹韦人可能去过巴罗策兰（Barotseland）讨生活，当时他们可能是为了躲避侵略者或者其他敌对的罗兹韦人的袭击，但没有证据证明罗兹韦和巴罗策兰在沿赞比西河一带开展贸易。罗兹韦北面的贸易路线沿着赞比西河蜿蜒，并非简单的由北到南和由南到北。比如，通加人会用象牙跟他们的邻居换取奴隶，再把奴隶卖给宗博的商人。

与赞比西河以北地区贸易的证据来自考古。刚果的关于象牙的记录可能可以忽略，因为其反映的更多的是葡萄牙的影响。然而，在卡哈米发现了内嵌铜的斧头和一件青铜矛头，其中青铜矛头可能用到了所谓的"失蜡法"，这些都可能是来自刚果河地区。在卡哈米发现的有槽铁矛在乌菲帕以南的地方找不到相似联系物。所有这些在卡哈米发现的遗物都属于卡哈米文明的末期。铁锣或者铁铃可能属于比较早的时期。这些遗物基本上都与刚果地区有联系，但另外一些遗物则在很多地方——比如在布干达——都能找到相似物。多斯桑托斯（Dos Santos）提到，16世纪时在基特夫有鼓、铁制品、铁铃、铁键琴，他提到了一些铃状的铁锣。早在约14世纪，这些东西就已经在赞比西河畔的因贡贝伊莱德存在了。十字铜锭的存在可能会引人推测是否与加丹加地区存在联系，这确实值得注意，尽管在罗兹韦的遗存中找不到相关证据。葡萄牙人提到过这些十字铜锭，根据他们的记录，这些铜锭可能只是在16、17世纪时被人们使用。然而，由于18世纪有数量可观的铜沿着赞比西河从北方运抵宗博，这些铜可能是来自铜带地区。赞比西河以南地方的人们从北方的铜资源开发利用中获得了一些好处，葡萄牙人也分了一杯羹。也有人反对这种关于北方联系的推论，认为与北方的联系并非是贸易，而更有可能是文化，因为卡朗加人（Karanga）最初始的发源地可能是上刚果地区，他们可能把一些观念和技术带了过来。在大津巴布韦的大石围发现的十字形铜锭的锭模支持这种说法。总的来说，认为与北方地区存在长途贸易联系的证据仍不够充分，仍只是一种能引人遐想的线索性信息。

与林波波河（Limpopo）以南地区的贸易在 17、18 世纪可能并不是很突出。可能会从梅西纳矿区（Messina mines）进口一些铜。似乎没有锡或者半制成的青铜从罗伊贝格（Rooiberg）输送到曼博所在的地方，因为在罗得西亚有锡矿，并且罗伊贝格的锡含有砷，而在罗得西亚发现的大部分锡制品在经过分析后发现并不含砷。帕拉奥特（Paraotte）的关于带着黄金来到莫诺莫塔帕的故事可能表明在 18 世纪早期存在着北南之间的联系。现在住在林波波河以南地区的文达人有一部分是从罗兹韦分离而来，这可能是发生在 18 世纪早期，从那时起，他们就一直保持着与姆瓦里信仰相关的联系，有人认为这种信仰方面的联系可能在某段时期有助于贸易开展。伦巴人也是分布在从赞比西河到彼得斯堡（Pietersburg）的广大地区。

与非洲群体内部贸易和不同非洲群体之间的贸易相比，与非非洲人的贸易主要是以黄金为主导。在公元第一个千年间，珠子散布到了罗得西亚的各个边缘角落，珠子的散布可能通过的是非直接的贸易路线，但最终都是为了换黄金。在葡萄牙人活动的时期，布图阿就是以其高纯度的黄金而知名。然而，"布图阿"到底指什么却并不是很清楚，并且这个词应该不是指某种单一的存在，因为它不过是外来人口中的一个称呼。D. 亚伯拉罕（D. Abraham）认为，在 16 世纪和 17 世纪的一部分时间里，昌加王国（Changa）与托格瓦王国（Togwa）是不同的存在，昌加米尔在 17 世纪征服了托格瓦王国。很多 17 世纪的记录在提到布图阿时会把它跟罗兹韦以东的地方相联系。然而，一些考古证据表明葡萄牙人跟西部的一些石建废墟所代表的实体有贸易联系，17 世纪时，这些实体可能在昌加米尔的支配之下。

有一条贸易路线从葡萄牙人的据点太特出发往西南延伸，经过莫诺莫塔帕，在那里有卢安泽（Luanze）、丹巴拉雷（Dambarare）、翁格韦（Ungwe）等市场，葡萄牙人居留的最靠近罗兹韦的地区可能是位于现在的哈特利区（Hartley district）的马拉姆卡（Maramuca）。P. 加雷克（P. Garlake）发现了卡哈米和德洛德洛两地与葡萄牙人之间存在贸易关系的证据，特别是卢安泽，因为卢安泽遗址发现的珠子与卡哈米发现的珠子属于同一种类，在卡哈米发现的中国瓷器与在卢安泽和马拉姆卡的一处葡萄牙人遗址发现的瓷器类似。卡哈米发现的瓷器在年代上属于 17 世纪前半期，将这一信息与珠子包含的信息综合起来进行考虑后，加雷克认为相关贸易联系在这一时期已经出现了，并不是到了 17 世纪末才有的。在德洛德洛石建遗址发现的中国瓷器在年代上似乎要晚一些，大部分是 1644 年以后的，其中一些可能是通过宗博出发的贸易路线输入，而这条路线在 18 世纪时才开始使用。瓷器可能并不是一种常规贸易商品，而更有可能是给曼博的礼物。主打的贸易商品无疑是珠子和布匹，瓷器的意义在于它有助于确定年代，尽管这一功能也存疑，因为一些瓷器本身是可以保存很长时间的。在德洛德洛发现的所谓的"耶稣会士的宝藏"（Jesuit's Treasure）和铃铛、钥匙、油灯、雕银盘等物品可能也属于礼品，并不是说那里真的有传教士存在（当然也可能真的有），或者这些东西可能是从某些交易市场上抢掠而来的。

17世纪末18世纪初昌加米尔对相关市场进行劫掠并摧毁后，通过莫诺莫塔帕的宗博贸易路线就被停用了。尽管有人作过努力——比如1769年曾有人想重开丹巴拉雷的市场，但莫诺莫塔帕国家内的市场再也没有恢复。昌加米尔和宗博的联系似乎在很早的时候就开始了，因为昌加米尔总是称宗博的长官为"佩雷拉"，而这是宗博的创建者的名字。我们仍然无法确定沿着这条路线的贸易变化的情况，尽管有一些细节还是比较清楚的。比如，大约在1766年，在昌加米尔下辖的一个酋邦和另一个实体内部发生了继承战争，打乱了宗博和罗兹韦的贸易。宗博的商人经常抱怨在布图阿会遭到抢劫，但这种情况需要仔细甄别，因为一些商人喜欢赖账，当然也确实有一些商品在这条路上被抢劫，一些商人雇佣的姆桑巴兹也指出存在一些无正当理由的收费，有时还会有一些莫名其妙的官司纠纷。

昌加米尔并不能持续并且完全地控制通往宗博的长途贸易路线。1784年，一些姆桑巴兹就抱怨路线不畅，于是就不再走这条路，而是选择另一条通过切雷亚（Chereya）的路线。这样一来，切雷亚就富了起来，并且也强大了不少。切雷亚可能是指"奇雷亚"（Chireya），奇雷亚现在仍是尚克韦地区的一个酋邦。昌加米尔称他可以暂不惩罚奇雷亚的首长，因为他很看重跟宗博之间的贸易，只希望宗博派出的姆桑巴兹能继续走原来的路线。

总的来说，昌加米尔对自己领地上的对外贸易的控制力还是很强的。据说他不许非非洲人进入他的领地，因此宗博的商人就不得不依赖姆桑巴兹。这些姆桑巴兹10月出发，如果路途顺利的话，他们能在次年的三四月返回。宗博的商人会付给姆桑巴兹佣金，出发时付一半，回来后再付另一半。这些姆桑巴兹尽管时刻面临被抢劫和被攻击的危险，但他们似乎拥有牛，还拥有靠近矿区的土地。有时候，当知道宗博的雇主没有足够的布匹支付佣金时，一些姆桑巴兹会选择不返程回宗博。昌加米尔对姆桑巴兹的控制力时大时小，但很明显的是昌加米尔垄断了黄金的生产。因此，一个非洲人在昌加米尔的地区是不能拥有黄金的，除非是那些质量极差只能换一些廉价小玩意的黄金。1769年，昌加米尔派遣武装去惩罚一些臣民，因为他们没有上报发现新矿的消息。昌加米尔对黄金生产的垄断使该地区与外部世界商人的贸易局限于有组织的市场，这些市场要么是靠近黄金矿，要么是在昌加米尔的驻跸地。没有证据证明罗兹韦的臣民可以自主地带黄金去宗博，也没有证据证明曼博派遣商队去搜购黄金——尽管他派了使节。昌加米尔可能是害怕自己失去控制权，所以不许他的臣民与宗博的商人直接联系。

黄金是输往宗博的主打产品，象牙也有一定地位。此外还有一种来自布图阿的可做药物的植物根。象牙是布图阿的一项出产，从这里输出象牙要比从丹巴拉雷输出更方便。然而，实际上象牙大部分可能是来自靠近宗博的丹德地区（Dande），这里有时在昌加米尔控制之下，有时是独立的。加埃塔诺·哈维提到了在安巴拉和昌加米尔有使用象牙建筑堡垒的情况，但姆桑巴兹没有买这些象牙；哈维还提及，罗兹韦没有尝试过将象牙输往宗博。① 莫莱斯·佩雷拉（Morais Pereira）将这一地区象牙的缺乏归因于运输成本，但其实经常出现的问题是葡萄牙人用于支付的布匹不足，而在布匹不足的情况下，葡萄牙人会优先购买黄金。②

沿着这条路线输入的最常见的商品是珠子、布匹和烈酒。此外，还有很多武器和军事行动的战利品。其中，战利品可能是得自某些袭击，而武器则是要拿到昌加米尔那里去换东西。1769 年，昌加米尔派使节去宗博，宗博的人给了使节一支滑膛枪和一些铅弹，尽管昌加米尔更想要的是一个堡垒。霍尔和尼尔发现过火石和铅弹。1831 年，昌加米尔有四门炮。根据口述资料，葡萄牙人带来了两门旧炮，罗兹韦就用它们来抵挡恩古尼人（Nguni）。

尽管这些输入商品的规模并不确定，但可以大致估计一下这条路线上投入贸易的黄金的数量。18 世纪，布图阿的矿场非常重要，即便是葡萄牙人在太特和宗博使用奴隶开采的矿场也比不上。1750 年，梅洛·埃·卡斯特罗（F. de Mello e Castro）称布图阿在好的年景一年可以出产 500—600 帕斯塔（pastas）的黄金；1762 年，阿泽维杜·考提尼奥·德·蒙陶里（Azevedo Coutinho de Montaury）给出的数据是 300—400 帕斯

---

① Caetano Xavier（1758），in Carvalho Dias（1954），197.
② Morais Pereira, "Notícias dos Domínios Portugueses na Costa Oriental da Africa", in A. Lobato, *Evolução Administration e Economica de Moçambique 1752 – 1763*, Lisbon, 1957, 249.

塔，这包括了宗博附近矿场的产出；而在 1756—1756 年间发生的一次抢劫中，据说有 1 000 帕斯塔黄金被劫。① 18 世纪末 19 世纪初的数据，没有专门指向布图阿的。

尽管通过宗博输出的罗兹韦黄金在 18 世纪非常重要，但实际上还有通过马尼卡兰输往索法拉或者塞纳的路线。1609 年，多斯桑托斯提到有布图阿的人去马尼卡（Manica）。A. 戈麦斯（A. Gomes）在论及布图阿时可能指的是罗得西亚的西部地区，因为他说布图阿在马尼卡以西之外的地方，他还提到了那里有三四处集市。这些集市上有穆斯林，据说布图阿人之所以自己不去马尼卡兰，是因为穆斯林跟他们说葡萄牙人很可怕。大致在 1762 年之前的几年里，在马尼卡兰的市场上出现了从遥远内陆来的非洲人，他们带着象牙、黄金、蜂蜡、珍珠小米、水晶石、蜂蜜、原棉、皮子和牛。这些人中有一部分可能是来自罗兹韦。1788 年，这一市场又出现了繁荣的景象，昌加米尔允许葡萄牙人开设市场，条件是葡萄牙人缴纳一定数量的布匹。当时，昌加米尔的一个妻子还在马尼卡兰住了下来。从这里出口到海岸的商品主要是黄金、象牙和铁。都马（Duma）的铜也被送到马尼卡兰，都马是一个距离马尼卡兰约六天脚程的地方。都马的人当时待在萨比河谷，大约在 19 世纪中期迁移到靠近大津巴布韦的地方。尽管在 19 世纪 20 年代似乎没有人从索法拉到昌加米尔，但据 1831 年到索法拉的非洲人说，从基特夫或者

---

① F. de Mello e Castro, *Decripção dos Rios de Sena 1750*, Goa, 1861, 32; M. A. Azevedo Coutinho de Montaury, letter of 15/7/1762, in Andrade (1917), 593; Caetano Xavier (1758), in Carvalho Dias (1954), 198.

桑加到昌加米尔王廷的路上没有障碍，也没有抢劫。这两个地方中，基特夫距昌加米尔王廷约一个月的脚程，桑加则是15天的脚程。沿着这条路线，似乎有猪和枪支被从马尼卡带到昌加米尔，而这些货物据说是出自塞纳地区的居民之手。然而，从贸易量来看的话，从罗兹韦经马尼卡到海岸这条路线的重要性并不突出。

还有另外一些通往海岸的路线，但更加不常用。有人研究过萨比-伦迪河（Sabi-Lundi river）① 作为一条内陆通往海岸的贸易路线的重要性，特别是如果考虑它通往大津巴布韦所代表地区的话。阿拉伯人和早期的葡萄牙人对这条河流路线非常重视。1744年，一名多明我会士认为萨比河是"刻有奇怪字符"的"示巴宫殿"（the palace of Sheba）所在地方的对外交通路线。曼努埃尔·托马斯神父（Father Manoelde S. Thomas）认为这个地方距离萨比河有80里格，与马尼卡和基特夫相邻。然而，上述的这些说法也只是基于"萨比"和"示巴"这两个名字有一些类似。当时，萨比-伦迪河可能确实是被当作一条通道。而且，萨比河下游地区是能通航的，利用这一条件可以在马丹达（Ma Danda）一带搜罗象牙，这种活动直到兰丁人（Landins）入侵后才停止。在伦迪的废墟遗址中发现了金砂，在这一带的河流中应该是有淘金的活动。如果我们所说的帕拉奥特的所在是正确的的话，那么从索法拉来的商人可能是到了关达地区，而萨比河就应该是一条可能的路线。

---

① 萨比河流经今津巴布韦和莫桑比克，伦迪河在津莫边境一带汇入萨比河。——译注

就罗兹韦与更往南的海岸地区的联系来说,有一个证据是来自葡萄牙人对荷兰人渗透的担忧。1739 年,葡萄牙在印度的副王报告说,荷兰人已经渗透到了距伊尼扬巴内(Inhambane)200 里格的内陆地区,并且在内陆发现了金矿。这里所说的内陆地方可能是在林波波河以南而并非罗兹韦所在的区域。关达在罗得西亚南方,那里有一处规模较大的矿场,在这处矿场发现了一件黄铜托盘,年代属于 18 世纪早期,这表明关达的这处矿场在这一时期与海岸地区有联系——至少是有间接联系,而这里所说的海岸地区可能是伊尼扬巴内,也可能是德拉果阿湾(Delagoa Bay)。在德洛德洛发现的荷兰杜松子酒酒瓶可能也是通过这条路线输入的。这样一来,就有理由认为帕拉奥特这个地方应该是在关达地区(这里有时会受曼博控制),这里的人会带着黄金去德拉果阿湾找荷兰人交易,或者去北方的莫诺莫塔帕。但不管是哪一条路线,从海岸或者北方到罗兹韦的贸易的量可能都不会很大。在德拉果阿湾,黄金主要来自南面的地区,运输黄金的路线主要是沿着恩科马蒂河和马普托河(Nkomati and Maputo rivers)到河口。然而,1758 年,加埃塔诺·哈维说,在德拉果阿湾有纯度最高的黄金,荷兰人不仅霸占了市场,还想着沿河而上到昌加米尔去。① 加埃塔诺·哈维的说法是建立在对地理信息有了解的基础上还是只是凭经验推理,这很难说。18 世纪末的一份葡萄牙文件记录说,尽管大部分的黄金是来自马托拉(Matolla)山区

---

① Caetano Xavier (1758), in Carvalho Dias (1954), 189.

（恩科马蒂河上游），但也有大量的非洲人带着黄金从基特夫到德拉果阿湾。① 这是一条引人注意的路线，因为基特夫离索法拉非常近，但没有证据证明它跟罗兹韦有联系。令人遗憾的是，所有的从欧洲人方面获得的证据都很模糊，因此也没办法说清楚非洲人方面到底进行了什么样的活动。

有人称罗兹韦掌握一条通往安哥拉海岸的路，这一说法的证据基础极不可靠，在本质上也不合理。据说在 16 世纪有一条毛毯从安哥拉经布图阿传到马尼卡，但其实这种毛毯也有可能是来自赞比西河一带的穆斯林商人之手。不过即便如此，马尼卡兰的葡萄牙人也还是会觉得这很不可思议。刚果的黄金曾一度被人认为来自布图阿，但实际上那里有更近便的金矿。17 世纪时，在布图阿有安哥拉的贝壳，这也被看作罗兹韦与安哥拉海岸有联系的证据，但其实这些贝壳有可能是东非海岸的贝壳。此外，在赞比西河上有一个贸易点的名字与"安哥拉"的发音近似，而非洲人在说这个地方时可能也并不知道在西海岸有一个安哥拉。罗兹韦与西海岸地区相连的最切实的证据是有记录提到过从姆兹莫——葡萄牙商人从这里带出过铜和黄金——出发到安哥拉有一条贸易路线。这条证据并非第一手证据，但如果一定要说罗兹韦人往西去过的话，那这条路线倒确实有可能被使用。

在罗兹韦国家，经济活动应是很活跃的，商品的交换有时会跨越很长的距离。商品生产有专业化的分工，有整个的村庄

---

① Quoted by H. A. Junod, *The Life of a South African Tribe*, 2 vols., London, revised ed., 1927, II, 142.

专门从事像陶器和铁制品这样的手工制品的生产，这表明一种真正的市场经济已经出现。还有职业商人，比如泽祖鲁人和伦巴人中的一些商人。但是，这些商人的大部分贸易活动并不会借助特定的市场。而且，即便说"职业的"商人，我们也还是不能确定商业活动在这些人的生活中到底是不是占主导地位。从内部因素来说，曼博控制下的和平为旅行和贸易开辟了道路。确实，大部分的贸易似乎就是因为有王廷的需求刺激才产生的，并且贸易的导向也是由上而下。

此外，还要注意的是，罗兹韦贵族和平民大众之间的区分可能并非欧洲人观念中的情形。"贵族"是统治者和祭司，也有一些人会因为在冶铁制铁方面的技术而成为"贵族"。土地的富饶特别是矿产资源的丰富为曼博提供了一项政治权力的来源。对与外部世界的黄金贸易的总体垄断使曼博拥有大量资源可回馈效忠者和服务者。对于居住在高墙内的贵族来说，黄金的内部消费其实是很低的，具体采掘黄金的地方也很少消费黄金。然而，千万不要以为罗兹韦是一个专制的国家，实际情况远不是如此。曼博的军事力量可能有时会减弱，但实际上曼博用来掌控臣属的主要力量并不在于军事，而是来自宗教，来自他离祖先更近，来自他能祈雨。曼博一般还会受到习惯法、道德、超自然制裁威慑、家族成员以及重臣顾问的制约。曼博的国家实际上更应该被看作一个松散的联邦而非一个统一的帝国。

与非非洲人贸易给曼博的政治权力带来了或积极或消极的影响。昌加米尔的影响力在17、18世纪的扩展与对外贸易的增长相联系。有装饰石墙建筑的增加可能也发生在这一时期，因为这一时期确实有经济的繁荣，统治者的政治权力也有明显的提升。从这点上来说，罗兹韦的力量可以说是建立在长途贸易的基础之上的。昌加米尔也对非非洲人进行了限制，无论是刻意的还是偶尔为之，这种做法确实有助于统治者的控制，不像莫诺莫塔帕，把葡萄牙人放进来，结果把国家赔了进去。曼博努力管理内外两个世界。曼博的臣民们仍然保持孤立，他们的经济没有多少内源性的动力，他们选择服从曼博的意愿而不是为了自己谋利益。

第十三章

德拉果阿湾与东南部非洲的贸易

阿伦·史密斯（Alan Smith）

在 16 世纪中期至 19 世纪早期的这段时间里，德拉果阿湾从一个远离中东部非洲商业圈中心的孤立地区转变成东南部非洲最重要的商业中心之一。这是欧洲人商业活动增加的结果，也得力于非洲商人商业能力的大幅度提升。德拉果阿湾贸易的发展与欧非商人之间的互动是相伴发生的，但贸易的参与者中存在激烈的竞争和持续的冲突。实际上，德拉果阿湾地区政治历史的大部分内容是由这些冲突决定的，不同的人群对贸易增长所带来的机遇和问题作出了不同的回应。

葡萄牙人是第一批在德拉果阿湾开展定期贸易活动的欧洲人。尽管在 16 世纪初已有一些人到访，但直到 16 世纪 40 年代，葡萄牙人才开始尝试把德拉果阿湾纳入其东非贸易体系。这时，象牙在贸易中的地位正越来越突出，这促使一些人去调查并开发索法拉以南土地上的资源。为了这一目的，洛伦索·马奎斯（Lourenço Marques）和安东尼奥·卡尔代拉（António

Caldeira）受命调查南部两条河流之间地区的商业潜力。1544年，两位探险家提交了一份报告，对相关情况给予了积极正面的评价。报告说，在林波波河河口地区，铜非常丰富，当地人也答应能以非常合理的价格出售。而进一步往南，在德拉果阿湾，则有大群的象，当地人同样表示能以非常便宜的价格供应大量的象牙。①

基于这一报告，葡萄牙政府开始定期在德拉果阿湾地区进行贸易，而德拉果阿湾则开始被称作"洛伦索马奎斯湾"（bahia de Lourenço Marques）。根据安排，每年会以葡萄牙王室的名义发一条商船乘季风航往德拉果阿湾，具体操办由驻莫桑比克的总督负责。这条船会在当年 12 月至次年 6 月停在湾内，然后在往南的季风吹起之前回到北方。在德拉果阿湾贸易持续的那些年里，葡萄牙人将他们的活动基地从艾斯比利杜桑托河（Espirito Santo river）移到恩科马蒂河和马普托河。最后，他们选定了一个原本被当作临时货栈的近岸岛屿，在那里立足下来。葡萄牙人认为在那里最为安全，开展贸易也最为方便。以这个近岸岛屿为基地，葡萄牙人派遣人员到五条河上开展贸易，每隔十天将换得的商品运回岛上储存。

德拉果阿湾定期贸易的推进使葡萄牙人与湾区的荣加人（Ronga）发生了联系，荣加人是莫桑比克南部操松加语言人群（Thonga-speaking peoples）的南部支群。松加人居住在南起德

---

① Caetano Montez, *Descobrimento e Fundação de Lourenço Marques*, Lourenço Marques, 1948, 13 – 22; Colin Coetzee, "Die Kompanjiese Besetting Op Delagoabaai", Archives Yearbook for South African History, II, 1948, 176.

拉果阿湾北至萨比河、东自海岸西抵内陆山地的地区，靠近德兰士瓦和罗得西亚。"荣加"和"松加"是语言和文化上的分类，常常是外部世界的人为了区分方便，这两群人自己并不用这两个词称呼自己。还要指出的是，莫桑比克南部的松加人不同于伊尼扬巴内的科卡通加人（Tonga-Khoka）、赞比西河谷和赞比亚的通加人诸族群以及马拉维的"湖畔通加人"（Lakeside Tonga）。

从葡萄牙人提供的记录中，可以看到 16—17 世纪荣加人政治单位的一些特征，这些特征在湾区酋邦之间的权力关系中有所反映，也决定着它们在湾区贸易中的地位。16 世纪中期，葡萄牙人了解到的情况是在湾区共有五个酋邦，分别为尼亚卡（Nyaka）、滕贝（Tembe）、姆弗莫（Mfumo）、农德瓦那（Nondwana）和马尼塞（Manhice），它们一直持续存在到 19 世纪。根据早期葡萄牙人的报道，荣加人诸酋邦的分裂性比较强。一些分裂是部分的并且是暂时的，比如小滕贝人（Tembe, the Younger）和老滕贝人（Tembe, the Elder）之间就有嫌隙，但并不严重。但是，有些分裂无法避免，最终导致新的独立酋邦出现。18 世纪末，像马查瓦内（Machavane）、马托尔（Matoll）、马普托、马博塔（Mabota）这样的"新酋邦"已经出现了，已不再是 16 世纪葡萄牙所观察到的五个酋邦的局面。

葡萄牙人的报告也显示了荣加人的其他一些重要特征。比如，在报告中，葡萄牙人称荣加人的政治单位为"王国"，而称纳塔尔（Natal）地区居民的政治单位为"酋邦"，这表明在 16 世纪时荣加人的政治发展已经达到了一个比较高的水平。再比如，葡萄牙人的记录说尼亚卡的武装会侵袭南至圣卢西亚河（St. Lucia river）的地方，"偷取"其他人群的土地，但他们却害怕滕贝人的进攻，这说明一些酋邦之间可能常常处于互相敌对的状态；冲突在 16 世纪是酋邦间关系的一个重要内容，而到了后来，这些冲突还会极大地影响权力的平衡。随着葡萄牙人的影响加强，荣加人的某些酋邦开始力图独占与欧洲人的贸易，在限制邻居的同时提升自己在与欧洲人互动中的地位。这表明，贸易已经成为推动荣加人内部竞争的重要因素。

由于葡萄牙人在德拉果阿湾没有永久性的商站或堡垒，他们很少参与当地的政治。不像在索法拉和更北地方的港口，葡萄牙人因为有永久性的据点，所以总是会控制邻近的地区。进入德拉果阿湾的葡萄牙商人在与荣加人发生关系时，几乎总是保持武装戒备的状态，特别是在容易遭受报复性打击的地方。由于在贸易过程中总会有一些不愉快，葡萄牙人与湾区的一些酋邦的关系也常常会出现敌对。在湾区开展贸易后不久，葡萄牙人就被迫离开了在艾斯比利杜桑托的贸易点，因为他们总是与滕贝人发生冲突。随后，葡萄牙人开始集中精力跟马尼塞和尼亚卡搞好关系。然而，新地区的人们也跟葡萄牙人发生了摩擦。1594 年，马尼塞的人劫掠了葡萄牙人的贸易船，因为他们认为葡萄牙人的船长在他们那里犯了罪，他们必须报复。17 世纪初，尼亚卡的酋长也对葡萄牙人的一些活动非常不满，于是采取了类似的报复行动。作为应对，葡萄牙人暂时停止了在德拉果阿湾的活动。显然，当出现困难时，葡萄牙人还没有足够的能力去克服，只能退让离开。

尽管葡萄牙人和荣加人之间的关系并不融洽，但从莫桑比克岛往德拉果阿湾的贸易航行总体上仍然维持着，从 16 世纪中期一直延续到 18 世纪初。由于缺少合适的文献资料，我们很难精确确定这些航行的周期和频率。从相关王室文件和船只记录来看，在最初的 40 年间，航行是每年一次。1590 年后，政策发生了变化，船只会隔年派一次。尽管文献记录表明有时候两次航行之间的间隔会超过两年，但这种情况应该只是例外。根据与莫桑比克的有关的一些编年记录，航行基本上是两年一次，少量留存下来的葡萄牙商人关于德拉果阿湾的记录也提到了这种情况。因此，从总体上来说，两年安排一次航行应该是常态，一直维持着。

17 世纪时，德拉果阿湾的贸易已不再由葡萄牙人垄断。17 世纪 80 年代，英国商人在德拉果阿湾的活动已经变得比葡萄牙人更积极，也更有效。英国与德拉果阿湾地区的联系早在 1597 年就开始了，当时有三艘船寻求开一个商站，并承诺将带来优质的蓝布和蓝色贝壳。1622 年，一艘船失事，船上的幸存者在经过湾区时，看到了很多英国制造的商品，其中英国黄铜制品尤为当地人看重。尽管直到 17 世纪末才有目击者的记录，但英国商人在这一地区的商业渗透活动肯定是在逐渐增加。17 世纪 80 年代，有一年在海湾中发现了五艘英国商船，英国商人已经在一座离岸的岛屿上立足，并开始制造铜镯。从不同来源获得的报告表明，英国人的贸易活动一直持续，随着时间推移进入到 18 世纪早期。

英国商人带来的压力不断增强，葡萄牙人颇为紧张。葡萄牙人还发现，荣加人更倾向于与英国人做生意，因为英国人带来的商品更好。有时候，葡萄牙人几乎是空着船从德拉果阿湾回到莫桑比克岛，因为湾区的象牙差不多都到了英国商人手上，葡萄牙商人捞不到多少东西。当莫桑比克岛的行政长官建议不再继续派船时，总督没有批准，因为总督觉得王室的事业要继续撑下去，直到出现某种决定性的局面。尽管葡萄牙人尝试继续维持贸易联系，但在一艘船及其货物被一群法国海盗劫走后，与德拉果阿湾的贸易实际上就终结了。在海岸诸定居点遭遇一系列困难的情况下，葡萄牙人已无法再有效地在南方进行竞争。1703年，所有往德拉果阿湾的航行安排都被取消。

在葡萄牙人活动的岁月里，从湾区输出的产品主要是犀角、琥珀和象牙等。其中，象牙一直以来是最重要的产品。一部分象牙可能来自湾区周边，还有一部分则来自较深远的内陆地区。葡萄牙船只失事的相关记录表明，源出于纳塔尔的象牙会被带到德拉果阿湾。另一方面，黄金、锡或者铜未被提及，这似乎表明德拉果阿湾与南非高原和罗得西亚产金区的贸易还没有发展起来。因此，在16、17世纪，德拉果阿湾的贸易网与南非高原、罗得西亚的贸易网之间似乎并没有联系。

1721年，德拉果阿湾被荷兰东印度公司（Dutch East India Company）控制。从范·里贝克（van Riebeeck）时代开始，开普的总督们就一直对非洲东海岸有兴趣，他们想着要从这里进入莫诺莫塔帕的产金区。1680年后，开普的总督们从英国的船只那里得到了关于东部非洲商业的正面评价，这进一步激发了开普殖民者们的兴趣，他们敦促荷兰东印度公司的"十七人委员会"采取更多更积极的行动。然而,委员会并没有被说服。1688年,诺尔德号(Noord)的船长到访德拉果阿湾,他给出了一个负面的报告。这样一来,委员会就更不愿意采取行动了。在没有采取决定性的行动之前,欧洲爆发了战争,相关问题被搁置。战争结束后,委员会开始对英国和法国在印度洋的活动表示担忧,于是开始寻求在德拉果阿湾设立一个定居点。让·皮埃尔·普里(Jean Pierre Purry)的一份记录的出版形成了决定性的推动力,这份记录将纳塔尔描绘成南部非洲最富饶的地方。1719年,荷兰东印度公司决定占领德拉果阿湾。①

在德拉果阿湾建立定居点后不久,荷兰人发现他们面临很多问题。与预期的不同,在海湾设立定居点并没有提升他们在贸易方面的地位。机会是有的,但荣加人总是将他们的象牙和琥珀卖给英国人,从英国人那里换取黄铜制品而不是荷兰人的笨重的铜制品。更严重的是高致病率和高死亡率,这很快就导致定居点规模和效率的下降。一份送交给开普的报告对这一情况进行了总结:疾病非常糟糕……要塞里没有任何食物,从土著那里什么都买不到……情况令人绝望。② 然后,定居点还遭到了海盗的攻击,海盗进行了洗劫,控制了他们看中的一切东西,然后在定居点待了两个月,离开时还带走了公司的一艘船和一些公司的雇员。

1724年后,湾区的情况突然得到了显著的改善,但是有点

---

① Coetzee (1948), 188-225.
② *Précis of the Archives of the Cape of Good Hope*, Cape Town, entry of April, 1722, 288.

莫名其妙。高死亡率一直是个大问题，这时却忽然没问题了，定居点的卫生状况被认为能够令人满意。与荣加人的贸易也得到提升，唯一值得抱怨的是用来进行贸易的珠子供应不足。另一项积极因素是，荷兰开始在湾区获取奴隶运到开普，这样就可以省得再去马达加斯加。然而，最令人振奋的是，远方内陆的人们开始带着黄金和锡到来。与莫诺莫塔帕建立联系的希望和内陆传说中的财富让荷兰人心驰神往。随着定居点的日益繁荣和稳定，占领湾区开始被认为是一个明智的决定。

然而，定居点的好日子并没有持续很长时间。公司在湾区立足的主要目标之一是进入内陆，为此它也派出了几支探险队，沿着恩科马蒂河、艾斯比利杜桑托河和马托尔河往内陆进发。然而，这些探险队都没能够到达产金区，只有一支队伍走得比较远，但也被一支强大的非洲人武装给挡了回来。这一事件和其他的一些迹象表明，内陆不欢迎荷兰人，荷兰人也意识到他们还远不能掌控内陆。与此同时，定居点再次受到了低地有害气候的侵袭。随着死亡率的再次上升，为定居点补充人员就提上了日程，但这就给公司的资源分配带来了新的压力。

困难还不止这些。热火了数年的贸易开始冷清下来，因为一系列的战事导致贸易路线封闭。荷兰人与荣加人的友好关系开始出现恶化，有一个荷兰官员在某个场合下认为他的牧牛点将要被抢劫，于是就下令向一群非洲人开火。最后，定居点一直有些人不满，之前就已经有人开小差逃跑了，然后是发生了一场哗变，结果有62人受到处罚。面对种种问题，委员会在1730年决定解散定居点，并且越快越好。

在荷兰人设定居点的时期，湾区诸酋邦之间一直有争斗。最严重的一场冲突发生于滕贝人和马查瓦内人之间，滕贝人打赢了几次，差一点吞并马查瓦内。其他的冲突涉及湾区北部的一些较小的酋邦。马特吉（Mateky）和农德瓦纳打过，农德瓦纳和姆弗莫打过，最后马姆贝、马托尔、马特吉和农德瓦纳结成同盟，一起反对姆弗莫。后来，姆弗莫遭受了决定性的失败。姆弗莫本来是一个由多个相关族群组成的共同体中比较有力的一个，但它总想着控制其他力量，结果反倒招致失败。湾区诸酋邦之间随着战事的起伏而分分合合，这种情况到后来也没有改变。

然而，这一时期还有其他的冲突。荣加人意识到自己的中间人地位并不稳固，因此总是想方设法维持自己的垄断。为了达到这一目的，荣加人试图阻止内陆的人与荷兰人直接贸易。1726—1727 年，贸易通道仍然关闭着，荣加人和内陆的势力发生了几次冲突。荣加人显然获得了胜利，因为内陆的势力要么是把贸易交给荣加人，要么就是让荣加人陪着一起去跟欧洲人交易，总要让荣加人分一杯羹。最后，内陆的人就不再来德拉果阿湾了，因为他们持续地受到不公正的对待，有时还会遭荣加人抢劫。

根据内陆来人提供或者呈现的信息，似乎可以推测其来源地。一些人会称自己来自"帕拉奥特"和"马奇科塞"（Machicosse）。这些称谓听起来比较奇怪，也可能荷兰人记的和内陆来人说的并不一致。通过对几种版本的记录进行比较，可以发现一个线索，那就是"马奇科塞""因托维莱"（Inthowelle）和"帕拉奥特"居住在同一个地区。从族群来看的话，马奇科塞可能对应的是"马萨卡茨"（Masahkatsi），这是马卢莱克松加人（Maluleke Thonga）的酋长，他居住在德兰士瓦和莫桑比克接界的地带，在奥利凡斯河（Oliphants）和林波波河之间；因托维莱则对应文达人的一位酋长，这位酋长名叫维莱（Vele）。这些推测似乎与马卢莱克松加人和文达人的世系有一致之处，也能够与文达人关于迁徙和国家形成的传说形成某些对应，并且也符合相关地区的族群分布。因此，有人认为这些推测是合理的。除了居住地方面的信息外，内陆来人也还提到因托维莱统治着其所在地区的所有人。因此，在这一时期与德拉果阿湾保持贸易联系的地区似乎应是在德兰士瓦东北部，这里的文达人和松加人混居，他们都隶属一位名叫维莱的文达酋长。

"马奇科塞"和"帕拉奥特"居民带来了可供德拉果阿湾出口的黄金和锡，还将德拉果阿湾与更北方的贸易网络连接起来。荷兰人从这些人口中得知，有长着黑头发的黑人从"奇法莱"（Chifalle）——即"索法拉"——去他们那里换黄金。他们称这些人为"通戈人"（Moetonge），这可能是指伊尼扬巴内的科卡通加人。有记录表明，一些科卡通加人曾在内陆和索法拉港口之间行商。此外，很有可能的是，"帕拉奥特"和"马奇科塞"的人与罗兹韦或者其他的罗得西亚土地上的居民有规范化的贸易联系。有人跟荷兰人提及过莫诺莫塔帕，并称那里有很多黄金，"帕拉奥特"的人曾从那里获得黄金，然后带到海岸来卖。尽管那个时候"莫诺莫塔帕"的所指并不清晰，但它最有可能指的是"昌加米尔曼博"（Changamire Mambo），因为其他地方的黄金要往南输送到"帕拉奥特"的话，都得绕非常远的路。

不管内陆的贸易模式多么复杂，事实是这些人总有其他的商品输出途径。他们在荷兰人占据的时期出现在德拉果阿湾，更多的似乎是一种巧合。这是因为德拉果阿湾要比莫桑比克的其他港口更容易利用，还是内陆本身的情况使然？可能的是，内陆的一些人不愿意与葡萄牙人做生意，因此当发现荷兰人的存在时，他们就抓住了机会；也有可能的是，德拉果阿湾贸易形势的变化也影响了内陆既有的贸易模式。就像16世纪早期，海岸的穆斯林商人发现了通往内陆的新路从而可以避开葡萄牙人控制的老路；或者像尧人的情况，他们在18世纪时将贸易活动从以基尔瓦为归依转到以莫桑比克为归依。内陆的商人迅速地抓住了与德拉果阿湾开展贸易的机会，这表明内陆的人们有着敏锐的商业嗅觉。

18世纪后半期，德拉果阿湾似乎已发展成为一个重要出口商品供应地。关于这一时期的很多信息是由葡萄牙人提供的，他们为了恢复在莫桑比克的势力，试图重新在德拉果阿湾开展贸易。但是，重启工作的开端并不顺利，第一艘派往海湾的船在回程时失事，然后总督就不愿意再派第二艘船了，即便是有私人在1756年从莫桑比克岛出发的一次航行中获得了逾十倍的收益。直到1762年，葡萄牙人官方方面才安排了第二次航行，这次及以后数年的航行表明，贸易还是很活跃的，但由于种种原因，葡萄牙人没有很好地抓住机会。当葡萄牙总督把从莫桑比克岛到德拉果阿湾的船只税提到40%时，葡萄牙商人就彻底失去了与其他欧洲商人竞争的机会,葡萄牙人再次放弃了湾区的贸易。

虽然葡萄牙人再次离去,但荣加人并不是没有其他的渠道。18世纪中期,一些法国船只开始时不时造访德拉果阿湾,荷兰人也继续派船来进行贸易。然而,贸易的大头仍然掌握在以印度为基地的英国商人手中。英国商人带着苏拉特(Surat)出产的数量充足而又便宜的珠子和布匹,在德拉果阿湾设立了一个半永久性的商站,并且在每条河道上都派船行商。湾区的贸易成了一项大生意,孟买和苏拉特的一些商人因此而致富。

德拉果阿湾贸易的增长可能是由于它与纳塔尔的联系。这一时期,只有少量的金属产品用于出售,这表明德拉果阿湾与金属产区的联系很有限。德拉果阿湾的贸易商品实际上仍然是一些传统的商品,比如象牙、琥珀和犀角。此外,湾区最适合开展贸易的地点是在南部的河流中,这也表明其更倾向于与纳塔尔的联系。至于葡萄牙人,他们觉得从德拉果阿湾以北地区出发的贸易可以直接向北到达伊尼扬巴内的葡萄牙人定居点,而不是往南进入湾区。这样一来,纳塔尔就成了德拉果阿湾出口商品的主要供给者。

伊尼扬巴内发展成出口地的路径与德拉果阿湾有很大的不同。伊尼扬巴内位于德拉果阿湾以北逾100英里的地方,莫桑比克岛方面每年会派船前往。在不再派船去德拉果阿湾之后,葡萄牙人仍然继续执行往伊尼扬巴内的定期航行,这比较好地维持住了葡萄牙人对伊尼扬巴内的控制。1731年后,葡萄牙人永久占领了伊尼扬巴内,尽管有时控制力并不强,但仍能维持。

18世纪，伊尼扬巴内的出口贸易发展很快，它能出口的商品与德拉果阿湾的差不多，但多了一项奴隶。18世纪后半期，伊尼扬巴内在重要性上超越了正在急速衰落的索法拉，成为葡萄牙人贸易据点中仅次于塞纳的象牙输出地，并且这里的奴隶也被认为是整个莫桑比克海岸最好的。

此时，相当一部分以前由索法拉输出的商品转经南面的伊尼扬巴内。从伊尼扬巴内到德拉果阿湾的海岸对应的内陆地区都开始依赖伊尼扬巴内，而从16世纪——或者更早——就已开始的伊尼扬巴内和德拉果阿湾之间的陆路贸易可能仍在持续。比如，在荷兰人时期，就有马尼塞的人在旱季时去伊尼扬巴内，带回锄头、斧头和矛，然后再与德拉果阿湾区的人进行贸易。葡萄牙商人也被允许沿着海岸贸易路线活动，将商品带到他们选定的上船点。葡萄牙人称，这些贸易活动一直持续到1750年左右，德拉果阿湾和伊尼扬巴内进行了争取内陆地区的较量，而最终取胜的似乎是伊尼扬巴内。

在另一项欧洲人的因素介入后，东南非的贸易模式再次发生了改变。在威廉·博尔茨（William Bolts）的主持下，的里雅斯特（Trieste）的奥地利亚洲公司（Austrian Asiatic Company）于1777年占领了德拉果阿湾。博尔茨之前受雇于英国东印度公司，在印度时，他就了解到了德拉果阿湾的价值。在不再为英国东印度公司服务后，博尔茨就开始在欧洲寻求资本支持，以在德拉果阿湾建立定居点。在得到了奥地利宫廷的资助后，博尔茨找了一批来源非常多元的人，他们中有德国人，有英国人，有葡萄牙人，有阿拉伯人，有法国人，还有意大利人，然后博尔茨带着这批人去了德拉果阿湾。到达德拉果阿湾后不久，博尔茨就与马托尔和滕贝订立了条约，要塞和商站建立起来，与荣加人的贸易也开始了。由于有优良的贸易商品，并愿意为想要的商品付高价，奥地利亚洲公司的生意很快红火起来。公司商站的一名雇员说，商业活动开展得很不错；一位历史学家在研究该公司的记录后，也说公司的生意做得非常大。①

然而，奥地利人的尝试是"短命"的，因为博尔茨不明智地给了葡萄牙人控制德拉果阿湾的机会。尽管葡萄牙人并没有占领德拉果阿湾，但他们一直坚持湾区是葡萄牙的地盘。在荷兰人占领时期，葡萄牙国王向荷兰东印度公司送交了一份抗议书，威胁要强制清除湾区的荷兰人。当英国占领的危险越来越明显时，葡萄牙人也很担忧，它也对英国提出了类似的抗议。18世纪中期，占领德拉果阿曾被视作重塑葡萄牙在莫桑比克势力的一个重要切入点。然而，由于缺少便捷适宜的交通手段、荣加人酋长的敌对以及担心与荷兰或者英国爆发外交冲突，葡萄牙人放弃了占领计划。如葡王所言：我们最好"保持和平，在没有能力维持的情况下，不要扩展商业或者领地"，不能和英国或者荷兰发生冲突。在葡萄牙官方无力与英国和荷兰竞争的情况下，一家私人公司提供了一个机会，可以在不与某个强国正面对立的情况下实施控制。博尔茨开始活动后，葡萄牙王室迅速展开行动，先是送了两份警告照会，但并未得到满意的回应。然后，一支远征队被派出，意在摧毁奥地利人的公司。

---

① Alexandre Lobato, *História da Fundação de Lourenco Marques*, Lisbon, 1948, 15-27.

当时，公司的据点处于疾病肆虐中，早就没了抵抗力，在未进行斗争的情况下就投降了。

1782—1796年间，葡萄牙人进行了一些努力，试图垄断湾区的出口贸易，但没有成功。开始时，贸易控制权被交给两家公司，但他们试图用不合理的低价交换非洲人的产品，所以很快就让其他外国公司乘虚而入；两家公司的据点同样也因为疾病而无法抵挡外来的冲击。葡萄牙人的公司警告非洲人不要与"外国人"进行交易，但非洲人马上表示他们是独立的，并明确称土地是他们的，他们想跟谁做生意就跟谁做生意。葡萄牙人既不能阻止外国的竞争，也无法控制非洲人，总督也接到指示，要小心行事，不要搞出太多的麻烦。到18世纪90年代，葡萄牙人在当地的行政管理机构已变得非常腐败，海员可以去总督的家里寻欢，外国商人可以跑到葡萄牙人的堡垒里购货。不过，湾区的贸易总体上仍然繁荣起来，除了葡萄牙人的船只越来越多外，英国和荷兰的商业活动也加强了，并且还出现了印度商人和法国商人。从参与者数量来看，从18世纪50年代到18世纪80、90年代，湾区的贸易似乎已发展成一门"大生意"。然而，1796年，这种形势忽然被打断，因为法国武装人员摧毁了湾区的堡垒，葡萄牙人不得不放弃了湾区。

在离开约七年后，葡萄牙人再次占领了德拉果阿湾。这一次，葡萄牙人的控制似乎变得更有效了些。原因之一是荷兰人的竞争没有了。在失去开普殖民地的控制权后，荷兰人就不再造访东非的港口。而在葡萄牙短暂缺席的日子里，其实也只有一艘英国船到过德拉果阿湾。这艘船收获了不菲的利益，它得到荣加人的盛情接待，因为他们已经好久没生意可做了。葡萄牙人回来后，港口不再对外国人开放。1803 年至 1815 年间，没有英国船只进入湾区。1815 年，拉姆斯登船长（Captain Ramsden）想看看葡萄牙人的控制情况，然后发现贸易不对外国人开放。在这种情况下，19 世纪初，德拉果阿湾的贸易确实是完全落到了葡萄牙人手中，葡萄牙人长期追求的垄断终于实现了。

在考察 18 世纪末 19 世纪初德拉果阿湾贸易模式演进的问题时，要先说一下荣加人政治发展的情况，看当地的政治如何影响对贸易的控制。从荷兰人时期开始的政治发展趋势一直在延续。滕贝人通过一系列战争，逐渐吞并了马查瓦内酋邦的一些地盘，然后扩张矛头又转向尼亚卡，并最终将尼亚卡的地盘和势力压缩至微不足道的境地。18 世纪 90 年代，荣加人内部爆发了战争，这导致出现了一个新的马普托酋邦（chiefdom of Maputo），但滕贝仍然是湾区最强大的酋邦。而在马托尔和姆弗莫的斗争中，占优势的是马托尔。1781 年，马托尔彻底击败姆弗莫，姆弗莫丧失了独立。由于在政治上的优势地位，18 世纪后期，滕贝和马托尔成了湾区最具实力的掌控贸易的酋邦。

尽管资料有限，但仍可以看到，被打败的酋邦似乎寻求了欧洲人的帮助和保护，为此它们不惜成为欧洲人的仆从。从已公开的资料来看，尼亚卡和奥地利人之间关系的性质难以确定。奥地利人在尼亚卡设了一个商站，尼亚卡人是唯一对葡萄牙人将奥地利人逐出表示抗议的力量；此外，在奥地利人占控制地位的时期，尼亚卡人经历过一段贸易繁荣的时期，这很可能是因为它得到了奥地利人的帮助。姆弗莫人和葡萄牙人之间的关系比较明确。当葡萄牙人在 1781 年控制湾区时，姆弗莫刚被马托尔打败了一次。在这种形势下，葡萄牙人明确地支持姆弗莫，帮助它恢复了失去的地位。当葡萄牙人离开湾区时，姆弗莫很快又落入了马托尔的支配中。19 世纪，葡萄牙人归来，姆弗莫是持续不变地与其联合的唯一酋邦。之所以支持姆弗莫，可能是因为葡萄牙人想要在湾区有一个牢固的立足点，同时还可以利用姆弗莫人的商业能力。而对姆弗莫来说，与葡萄牙人结盟不仅可以保证自己的生存，还可以在贸易上获利，因为葡萄牙人已是湾区唯一的出口商。

这一时期贸易的增长部分是因为商品流向的改变，也是因为交通线的进一步扩展。尽管德拉果阿湾出口产品的来源涉及非常广大的地区，但纳塔尔始终是最重要的来源地。当时有记录说，大量的象牙从恩古尼语人群地区那里通过马普托河运到德拉果阿湾。滕贝人在湾区的贸易中占有不小的份额，他们手中的象牙就来自湾区以南的土地，这进一步明确了德拉果阿湾和纳塔尔的联系。19 世纪早期的一份资料表明，由德拉果阿湾伸出的贸易触角已经到了开普殖民地的东部边界地区。

德拉果阿湾贸易的影响也进入了莫桑比克内陆，向北至少到了基特夫。在一段时期，基特夫是索法拉出口产品的一个主要供应者。然而，到了 18 世纪早期，基特夫因内部问题和葡萄牙人的蚕食侵略而大受削弱。随后，基特夫的一部分地区被从伊尼扬巴内来的兰丁人征服，然后兰丁人就掌控了与索法拉港口的贸易。在奥地利人占领德拉果阿湾后，基特夫将一部分贸易活动南移。这些人之所以会找德拉果阿湾的奥地利人贸易，可能是因为葡萄牙人在他们的港口为商品收购设置了封顶价。比如，葡萄牙人给 1 阿罗瓦（arroba）① 象牙的价格是 40 片布（pannos），而奥地利人会给 80 片。

科塞酋邦（Kosse chiefdom）在恩科马蒂河中游崛起，成为一个强大而重要的中介者，这对北方内陆地区的贸易发展也有很大的影响。科塞占据了通往湾区的河道，并与欧洲人建立了良好的商业关系。于是，科塞就成了内陆的一个市场，吸引着非洲商人带着货品来光顾。即便是在奥地利人被从德拉果阿湾逐出后，基特夫和林波波河以北沿海地带的人们似乎还是会继续带着他们的商品夫科塞。带着商品的人在到科塞后，可以在缴付一定费用后继续往南到湾区，或者直接在科塞把商品卖掉。在河流水位比较高的季节，海岸的一些人会乘着船来科塞做生意。尽管科塞占据优势地位，在莫桑比克南部围绕德拉果阿湾的贸易体系中，科塞人的贸易活动也构成了一个重要的组成部分，但都仅仅是暂时的。这种情况再次表明，从非洲商人的角度来说，贸易路线的改变是比较容易的。

这一时期，德拉果阿湾和南非高原地区之间的贸易往来可能更加多了。18 世纪 50 年代，南非高原地区的人们带来了一些黄金、铜和锡。但令人遗憾的是，关于之后一段时期与德兰士瓦地区的贸易和德兰士瓦地区来的商人的情况没有文献记录，但很有可能的是，那时有"很多人从山里来"，他们带着黄金、

---

① 西班牙、葡萄牙的旧重量单位，1 阿罗瓦约合 11.5 千克。——译注

铜和象牙，这些都应该是从高原地区来的产品。不管怎样，从口述资料和早期进入南部非洲内陆的欧洲旅行者的记录可以看出，南非高原和德拉果阿湾之间是有实质性贸易联系的。有口述资料表明，德拉果阿湾和德兰士瓦的科尼（Koni）之间存在贸易联系，并且这种贸易联系很早就开始了。德拉果阿湾的贸易网络还延伸到德兰士瓦北部姆西纳（Musina）的铜产区和文达人地区，那里的人会用象牙、铜和铁锄交换珠子和一种颇受姆西纳矿工青睐的黑布。约翰·坎贝尔（John Campbell）是最先进入茨瓦纳人地区的欧洲人之一，他的记录表明德拉果阿湾的贸易触角还进一步往西，在奎纳人（Bakwena）和其他茨瓦纳人族群中就有欧洲制造的布匹和珠子，坎贝尔认为这些布匹和珠子来自东海岸地区；[1] T. 阿尔伯塞（T. Arbousset）的日志记载说，佩迪人（Pedi）用象牙、动物角和牛从德拉果阿湾换取欧洲人的商品。[2] 这些信息表明了贸易网络的广泛性，但贸易网络本身可能比已有记录所体现的还要复杂。

贸易网络向南非高原地区的延伸将德拉果阿湾带入了一个商业已经比较发达的地区。牛、烟草、绵羊、动物皮张和其他产品在一个复杂的贸易网络上流通，渗入南部非洲的各个地方。在高原地区居民中的交换物中，最主要的似乎应该是铁和铜。在南非，有若干产铜地，铜的流通似乎很广泛；或者是像姆西纳这样的地方，所有的群体——文达人、绍纳人、索托人

---

[1] John Campbell, *Travels in South Africa*, London, 1815, 255.
[2] T. Arbousset, *Relation d'un Voyage d'Exploration au Nord-Est du Cap de Bonne-Espérance*, Paris, 1842, 357.

（Sotho）——都会参与到贸易过程中，或者是有一个环环相扣的传递体系。铁的流通似乎也是遵循这种模式。在铜和铁方面，专业化的程度似乎比较高。比如，姆西纳的铜工就不从事农业种植，只把精力放在铜的冶炼和制造上。洛郎人（Rolong）则以铁工而知名，他们能制造矛、锄、刀和斧。因此，我们可以说，18世纪南非高原地区的经济专业化程度似乎已经比较高了。

南非高原地区贸易发展的另一个标志是很多交易以珠子为媒介。实际上，珠子在一定程度上已成为一种通货。珠子在货物交易中的角色在荷兰商人1731年在德拉果阿湾的贸易活动中得到了体现。当时，一些内陆的人长途跋涉来到德拉果阿湾与荷兰人贸易，但他们拒绝把象牙出售给荷兰人，因为荷兰人拿不出珠子。这除了说明珠子在18世纪被用作交易媒介外，还包含另外的含义。尽管珠子可以被当作货币使用，但各种类型珠子的交换价值往往并不能长时间保持稳定。珠子可以很容易地用象牙换取，因此各种各样的珠子持续地流入，成为南非高原地区内部贸易发展的一个重要刺激因素。

我们可以发现，德拉果阿湾的贸易触角已经延伸到了数百英里之外的地方，越过南非高原，向北进入莫桑比克内陆，向南直抵东开普边界。从德拉果阿湾向外延伸的贸易路线的边缘地区，总是能找到可获得欧洲商品的地方。比如茨瓦纳人，他们从科伊人（Khoi）那里获取珠子和绵羊，而这些可能是从奥兰治河（Orange river）以南的地方过来的。到18世纪末，南非高原与西海岸的贸易联系也建立起来。在东开普边界，从17

世纪开始,科萨人(Xhosa)可以获得铜、黄铜和珠子,还有科伊人做中介帮他们进行转运。尽管欧洲人农场主逐渐地取代了科伊人的地位,承担起中间人的角色,但开普殖民地和科萨人之间的贸易联系仍然持续。通过供应不同类型的珠子和布匹,贸易路线更加丰富,这进一步刺激了内陆地区的商品交换。当一条贸易路线受阻时,另外的路线就会得到使用。18世纪末,南部非洲已经发展起一套复杂的贸易体系,在这一体系中,德拉果阿湾扮演了非常重要的角色。

德拉果阿湾贸易路线的延伸在很大程度上要归功于松加人的商业进取能力。荣加人的口述资料说,他们的商业足迹远至莫桑比克的尼亚伊地区(Nyai)。与基特夫的贸易的发展似乎也要归功于松加人,因为有证据可以证明所谓的"兰丁人"实际上就是松加人。首先一个证据是,兰丁人的家乡是在伊尼扬巴内地区,因此他们不可能是操卡朗加语者(Karanga-speakers)。其次,葡萄牙人的记录中把兰丁人与伊尼扬巴内的科卡通加人作了区分,这说明兰丁人和松加人实际上是同一个存在。因此,唯一的结论应该是,文献中的兰丁人是从基特夫来,他们说松加语,他们去往北方开展贸易,输送商品到索法拉。

松加人在高原地区贸易的发展中也发挥了作用,他们显然是内陆与海岸之间贸易的主要中介。在荣加人诸族群中,姆弗莫第一个派遣贸易团进入高原地区。高原的口述资料称,从东海岸来的珠子和布匹最初就是由从姆弗莫来的人带来的。除了与葡萄牙人密切联系的姆弗莫人外,其他群体到底有哪些还很难识别，但显然都是松加人，他们进入内陆地区卖他们生产的物品。这些人被称在鼻子上有刻疤，还有一些属于松加人的特点，显然他们都属于松加人。进一步可以确认的是，松加人保持了他们作为内陆商业运输者的地位。与德拉果阿湾距离相对较近的佩迪人提供的资料说，是别人把欧洲商品带给他们的；文达人也说，他们很少进行长途贸易，他们手中的欧洲商品来自从海岸来的人；有一位从高原地区出发跟随路易斯·特立加德特（Louis Trigardt）的人，他懂一些零碎的英语，而这些英语显然是在德拉果阿湾学的。

  18 世纪时，参与德拉果阿湾贸易的人群发生了很大的变化。18 世纪初，大部分的贸易活动似乎是由内陆的人发起的，他们来德拉果阿湾寻找市场。尽管荣加人没有季节性地前往伊尼扬巴内，但这一时期的松加人似乎仍然牢固地把持着中间人的地位。然而，到了 18 世纪末，松加人的商业航行表明他们的功能已发生了变化。他们不再满足于扮演相对消极的角色，而是希望成为东海岸与内陆贸易的操控者。曾有一群松加人从德拉果阿湾出发，跨越整个纳塔尔，一路前行去拜访科萨人的酋长盖卡（Gaika），这表明松加人已不再满足于已知的商品资源，还想去寻找和开拓新的机会。松加人能比较容易地采购到欧洲人的商品，所以总能在内地受到很好的接待，并且很快就被内地人看作唯一能够供应欧洲商品的人群。松加人在商业主动性、技能和前瞻力方面比较突出，也受到内陆居民的认可，似乎可以认为，他们在 18 世纪时已可被视作职业商人。

  表明松加人已成为职业商人的另一项证据是 18 世纪末 19

世纪初松加人的移民运动，就像莫桑比克北部的尧人那样。由于尚加内战争（Shangane wars），很多松加人逃进了德兰士瓦，但在此之前的松加人迁移却少有人注意。而实际上，松加人征服了基特夫王国的部分地区，并在那里定居下来。在德兰士瓦，家乡靠近林波波河与奥利凡斯河交汇地带的"斯旺加尼人"（Maswanganyi）定居在文达人中，并把这些定居点作为所有松加商人的集合点。姆弗莫的一些人也定居在德兰士瓦，为此他们也要付出代价，就是将他们商业利润的一部分交给"地主"。在德兰士瓦的松加人以"瓜姆布瓦人"（Magwambwa）一名为人所知，他们都是进入德兰士瓦的移民，他们到那里去做生意，后来就定居下来，还从当地人中娶妻。

在莫桑比克北部，尧人的扩散在19世纪的大部分时间里一直持续，但南部的情况却有所不同，松加人的移民和贸易活动的扩展主要发生在18世纪和19世纪早期，但这一进程被一连串的变动打断了。迪法肯战争（Difeqane）、恩古尼人和索托人诸群体的重组、布尔人大迁徙（The Great Trek）等共同作用，在东南部非洲创造了一个新的格局。松加人的角色逐渐被葡萄牙人取代，火器和奴隶——而非珠子和象牙——成为贸易的主导。由此，19世纪的革命性变革将南部非洲的贸易带入了一个新的时代。

译名对照表

A

Abbaya, Lake　阿巴亚湖
Acholi　阿科利人
Adal　阿达尔
Aendi　阿恩迪人
Afar　阿法尔
Afkala (Galla merchat-class)　阿夫卡拉人（加拉商人群体）
Agaw　阿高人
Ahmed bin Ibrahim　阿赫迈德·本·伊布拉希姆
Akan　阿坎人
Albert, Lake　阿尔伯特湖
Alima River　阿利马河
Alurland　阿鲁尔兰
Amarro　阿马罗
Ambaca　安巴卡
Ambara　安巴拉
amber　琥珀
Ambo　安博人
Ambriz　安布里兹人
Amhara　阿姆哈拉
Amoleh salt　阿摩勒盐
Amran Masudi　阿穆兰·马苏迪
Amuvas　阿姆瓦斯
Angola　安哥拉
Ankole　安科尔
Arabs/Arab traders　阿拉伯人／阿拉伯商人
Aramba　阿兰巴人
Arbore　阿尔伯雷
Arenje　阿伦杰
arrows　箭
Arussi Galla　阿卢斯加拉
Ashanti kingdom　阿散蒂王国
Aushiland　奥士兰
axes　斧
Axum　阿克苏姆

B

Bagamoyo 巴加莫约
Baganda 干达人
BaHima 希玛人
BaIru 伊鲁人
Baker, Samuel 萨缪尔·贝克
Bakwa (of Wankie) （万基地区的）巴夸
Balangida, Lake 巴兰吉达湖
Bali 巴里
Baluchi 俾路支
Bambala 班巴拉
Bambarré Mountains 班巴雷山
Bambuzi 班布兹
Bana Kheri 巴纳·卡赫里
Banadir Coast 巴纳迪尔海岸
Bangweulu, Lake 班格韦鲁湖
Banyankore 安科尔人
Banyaruanda 卢旺达人
Banyoro 尼奥罗人
Bardera 巴尔德拉
Baringo, Lake 巴林戈湖
bark box 树皮箱
bark cloth 树皮布
Barotseland 巴罗策兰
Basanga 巴桑加
Bashilange 巴斯兰热
Batoka (Zambia) 巴托卡
Batonga 通加人
Batoro 托罗人
Baziba 兹巴人
beads 珠子
beer 啤酒
beeswax 蜂蜡
Bemba 奔巴／奔巴人
Bembe 本贝
Bena 贝纳人
Bena Kabwile 贝纳卡布韦勒人
Bena Lulua 贝纳卢卢阿／贝纳卢卢阿人
Bende 本德
Bene-Mukuni 贝内-姆库尼
Benguela 本格拉
Benin 贝宁
Bihe 比埃
Bikita 比基塔
Bisa 比萨／比萨人
Bobangi 班吉人
Boko Songo 博科松戈
Boma 博马
Bonga 伯恩加
Borana 博拉纳
Botswana 博茨瓦纳
brass 黄铜
Brawa 布拉瓦
Brazil 巴西
Buali 布阿利
Buddu 布杜
Budja 布贾

Buganda 布干达（干达王国）
Buha 布哈
Bukkameale 布卡米尔人
Bukune 布库内
Bulawayo 布拉瓦约
Bulebe 布勒比
Bulima 布利马
Bulungwa 布伦瓜
Bungu 布恩古人
Bunyoro 布尼奥罗（尼奥罗王国）
Burji 布尔吉人
Buruma 布鲁马
Burundi 布隆迪
Busambiro 布桑比罗
Busangi 布桑吉
Bushiri 布斯里人
Busoga 布索加
Busongora 布松戈拉
Butua 布图阿
Butumbi 布图姆比
Butundwe 布屯德韦
Buvuma 布武马
Buyungu 布云古
Buzinza 布津扎
Bwashi 布瓦士人
Bweranyange 布韦拉尼扬格
Bweyorere 布韦约雷雷

C

Cabinda 卡宾达
Cacuaco 卡夸克
calico 印花布
canoes 独木舟
caravan routes 商路
caravan trade 商队贸易
Cape Saint Catherine 圣凯瑟琳角
Cape Verde Islands 佛得角群岛
Caronga 卡隆加
cassava 木薯
cattle 牛
cereals 谷物
Chagga 查加人
Changa 昌加王国
Changamire 昌加米尔
Chereya 切雷亚
Chibi 奇比
Chibwe 奇布韦
Chikanamuliro 奇卡纳姆利罗
Chikumbi 奇库姆比
Chileshye 奇莱谢
Chiloango river 奇卢安果河
Chireya 奇雷亚
Chisinga 奇辛加
Chitapankwa 奇塔潘夸
Chungu 楚恩古
Cinyama 西尼亚马
Cisenge 西森热
civet cat 麝猫
cloth 布匹

coffee 咖啡
Cokwe 柯克韦人
Comcomba, chief 孔孔巴酋长
Congo 刚果
copper 铜
cotton 棉花
cotton cloth 棉布
currency 货币

D

Dambarare 丹巴拉雷
Dambwa 丹布瓦
Damot 达莫特
Dande 丹德
Dar es Salaam 达累斯萨拉姆
Dario 达里奥
Debra Tabor 德布拉塔博尔
Delagoa Bay 德拉果阿湾
Dhlo Dhlo 德洛德洛
Didesa 迪德萨
Difeqane 迪法肯战争
Digo 迪戈人
Djoué valley 德约谷地
Dorobo 多罗博人
du Chaillu Mountains 杜沙鲁山
Duma 都马

E

Edward, Lake 爱德华湖
Elgon, Mt. 埃尔贡山
Elmina 埃尔米纳
Emberre 恩贝雷人
Embu 恩布人
Emin Pasha 阿明帕夏
Enarea 埃纳里
Enganglima 恩甘格利马
Eyasi, Lake 伊亚斯湖

F

fairs 集市
ferries 渡口
firearms 火器
Fipa 菲帕
fish 鱼
Fort Rosebery 罗斯贝里堡
Fuambo 富安博
Fundikira 丰迪基拉
Fungafunga 丰加丰加

G

Gabon 加蓬
Gaika 盖卡
Galla 加拉人
Gara 贾拉
Ghana 加纳
Gibe 吉贝
Goa 果阿
goats 山羊
Gogo 戈戈人
Gojjam 戈贾姆

gold　黄金
Gondar　冈达尔
gum　橡胶
gun（s）　枪支
Gunana　古纳纳河
Gundu　贡杜
Gurage　古拉格
Gwanda　关达
Gwembe　格文比

H

Ha　哈人
Hadya　哈迪亚
Hanang, Mount　哈南山
Harar plateau　哈拉尔高原
Hartley Hills　哈特利山区
Hawiya　哈维亚人
Haya states　哈亚人国家
Hehe　赫赫人
Hera　赫拉
Heru　赫鲁
hoe（s）　锄
Holo　霍洛人
Humbe　洪贝

I

Igulwibi　伊古尔维比
Igwisi　伊戈韦斯
Ila　伊拉人
Iloikop　伊洛伊科普人

Ilonga　伊隆加
Imaliza　伊马利扎
Imbangala　英班加拉人
Inamwanga　伊纳姆旺加
Indian merchants　印度商人
Ingombe Ilede　因贡贝伊莱德
ingots　锭
Inhambane　伊尼扬巴内
interlacustrine area　大湖地区/湖区
Ipito　伊皮托
Iramba　伊兰巴人
Irangi　伊兰吉
iron　铁
Isa bin Hussein　伊萨·本·侯赛因
Isanga　伊桑加
Isangila　伊桑吉拉
Isenga　伊森加
Isike　伊斯科
Itabwa　伊塔布瓦
Iteso　伊特索人
Ithanga Hills　伊尚加山区
Itumba　伊图姆巴
ivory　象牙
Ivuna　伊乌纳
Iwemba　伊韦姆巴

J

Jabarti merchants　贾巴提商人
Jaga　贾加人
Java　贾瓦

Jenne　杰内
Jimma　吉马
Jiren　吉伦
Jopalwo　约帕尔沃人
Juba　朱巴河
Jumah　朱马
Junju　琼朱

K

Kabarega　卡巴雷加
Kaffa　卡法
Kafue　卡弗埃
Kafuku　卡弗库
Kafuro　卡弗罗
Kafushe　卡弗舍
Kagera river　卡格拉河
Kageyi　卡格伊
Kaguru　卡古鲁人
Kalahari　卡拉哈里
Kalaka　卡拉卡人
Kalanyi　卡拉尼伊
Kalenjin　卡伦津人
Kalomo　卡洛莫
Kalundu　卡伦杜
Kamalondo　卡马隆多
Kamba　康巴人
Kamurasi　卡姆拉西
Kankomba　坎孔巴
Kanyenye　卡涅涅
Kanyika　卡尼伊卡

Kaonde　卡翁德人
Kapufi　卡普菲
Karagwe　卡拉格韦
Karamojong　卡拉莫琼
Karanga　卡朗加人
Karema　卡雷马
Kariba Dam　卡里巴水库
Kasai　开赛
Kasama　卡萨马
Kasanje　卡桑热
Kasimu　卡斯姆
Kasongo　卡松戈
Katanga　加丹加
Kateve　卡特夫
Katwe　卡特韦
Kavirondo gulf　卡维隆多湾
Kaweri　卡韦里
Kazeh　卡泽
Kazembe　卡曾伯
Kazinga　卡津加
Kela　克拉
Kenya　肯尼亚
Kenya, Mt.　肯尼亚山
Kere　克雷
Khami　卡哈米
Khartoumers　喀土穆商人
Khoi　科伊人
Kiamtwara　基亚姆特瓦拉
Kibero　基贝罗
Kibinda Ilunga　基宾达·伊伦加

Kiburi　基布里
Kigeri　基格里
Kikuyu　吉库尤人
Kilangabana　基兰加巴纳
Kilema　基莱马
Kilima Kibombu　基利马基博姆布
Kilimanjaro　乞力马扎罗
Kilungu　基伦古
Kilwa　基尔瓦
Kimalaunga　基马劳恩加
Kimbu　基姆布人
Kimweri za Nyumba　基姆维里·扎·尼永巴
Kinga　金加
Kisale, Lake　基萨莱湖
Kisama　基萨马
Kisanga　基桑加
Kisi/Kissi　基斯/基斯人
Kitangiri　基坦基里
Kitangole　基坦戈莱
Kiteve/Quiteve　基特夫
Kitui　基图伊
Kivoi　基沃伊
Kiwele　基韦莱
Kiziba　基兹巴
Koki　科基
Kololo　科洛洛人
Kongo kingdom　刚果王国
Koni　科尼
Konongo　科农戈

Konso　孔索
Kosse　科塞
Kotakota　科塔科塔
Krapf, J. L.　J. L. 克拉普夫
Kuba　库巴
Kubango　库班果河
Kukwe　库克韦人
Kumam　库马姆人
Kunda　孔达人
Kushitic peoples　库希特人
Kwa Jomvu　夸约姆伍
Kwango river　宽果河
Kwangwa　卡旺瓜
Kwanza river　宽扎河
Kwavi　卡瓦维人
Kwena　奎纳人
Kwese　奎舍人
Kwilu river　基韦鲁河
Kwito　基韦托河
Kyabagu　卡亚巴古
Kyagwe　基亚格韦
Kyoga, Lake　基尤加湖

L

Laikipia　莱基皮亚
Lala　拉拉人
Lamba　兰巴人
Landins　兰丁人
Lango　兰戈人
Lemba　伦巴人

Lenje 伦杰人
Leya 勒亚人
Lilima 利利马
Limpopo 林波波河
Livingstone, David 大卫·利文斯顿
Loango 卢安果
Loango Bay 卢安果湾
Loangomongo 卢安果蒙戈
Lohumbo 洛洪博
Lomagundi 洛马贡迪
London Missionary Society 伦敦传教会
Losegelai 罗赛格莱伊
Losewa 罗塞瓦
Lourenço Marques 洛伦索·马奎斯
Lozi 洛兹人
Lualaba river 卢阿拉巴河
Luanda 罗安达
Luangwa 卢安瓜
Luanze 卢安泽
Luapula 卢阿普拉
Luba 卢巴
Luchaze 卢卡泽人
Lugh 卢赫
Lukwesa 卢克维萨
Lulua 卢卢阿
Lunda 隆达
Lundi 伦迪河
Lungu 伦古人

Lunsenfwa 伦森弗瓦
Luqueia river 卢戈阿河
Lusaka 卢萨卡
Lusenga 卢森加
Lusitu 鲁斯图
Lwena 勒维纳/勒维纳人

M

Mabamba 马邦巴
Mabota 马博塔
Machame 马查莫
Machavane 马查瓦内
Machicosse 马奇科塞
Machili 马齐里
Madanda 马丹达
Magaru Mafupi 马加鲁·马弗皮
Maguswini 马古斯维尼
Mahasi 马哈斯
Mai Munene 麦姆内内
maize 玉米
Makua 马库阿
malachite 孔雀石
Malagarasi 马拉加拉斯
Malawi 马拉维
Malawi, Lake 马拉维湖
Malemba 马伦巴
Maluleke Thonga 马卢莱克松加人
Mamba 曼巴
Mambo 曼博
Mambwe 芒布韦/芒布韦人

Manesi Hills　马内斯山区
Mangwe　曼格韦
Manhice　马尼塞
Manicaland　马尼卡兰
Manonga　马农加
Manyanga　马尼扬加
Manyara　马尼亚拉
Manyema　马尼耶马
Mapungubwe　马庞古布韦
Maputo　马普托
Maputo river　马普托河
Maramuca　马拉姆卡
Maravi　马拉维人/马拉维王国
Marsabit　马萨比特
Marungu　马伦古
Masai　马赛人
Massangano　马桑加诺
Maswanganyi　斯旺加尼人
Matamba　马坦巴
Mateky　马特吉
Matoll　马托尔
Maungu mountain　毛恩古山
Mayombe　马永贝
Mayumba　马云巴
Mazabuka　马扎布卡
Mazrui　马兹鲁伊
Mbala　姆巴拉
Mbande　姆班德
Mbaruku　姆巴卢库人
Mbooni hills　姆博尼山区

Mbunda　姆邦达人
Mbundu　姆邦杜人
Merere　梅雷雷
Mfumo　姆弗莫
Mgunda　姆贡达
Mhunze chiefdom　姆温泽酋邦
Mindouli　明多利
Mirambo　米兰博
Mixonga　米松加
Mnwa Sele　姆恩瓦·塞勒
Mogadishu　摩加迪沙
Mombasa　蒙巴萨
Mona Kimbundu　莫纳基姆本杜
Monomotapa　莫诺莫塔帕
Monze, Chief　蒙泽酋长
Mozambique　莫桑比克
Mpalangombe　姆帕朗贡贝
Mpara Nyamoga　姆帕拉尼亚莫加
Mpika　姆皮卡
Mpongwe　姆蓬格韦人
Mporokoso　姆博罗科索
Mpulungu　姆普伦古
Mpweto　姆普韦托
Mrima coast　姆里马海岸
Msene　姆塞内
Msiri　姆斯里
Muginga Mucenda　姆津加·姆森达
Mukama of Karagwe　卡拉格韦的姆卡马

Mukenge Kalamba 姆肯基·卡兰巴
Mukwadianga 姆夸迪安加
Mulongo 姆隆戈
Mulungwani Hills 姆隆格瓦尼山区
Mundie 蒙迪
Munyoro 姆尼奥罗
Mupena 姆佩纳
Mushiko 姆斯科
Musina 姆西纳
Musonga 姆松加
mussambazes 姆桑巴兹
Mussorongo 姆索隆戈人
Musyani 姆斯亚尼
Mutesa 穆特萨
Muzimo 姆兹莫
Mwamba 姆旺巴
Mwanza 姆旺扎
Mwari 姆瓦里
Mwashya 姆瓦夏
Mwata Yamvo 姆瓦塔·亚姆沃
Mwenimpanda 姆维尼姆潘达
Mweru, Lake 姆韦鲁湖
Mweru wa Ntipa 姆韦鲁瓦恩提帕
Mwimbe 姆文比人

N

Nakuru, Lake 纳库鲁湖
Namilanga 纳米兰加
Namwanga 纳姆旺加人
Nanzwa 南兹瓦
Natal 纳塔尔
Ndali 恩达利
Ndara 恩达拉
Ndebele 恩德贝莱人
Ndola 恩多拉
Ndongo 恩东戈
Nechadzike 恩查兹克
Nenguwo 内恩古沃
Nera 内拉
Ngogomi 恩戈戈米
Ngonde 恩贡德人
Ngoni 恩戈尼人
Ngorongoro 恩戈隆戈罗
Ngulu 恩古卢
Nguni 恩古尼人
Nguru 恩古鲁人
Ngwato 恩瓦托人
Niamkolo 尼亚姆科罗
Niari 尼亚里
Nile 尼罗河
Nkokolo 恩科科洛
Nkomati river 恩科马蒂河
Nkula 恩库拉
N'natali 恩纳塔利
Nokki 诺基
Nondwana 农德瓦纳
Nsama of Itabwa 伊塔布瓦的恩萨马

Nsenga　恩森加人
Nsundi　恩松迪人
Ntaba zi ka Mambo　恩塔巴·兹·卡·曼博
Nyai　尼亚伊
Nyaka　尼亚卡
Nyakyussa　尼亚库萨人
Nyamwezi　尼扬姆维齐人
Nyanga river　尼扬加河
Nyarwonga　尼亚旺加
Nyasa, Lake　尼亚萨湖
Nyaturu　尼亚图鲁人
Nyendwa　尼恩德瓦
Nyiha　尼伊哈人
Nyika　尼伊卡人
Nyitumba　尼伊通巴
Nyoro　尼奥罗人
Nyungu ya Mawe　尼云古·亚·马韦
ochre　赭石

O

Ogowe river　奥戈韦河
Old Mbunda　老姆邦达
Oliphants river　奥利凡斯河
Omo river　奥莫河
Orange river　奥兰治河
Ovimbundu　奥文本杜／奥文本杜人

P

palm-cloth　棕榈布
palm fiber　棕榈纤维
palm oil　棕榈油
Pangani　潘加尼
Pangwa　潘格瓦人
Paraotte　帕拉奥特
Pari　帕里
Pedi　佩迪人
Pende　本德／本德人
Pernambuco　佩纳姆布科
Petauke　佩陶克
Pokomo　博科莫人
pombeiros　庞贝罗
Ponde　蓬德
pottery　陶器
Puge (Arab settlement)　普格（阿拉伯人定居点）
Pungo Andongo　蓬戈安东戈
Pupanganda　普潘干达
Purko　普尔科人
Puta　普塔

Q

Quiboco　基博科

R

Rabai　拉拜
Randile　兰迪尔

Reya 雷亚
rhino horn 犀角
Rhodesia 罗得西亚
Rionga 里昂加
Ronga 荣加人
Rooiberg 罗伊贝格
Rovuma river 鲁伍玛河
Royal Africa Company 皇家非洲公司
Rozvi 罗兹韦
Ruaha 鲁阿哈
Rubaga 鲁巴加
rubber 橡胶
Ruchugi 鲁休基
Rudolf, Lake 鲁道夫湖
Ruemba 鲁恩巴人
Rukwa, Lake 鲁夸湖
Rumanika 鲁马尼卡
Rumu wa Kikandi 鲁姆·瓦·基坎迪
Rundi 伦迪/伦迪人
Rungwa 荣格瓦
Rungwe 荣格韦
Rusuubi 鲁苏比
Rwanda 卢旺达

S

Sabi river 萨比河
Safwa 萨弗瓦人
Sagara 萨加拉
Said bin Habib 萨义德·本·哈比卜
St. Lucia river 圣卢西亚河
Sakka 萨卡
salt 盐
San Salvador 圣萨尔瓦多
Sanga 桑加
Sangu 桑古
Saud bin Said 萨乌德·本·萨义德
Sayyid Said 赛义德·萨义德
Segeju 塞格朱人
Selkirk 塞尔柯克
Semakokiro 塞马科基罗
Sena 塞纳
Senga 森加
Sette-Cama 塞特卡马
Sewa 塞瓦人
Shambala 桑巴拉人
Shangalla 桑加拉人
Shangane 尚加内
Shankwe 尚克韦
Shashi 沙施
Shebeli 舍贝利河
Shebuge 舍布格
sheep 绵羊
shells 贝壳
Shirazi 设拉子
Shona 绍纳
Shongi 松吉

Showa 绍阿
Sibiti 西比提
Sidama 锡达马
Sidamo 锡达莫
Singida 辛吉达
skins 皮张
slaves 奴隶
slave trade 奴隶贸易
smiths 铁匠
Sofala 索法拉
Soli 索利人
Solomonic dynasty 所罗门王朝
Somali 索马里
Songo 松戈
Sotho 索托人
spears 矛
Speke, J. H. J. H. 斯皮克
Stanley, H. M. H. M. 斯坦利
Stanley Pool 斯坦利湖
Stephanie, Lake 斯特芬尼湖
Sukuma 苏库马人
Suleiman 苏莱曼
Sumbwa 松布瓦人
Suna 苏纳
Surat 苏拉特
Susi 苏西
Susulu 苏苏鲁
Swakaland 斯瓦卡兰
Swetu 斯维图

T

Tabora 塔波拉
Tabwa 塔布瓦人
Takaongo 塔康果
Tana river 塔纳河
Tanga 坦噶
Tanganyika, Lake 坦噶尼喀湖
Tangasi 坦加西
Tanzania 坦桑尼亚
Tati 塔提
Tatoga 塔托加人
Taturu 塔图鲁人
Taveta 塔菲塔
Teita 泰塔人
Teke 特克人
Tembe 滕贝人
Tete 太特
Tharaka 塔拉卡人
Thonga 松加人
Tigre 提格雷
tin 锡
Tippu Tip 提普·提布
tobacco 烟草
Togwa 托格瓦
Tonga 通加人
Toro 托罗
Totela 托特拉
Transvaal 德兰士瓦
tribute 贡赋

Tswana 茨瓦纳人
Tukuyu 图库尤
Tumbare 通巴雷
Tungalagaza 图恩加拉加扎
Turkana 图尔卡纳
Tusi 图西人

U

Ubangi river 乌班吉河
Ubemba 乌奔巴
Ubena 乌贝纳
Ubungu 乌布恩古
Uchagga 乌查加
Ufipa 乌菲帕
Ugalla 乌加拉
Uganda 乌干达
Ujiji 乌济济
Ukamba 乌康巴
Ukikuyu 乌吉库尤
Ukimbu 乌基姆布
Ukinga 乌金加
Ukonongo 乌科农戈
Ukutu 乌库图
Ukwere 乌奎雷
Ulanga 乌兰加
Ulenge 乌伦戈
Ulu 乌鲁
Uluguru 乌卢古鲁
Ulungu 乌伦古
Umalila 乌马利拉

Undi 翁迪
Unguu 乌恩古
Ungwe 翁格韦
Unyangwila 乌尼扬格韦拉
Unyanyembe 乌尼亚尼耶姆贝
Unyiha 乌尼伊哈
Unyunka 乌尼云卡
Upare 乌帕雷
Urenje 乌伦杰
Urua 乌鲁阿
Uruwa 乌鲁瓦
Usafwa 乌萨弗瓦
Usagara 乌萨加拉
Usagusi 乌萨古斯
Usambara 乌桑巴拉
Usandawe 乌散德韦
Usangu 乌桑古
Usesuro 乌瑟苏罗
Ushirombo 乌什罗姆博
Usishya 乌斯夏
Usukuma 乌苏库马
Uteita 乌泰塔
Uvinza 乌芬扎
Uvira 乌维拉
Uyowa 乌尤瓦
Uyumbu 乌尤姆布
Uzaramo 乌扎拉莫
Uzigua 乌兹古阿
Uzinza 乌津扎

V

Vele 维莱
Venda 文达人
Victoria, Lake 维多利亚湖
Vili 维利
Vinza 芬扎人
Vuga 伍加
Vukwe 弗克韦
Vuxwa Hills 弗克斯瓦山

W

Wabungu 布恩古人
Wagogo 戈戈人
Wahumba 洪巴人
Wainji 因吉人
Wakiko 基科人
Wanbankura 旺班库拉
Wanda 旺达人
Wangu 旺古
Wankie 万基
Wedza, Mt. 韦扎山
Wembere valley 温布雷河谷
Wiwa 韦瓦

X

Xhosa 科萨人

Y

Yaka 亚卡
Yao 尧人
Yeke 耶克国

Z

Zagwe 扎格维王朝
Zambezi 赞比西
Zambia 赞比亚
Zanzibar 桑给巴尔
Zezuru 泽祖鲁
Zigua 兹古阿
Zimbabwe 津巴布韦
Zinza 津扎人
Zombe 宗贝
Zowa 卓瓦
Zumba Piloa 祖姆巴·皮罗阿
Zumbo 宗博
Zunda 祖恩达

图书在版编目(CIP)数据

20世纪前中部与东部非洲的贸易 /(英)理查德·格雷(Richard Gray),(英)大卫·伯明翰(David Birmingham)主编;刘伟才译. — 上海:上海社会科学院出版社,2020
书名原文:Pre-Colonial African Trade:Essays on Trade in Central and Eastern Africa before 1900
ISBN 978-7-5520-2061-8

Ⅰ.①2… Ⅱ.①理…②大…③刘… Ⅲ.①贸易史—非洲 Ⅳ.①F734.9

中国版本图书馆CIP数据核字(2020)第233586号

Pre-Colonial African Trade: Essays on Trade in Central and Eastern Africa before 1900 was originally published in English in 1970. This translation is published by arrangement with Oxford University Press. Shanghai Academy of Social Sciences Press is solely responsible for this translation from the original work and Oxford University Press shall have no liability for any errors, omissions or inaccuracies or ambiguities in such translation or for any losses caused by reliance thereon.
All Rights Reserved.
上海市版权局著作权合同登记号 图字:09-2017-281

20世纪前中部与东部非洲的贸易

主　　编:[英]理查德·格雷　[英]大卫·伯明翰
译　　者:刘伟才
责任编辑:陈慧慧
封面设计:璞茜设计
出版发行:上海社会科学院出版社
　　　　　上海顺昌路622号　邮编200025
　　　　　电话总机021-63315947　销售热线021-53063735
　　　　　http://www.sassp.cn　E-mail:sassp@sassp.cn
排　　版:南京展望文化发展有限公司
印　　刷:江阴市机关印刷服务有限公司
开　　本:890毫米×1240毫米　1/32
印　　张:10.75
插　　页:4
字　　数:220千字
版　　次:2020年12月第1版　2020年12月第1次印刷

ISBN 978-7-5520-2061-8/K·580　　　　定价:68.00元

版权所有　翻印必究